非正式结构体育社团研究
——理论、实证与对策

张铁明　谭延敏　著

2013 年度国家社会科学基金项目（编号：13BTY043）研究成果

科学出版社

北　京

内 容 简 介

本书是在课题组以 1226 名非正式结构体育社团成员为调查样本，历时 3 年调查走访的基础上完成的研究报告。内容涉及非正式结构体育社团的相关理论与运行现状、非正式结构体育社团成员的心理资本及其与主观幸福感和群体凝聚力的关系、非正式结构体育社团运行机制及其内在联系、非正式结构体育社团的发展困境及其引导策略等。

本书可供体育专业教师、学生，体育相关行业研究人员，以及体育组织管理者等参考使用。

图书在版编目（CIP）数据

非正式结构体育社团研究：理论、实证与对策/张铁明，谭延敏著. —北京：科学出版社，2025.4
ISBN 978-7-03-078641-8

Ⅰ. ①非… Ⅱ. ①张…②谭… Ⅲ. ①体育组织-社会团体-研究-中国 Ⅳ. ①G812.1

中国国家版本馆 CIP 数据核字（2024）第 110578 号

责任编辑：周春梅 冯 涛 / 责任校对：马英菊
责任印制：吕春珉 / 封面设计：东方人华平面设计部

科学出版社出版
北京东黄城根北街 16 号
邮政编码：100717
http://www.sciencep.com
北京中科印刷有限公司印刷
科学出版社发行 各地新华书店经销
*
2025 年 4 月第 一 版 开本：B5（720×1000）
2025 年 4 月第一次印刷 印张：13 1/2
字数：272 000
定价：138.00 元
（如有印装质量问题，我社负责调换）
销售部电话 010-62136230 编辑部电话 010-62138978-2040

序

本书是本人承担的国家社会科学基金项目"武陵山民族地区非正式结构体育社团运行机制与引导策略研究"课题的研究成果。调研范围涉及湖北省的宜昌市和恩施土家族苗族自治州,湖南省的邵阳、常德、张家界、益阳、怀化、娄底和湘西土家族苗族自治州,重庆市,以及贵州省的遵义和铜仁,研究内容包括非正式结构体育社团的特征与作用,非正式结构体育社团成员的心理资本及其与主观幸福感和群体凝聚力的关系,非正式结构体育社团的运行机制及各运行机制之间的内在联系、相互关系、引导策略以及发展趋势等。

从内容上看,本书体现了以下3个特点:

第一,注重理论梳理。利用现有文献分析正式组织与非正式组织的关系、正式制度与非正式制度的关系、非正式组织与非正式制度的关系、正式结构组织与非正式结构组织的关系,探讨当前我国社会存在的非正式结构,梳理正式结构体育社团的相关理论,结合目前的相关研究文献对非正式结构体育社团概念进行界定,阐述非正式结构体育社团存在的原因与社会环境,分析非正式结构体育社团现存的特征与作用,探讨我国非正式结构体育社团在新中国成立前、计划经济时期、社会转型期的发展历程以及非正式结构体育社团的发展状况。

第二,注重方法的运用。研究方法上注重理论(自组织理论、主位与客位相统一理论)与实践(实地考察)相结合,横向研究(问卷调查)与纵向研究(案例分析)相结合,定性(运行机制及其相互关系等)与定量(生存现状、心理资本、主观幸福感等数据)相结合,探讨非正式结构体育社团成员的心理资本及其与主观幸福感、群体凝聚力的关系,以及非正式结构体育社团的运行机制(生成机制、组织结构、管理机制、约束机制、社会功能)和各运行机制之间的内在联系。

第三,注重成果的应用性。本研究根据现存非正式结构体育社团的发展现状和困境,提出有针对性的引导策略,如政策法规导向策略、人员吸纳策略、健身领袖培养策略、正式体育社团演进策略以及不同发展阶段的非正式结构体育社团的管理策略,对维护现存非正式结构体育社团的稳定、健康发展至关重要。

本书通过实证研究形成了一组有价值的观点,为大量存在的非正式结构体育社团的发展提供了翔实的实证依据。

一是现存的非正式结构体育社团的结构比较松散,是由个体的趣缘、业缘、地缘等关系组成的社会网络,社团的体育锻炼行为通过社会网络传至个体,提升了个体的心理资本与主观幸福感,并进一步形成较强的群体凝聚力。

　　二是现存的非正式结构体育社团的类型有习俗型、精英型、场域型等。政府对非正式结构体育社团缺乏有效的监管与引导，目前处于无序向有序的转变态势，多主体合作的网络化治理将成为趋势。

　　三是非正式结构体育社团的良性运转依赖于生成机制、组织机构、管理机制、约束机制及社会功能的协调配合，相互促进。社团的组建、凝聚、稳定发展需要循序渐进，并逐渐提升社团"领袖"的专业素养，确保民众享有基本的公共体育服务。

　　四是通过阶段性引导策略，加强非正式结构体育社团与正式结构体育社团之间的互动，使非正式结构体育社团逐渐规范化、网络化，真正实现承载健康中国建设的目标。

　　本研究在组织的一般理论基础上分析非正式结构体育社团。通过现状评析、工具研制、纵向跟踪，在实证的基础上深度挖掘非正式结构体育社团成员的心理资本构成，社团的运行机制与发展过程中的困境，提出引导—吸纳—培养—演进的良性发展策略。建议运用该策略使非正式结构体育社团逐渐从散落型过渡到备案型，再逐渐成熟发展成促进会、协会。为了让非正式结构体育社团成为地方社会和谐与稳定的重要载体，在引导策略的基础上提出不同发展阶段的管理方式，即：初始阶段的管理方式以动员引导式为主，巩固阶段的管理方式以互动参与式为主，稳定阶段的管理方式以掌舵调控式为主。

张铁明

2025 年 1 月

前　言

非正式结构体育社团是体育组织管理的重要组成部分，非正式结构体育社团的发展离不开我国体育事业发展的大背景。在目前的体育管理制度下，非正式结构体育社团相对于正式社团组织（如体育协会、体育科学学会等）来说，是社会体育组织中的弱势群体，是被社会、政府、协会"忽视"的群体，大量处于自然生存状态的非正式结构体育社团无人问津。实践表明，体育社团不仅包括"规范"社团，也必须包括"草根"社团，剖析两者之间的差异和运行机制对全民健身组织网络建设具有重要作用。因此，对非正式结构体育社团的生存、管理、引导、培育、协调与监控等方面进行探索是体育组织管理的当务之急。对非正式结构体育社团的运行机制与引导策略进行研究，可丰富百姓的精神生活，对健康中国建设具有很大的意义和价值。

作为终身从事体育工作的教师，我们有责任和义务关注百姓喜闻乐见的健身组织载体——非正式结构体育社团的发展。我们从 2007 年开始研究省社会科学项目"农村非正式结构体育社团的发展研究"，此后主持了国家社会科学基金、省社会科学基金、中央高校专项基金、校硕博基金等关于体育组织研究项目 10 余项，内容涉及村落体育组织的形成与发展、农村非正式结构体育社团的群体识别、群体动力效应、群体心理效应、群体发展路径、体育组织与农村文化阵地建设等。现将 2013 年度国家社会科学基金项目的探索性成果写成专著，记载课题组整个研究探索的历程。

课题组选择了 46 个市县区的 1226 名非正式结构体育社团成员作为问卷调查对象，历时 3 年调查走访，取得以下成果：发表了 5 篇 CSSCI 论文；研究成果获得第十届湖北省社科优秀成果三等奖，第二十届、二十一届全国体育统计论文报告会一等奖，第六届社会体育国际论坛二等奖；在"全国青年体育理论研讨会""高校民族传统体育工作研讨会""中国高等教育学会体育专业委员会社会体育研究会年会""武陵山生态文明会议""民族学人类学会议"上分别做了专题报告与交流发言。

本书内容包括以下三个部分。

第一部分是基础理论研究（第一、二章）。论述了选题的背景、研究价值、理论依据、国内外研究现状、研究思路、技术路线和创新点，并在组织的一般理论基础上，分析体育社团相关理论及国内外研究现状，探讨我国非正式结构体育社团在新中国成立前、计划经济时期、社会转型期的发展历程以及非正式结构体育社团的发展状况。

　　第二部分是实证研究（第三、四、五章）。主要采用文献法、调查法、数理统计与逻辑分析等方法，以非正式结构体育社团为例分析成员参与体育锻炼的现状以及对体育的相关认知，成员心理资本维度的构成以及心理资本对群体凝聚力和主观幸福感的影响。在实证研究基础上，通过归纳与总结，分析非正式结构体育社团的生成机制、组织结构、管理机制、约束机制、社会功能以及各运行机制之间的内在联系。

　　第三部分是发展研究部分，包括发展困境、引导策略和发展趋势研究（第六、七、八章）。通过案例分析湖北省恩施土家族苗族自治州来凤县的三个摆手舞队的生存模式、运行模式、管理模式，阐释摆手舞队的行动取向与价值取向，以及摆手舞的推广度问题，进一步汇总非正式结构体育社团发展中认识制约、制度制约、能力制约以及人才制约四大困境，就此提出非正式结构体育社团发展的政策引导策略、人员吸纳策略、领袖培养策略、社团导向策略，以及不同发展阶段的管理策略，最后预测非正式结构体育社团未来的发展趋势。

　　全书总体设计与统稿由项目主持人张铁明完成，具体分工为：张铁明负责第一、二、五、六、七、八章的撰写，谭延敏负责第三、四章的撰写。

谭延敏
2025 年 1 月

目　　录

第一章 绪 论

第一节 问题的提出与研究价值

一、问题的提出

20 世纪 80 年代以来，全球性的"社团革命"悄然兴起。由社会创办的各种社团、协会、非营利组织、自发性组织和类似组织在社会的进步和发展中发挥了巨大作用，解决了被政府忽略或没有力量解决的边缘问题。美国管理学专家彼得·德鲁克（Peter Drucker）在谈论美国社团时说："40 多年前，美国非营利性组织在大众的眼里是社会的边缘产物，非营利性组织的角色就是辅助政府执行部分职能，起着拾遗补阙、锦上添花的作用。"如今这些"社会边缘的产物"已成为"遍及全球的第三部门"[1]。美国约翰斯·霍普金斯大学研究社团的著名教授萨拉蒙（Salamon）在《美国非营利组织部门：入门读物》一书中指出，"一场有组织的志愿运动和创建各种私人的、非营利的以及非政府组织的运动，正在成为席卷全球最引人注目的运动……民众正在创建各种团体、协会和类似组织，促进基层社会发展"。新中国成立 70 多年来，我国的经济、社会、文化经历了曲折的发展过程，从我国经济转型发展和面临的社会问题看，经济快速发展，导致社会分工越来越细化，政府无力独自承担来自社会各种各样的服务，所以，一场新的改革——"社团改革"正在构建和谐社会的背景下拉开序幕，这场"社团改革"的主题是大量由下而上的自发性非正式结构群体组织。

在全民健身运动开展的浪潮下，以体育锻炼为纽带结成的非正式结构体育社团如雨后春笋般发展起来，遍布城乡社区的每一个角落。在我国目前的体育管理制度下，非正式结构体育社团相比正式结构体育社团（如体育协会、体育科学学会等），属于相对弱势群体，是容易被政府、体育局乃至街道办等忽视的一个群体。传统理论研究的视域是具有正式结构（正式组织和正式制度）框架内的体育社团，并抓住社团中的行为选择研究这一表面事实不放，而对非正式结构（非正式组织和非正式制度）的体育社团成员行为选择的研究及其影响视而不见。体育学术界和管理者对它们现有的关注也是首先将非正式结构体育社团置于研究之外或放在一个否定的前提下来阐释研究者的观点。事实上，任何社会现象的存在都有其理由和独特的生存方法，而研究者就是要去发现各种社会现象存在的原因和生存下来的方式[2]。本研究正是试图通过与非正式结构体育社团的研究对象进行正面接触和交流，深层次了解他们的认识和态度，以便和研究者已有的认识和理解进行比较。此外，这些弱势群体的存在能使本课题组更深刻地了解游离于政府监管视线以外的群众体育组织的发展现状，进而比较清晰地暴露出现行体育组织管理中存在的问题，以帮助体育管理者发现问题、分析问题，找到适合群众体育组织发展的解决办法。因而，对非正式结构体育社团这个特殊的社会现象进行研究，不仅对了解非正式结构体育社团的运行机制和生存方式有重要的帮助，也可使研究者和政府管理部门在一定程度上反思体育组织的发展和管理问题，提出有关体育发展改革的指导性建议。

研究非正式结构体育社团的运行与发展及其对社会体育发展的影响，在理论上要摒弃用统一的研究模式、不分市场化程度的惯性思维，而应对在体育活动中因市场化程度较低而引起的正式结构体育社团（体育协会、老年体育协会、文体站等）数量与绩效的不合理、非正式结构体育社团雨后春笋般大量涌现的事实给予特别关注。只有认清非正式结构体育社团在群众体育活动中的地位和作用，对其运行过程中的利弊得失进行深入的分析，才能在此基础上提出对非正式结构体育社团进行融解、整合、提升的措施和办法，才能达到为社会体育管理献计献策的目的。因此，本研究认为：在整个社会体育现代化的进程中，非正式结构体育社团的地位、作用及其改造完善都是不容回避的重要问题。本研究的另一个意义在于通过实证研究的方式探索非正式结构体育社团内部运行机制是如何形成的。探索与研究的结果可以促使管理者反思其管理方式，以便促进非正式结构体育社团的跨越式改革与发展。

本研究主要探讨以下问题：为什么非正式结构体育社团大量存在？非正式结构体育社团有什么特征？非正式结构体育社团为什么要发展？非正式结构体育社团发展的驱动力在哪里？非正式结构体育社团成员的主观幸福感怎样？非正式结构体育社团的群体凝聚力怎样？非正式结构体育社团的运行机制是什么？现代社会条件下非正式结构体育社团发展的制约因素是什么？本课题试图从理论视角切入，从实证研究和个案研究的角度探讨非正式结构体育社团发展的根本问题所在，并对不同类型的非正式结构体育社团进行诊断，为非正式结构体育社团的快速发展与改革奠定理论基础，并提出切实可行的建议和实际操作办法。

二、研究的价值

（一）理论价值

本研究在梳理相关理论的基础上，对非正式结构体育社团的概念进行界定，弥补了非正式结构体育社团研究的理论缺陷，充实和发展了体育管理和体育社会学理论。

（二）现实价值

目前，政府还没有能力完全承担社会体育发展的各项任务，非正式结构体育社团的建立、发展和完善有利于弥补这一缺陷。本研究采用问卷、访谈、专家调查等方式并结合个案研究，来了解非正式结构体育社团的存在现状（地位作用、形成原因、心理构成、运行机制、发展困境等），在此基础上提出非正式结构体育社团发展的引导策略，即政策引导策略、人员吸纳策略、领袖培养策略与正式社团导向策略，以及按照其发展阶段选择不同的引导策略。这些对当前群众体育的发展具有重要的指导意义和实用价值，可为现阶段政府决策部门对大众体育的管理提供依据和具体对策。本研究对实现我国全民健身发展目标、进一步提高居民身体素质和健康水平、促进健康中国与体育强国建设有一定的指导作用和参考价值。

本课题具体深入的实证研究，能够为其他地区非正式结构体育社团研究提供理论参考。非正式结构体育社团是全民健身组织网络建设的重要节点，在提高居民身体素质、满足居民社会交往与心理归属等需求方面具有重要作用。同时，通过政府及相关管理部门的关注，提高现存体育社团的合法性和合理性，有助于防范非正式结构体育社团发展为迷信、邪教等组织。同时，本研究有助于落实国家关于"健全全民健身组织网络"的文件精神，为健康中国 2030 和体育强国建设提供助力，为当地政府决策者提供理论和数据参考，进一步推进全民健身战略的进程。

第二节　研究的视角与理论依据

一、研究的视角

我国既有的正式结构体育组织都是借用政府的行政力量和行政资源自上而下建立的，而非正式结构体育社团从一开始就在性质上完全不同于既有的组织，是民众自建、自治、互助的组织，是居民在自身内在的体育需求推动下，由下而上自我构建的，这为以行政体育为依托的中国体育组织结构增加了一种全新的组织要素。

近些年来，理论界对体育组织管理与制度问题的研究已形成了一定规模，但研究的视角主要停留在城市社会发展中具有正式结构的体育社团、体育协会上，而对聚集于非正式组织管理与非正式制度约束的非正式结构体育社团的研究则较为鲜见，对非正式组织与非正式制度进行体育学方面全方位的研究与探索仍是理论的缺憾。本研究认为：非正式组织与非正式制度是在久远的历史长河中积淀下来的社会"集体无意识①"[3]，是决定人们进行有组织的体育锻炼行为选择的深层动力源，是在社会发展的转型时期具有不可选择性社会发展的硬道理。在一定意义上可以说，如果不了解非正式组织与非正式制度视角下形成的非正式结构体育社团，就难以理解体育群体的互动过程，甚至难以理解全民健身的运行机制。

二、研究的理论依据

（一）自组织理论

自组织理论认为事物的发展是由自发、自主走向组织的一种结果或过程。自组织过程包含组织状态由无序状态到有序的演化、组织程度由低级到高级的进化和组织结构由简单到复杂的演变，其演进过程交替呈现自组织化状态。因此，管理学、社会学、人类学将自组织概念理解为：人们根据生活和利益的需求按照协商机制而结成组织、参与组织和开展组织活动的全过程[4]。自组织从群体的角度理解具体表现在组织形成的沟通能力、自愿结成组织的动力源、组织活动开展频率、群体归属感、群体认同感等方面。另外，自组织成员对组织的认可度和期望值，以及预期利益的获取等都是必不可少的重要指标。结合上述相关自组织理论的观点阐释，从社区的角度讲，居委会、村委会实际上是自我管理、自我教育、自我服务的基层群众性组织，从法律层面上讲，居委会、村委会是自治组织。在基本公共服务体系建设背景下，居委会、村委会终究是居民的自组织，这些组织是唯一在全小区（村落）范围内得到认可的公共权威机构，并受国家法律的认可和保障[5]。在市场经济背景下，多数居民被束缚在有限的区域内保持着趣缘、地缘、业缘联系，以惯习为纽带建立起人际关系网络，这种自组织网络关系以费孝通先生认为的差序格局为基本特征。笔者认为，社区居民并不完全是孤立和分散的自组织群体，随着时间的推移，居民逐渐开始关注自组织的集体力量所带来的正面影响，使他们的生活质量得到不同程度的提高。近年来，以自发的方式按照一定的组织规模和程序而形成的服务于公共体育的集体行为有日益增多的趋势，呈现出了以街道、居委会为核心区域范围自发结成的公共体育服务组织，如成立舞蹈队、摆手舞队、篮球队、太极拳队、舞龙舞狮队、徒步队、艺术团、文艺团等。自发性体育组织发展不充分主要是因为缺少传统习俗的制度供给与惯习的延续，即缺乏自主地建立契约化组织的传统。可以说，自组织理论是本课题研究中依据的一个基本理论。课题组访谈的非正式结构体育社团成员、群体领袖、部门

---

① 集体无意识是社会环境和历史文化因素在心理上沉淀下来的、深深地印在脑结构中的以前各代人的经验积累与反映，具有人类漫长进化过程的重要经历、经验等信息以遗传的方式寄存在大脑中的最深层次并不为个体所知，又迫使个体按照祖先的样式进行反应。

负责人和相关专家将在报告中穿插引述。

（二）主位与客位相统一的理论

问卷（或量表）调查是面对问卷中的问题，选择回答"是"或"不是"，可"是"与"不是"背后究竟隐藏着什么？这里面掺杂了调查对象的哪些想法、态度和观点？等等，这些问题都是问卷（或量表）的研究不能解决的。本研究的个案采用了质的研究方法，课题组成员通过连续多年对湖北恩施土家族苗族自治州（简称恩施州）来凤县摆手舞队的成员进行现场观察、参与观察和深度访谈来实施个案研究。个案研究的方式不可避免地伴随着个体主观因素，个体主观因素无论如何规避，都有可能影响到研究结论的客观性。这是在研究中必须注意的一个方法论问题，也就是如何处理好研究主位与研究客位的主次关系。在本课题研究过程中，受到陈俊杰[6]、折晓叶[7]、周晓红[8]、杜赞奇[9]等学者相关研究方法阐述的启示，认为主位研究是指不凭研究者主观认识，通过获取当地人对当地情况的反映、认识或观点等并对其进行分析整理，来反映被调查者的主观意愿。客位研究是从观察者的角度出发，运用标准的研究范式来解释个体行为形成的原因和结果[10]。按照人类学、民族学的研究范式，研究者既要站在被调查者的生活环境中理解他们的行为与想法，又要用标准的研究范式进行科学的归纳，以避免陷入"不识庐山真面目，只缘身在此山中"的误区[11]。因此，在实际研究中如何把握好主位与客位相统一的问题，是一个不易解决的方法论困境，但相对于非正式结构体育社团的研究而言，上述方法论困境可以因课题组成员身份的学缘关系得到部分缓解。因为本课题的两位主要研究者均来自中南民族大学，中南民族大学与来凤县是对口协助单位，团队已经和摆手舞队积累了长期合作关系，挖掘与整理了大量的第一手资料，所以，调查访谈过程都是以熟人的名义介入。长期的基层调查与自身经历，使课题组成员对非正式结构体育社团的调查有主位的理解。前后5年全程参与非正式结构体育社团调查研究的谭延敏教授，大学所学专业是体操、健美操，工作期间讲授的是运动生理学、体育保健学，调研过程中以其鲜活的专业知识展现了摆手舞队丰富的体育见闻和对当地生活的真实感受。由于课题负责人的体育因缘和成长印记，传统体育的印记已深深地植入其脑海之中，使得本课题调查不存在技术障碍，并且能较准确地站在非正式结构体育社团成员的角度，认识和理解他们的思维方式与行为方式。对于本课题个案研究的摆手舞队员而言，他们能够比较容易地融入群体之中，相对全面和准确地理解摆手舞队的开展情况和他们创造的"历史"。在调查过程中，研究者均以熟人或老朋友的身份参与摆手舞群体的各项训练、表演、参赛活动。为了尽可能客观真实地获得被调查者对事物"原生态"的认识和心理感悟，课题组每次的访问调查，都是至少两人以上同行，并且在调查现场进行分工协作，通常是从摆手舞队员感兴趣的话题切入进行交谈，在不失调查主线的基础上把握好群体交谈的插话技巧，其他人在被调查者的主要视线之外做好详细的笔录或录音,也包括交谈中关键内容的追问及未回答的问题,以便为后续补充调查做准备。访谈一般以闲聊方式开始,以被访谈者感兴趣的健身话题展开,逐渐引导话题思路,尽量使交谈场景轻松愉快,许多有关摆手舞传承与发展方面的点滴信息就是在"闲聊"中获得的。

这些访谈调查内容对问卷调查来说是一个非常重要的补充,能够深入了解人们对群体健身的认知程度。访谈调查的体会是:这样貌似随意的闲聊能消除锻炼者与陌生人接触的困惑或猜疑,通过调查员访谈时的分工协作,一般都能够达到预期调查目的,有时还可以获得预期之外的相关信息,并对这些信息进行追源性跟踪调查,发现有待于探讨的问题,为后期继续研究奠定基础。访谈结束后展开讨论,交流各自的看法和心得,探讨群众体育与社会变迁的诸多新事物以及居民参与体育群体健身的各种困境,并对调查场景气氛、感受、心得体会进行分类整理与记录。之后,对大量访谈调查结果进行细化整理,对与研究主题相关的资料采用科学的方法与严谨的态度进行系统的整理,再经过课题组成员讨论、专家咨询、被调查者印证后提炼出客观的认识,将访谈调查预料之外的收获作为后期研究的基础。可以说问卷调查与实地访谈调查是相对平衡与统一的,贯穿了本课题研究的始终。课题组成员对部分非正式结构体育社团健身领袖、政府部门领导、锻炼成员的访谈结果及现场图片、录像等资料在下面的调查现状与分析中穿插引述。

第三节　国外与国内非正式结构体育社团研究综述

一、国外非正式结构体育社团的研究现状

由于东西方的社会制度、经济水平、传统文化、风俗习惯不同,各个国家针对体育社团的网络化建设与管理方式不尽相同。在能够查阅的国外文献中,学者从不同角度论述了体育协会和体育俱乐部的发展和管理状况,其中,采用国家和社会相结合的管理方式的组织较多[12]。在经济发达国家,如美国、日本、英国、法国等,其城市化率已超过80%[13],现代管理体系的组织保障延伸到了社会的每一个角落,人们可以直接享受政府给予的多元化体育健身组织的服务,每个人均可以参与一个或多个合法化的体育社团,体育社团组织化程度很高,体育社团的注册、管理、监督、会员活动等均能够得到政府的认可与支持。经济发达国家的大众体育计划,如日本执行的体育振兴基本计划、德国执行的黄金计划、美国执行的最佳健康计划等均能够在本国得以有效的实施,并且经济发达国家的非正式结构体育社团活动几乎没有城乡差别,也可以说农村体育社团和城市体育俱乐部是浑然一体的,而中国常住人口城镇化率 2020 年才为 63.89%[14],与国外发达国家还有一定的差距,农村人口比例很大,分布广泛,体育社团的注册、管理、监

督等均需要在县级以上部门登记后才具有合法性，乡镇政府、街道办、村委会、居委会不具有"授权"成立体育社团的资格。在中国，与居民生活密切相关的注册型自发性体育社团并不多，但在查阅的国外相关文献 *The Management of Sports Club：Positioning Politically*、*The Sports Club as a Social Organization in Finland*、*Sports and Leisure Club Management*、*Recreation Sports Management* 中发现了这样的体育社团管理范式。Green[15]认为欧美国家的体育组织管理机构实行实体化和合法化的运行体制。荣霁[16]认为美国体育组织管理机构是体育组织治理结构的重要组成部分，主要表现为职业体育联盟、俱乐部和其他商业团体等形式。实现小学体育、中学体育、大学体育、社会体育与竞技运动的网络化格局，拥有广泛的体育人才支持和资金投入[17]，拥有完备的青少年体育法规体系，是现代青少年体育组织管理的发展趋势[18]。例如，美国社区体育组织按照类别可分为社区娱乐组织、社区非营利组织、私有体育组织等[19]，各个体育组织在本区域内的体育锻炼项目尽量呈现特殊性、唯一性或互补性[20]。意大利体育组织属于社会自我协调管理体制，意大利奥林匹克委员会为国家体育管理体制的最高权力机构，学校体育由意大利公共教育和科学研究部协同负责管理，公民的健康教育由公共健康部和劳工部协调和管理，学校体育与社会体育由两个部门进行有效的衔接[21]。加拿大大众体育充分发挥社会组织在体育政策运行中的基础性作用，建立了引导青少年参与体育相对完善的激励机制[22]。德国形成了以奥林匹克联合会为基础，类似中国的管理形式，自上而下逐级建立州、市、地区联合会，但其属于社会管理范畴。日本 2006 年版的《日本体育白皮书》阐述了各类体育俱乐部全面发展与振兴计划等[23]。上述研究为我国体育组织的发展与管理提供了重要的参考和借鉴。

另外，还有 Nicola[24]、Hallgeir[25]、李培林等[26]、付革和王洁群[27]、周兰君[28]、王英峰[29]、杨双平[30]等学者从不同学科角度阐述了不同国家体育社团的发展和管理现状。国外发达国家体育社团的发展与我国体育社团的发展相比更加成熟，主要表现在以下几个方面：体育社团的登记注册、正常运转、监督管理、变更注销相对完善；体育社团行使着国家体育事业发展的职能，是学校体育、竞技体育、社会体育的联结者；体育社团社会化特点明显，生命力旺盛，与经济发展与政治环境相吻合；体育社团服务能力与人们的心理需求高度契合，起到了增强体质与服务社会的作用；体育社团通过实体或者网络经营化来正常运营等[31]。上述学者研究的均是俱乐部、协会等正式体育社团。以国外、体育社团为关键词，通过互联网查询中国期刊网、中国科技期刊网、人民大学复印报刊资料（网络版），结果未发现关于国外非正式结构体育社团的相关资料，其正式体育社团的活动经验可以供我国在非正式结构体育社团管理中借鉴。

二、国内非正式结构体育社团的研究现状

到 2023 年底，通过中国知网，以篇名、主题、关键词形式检索体育组织、全

民健身组织、民间体育组织、群众体育组织等，去除重复文献，共获取相关期刊论文 450 篇；通过独秀、超星，以书名、主题词形式检索，查询到与体育组织相关的书籍 25 部；通过国家体育总局政策法规司网站，以项目形式检索，查询到与体育组织、全民健身组织、民间体育组织、基层体育组织相关的研究课题 13 项；通过全国哲学社会科学工作办公室网站，以项目形式检索，查询到与体育社团、全民健身组织、非营利体育组织相关的研究课题 18 项。这些组织不具备正式的组织管理方式，也不具备正式制度的约束机制，这类体育组织被认定属于非正式结构体育社团范畴[32]。从研究时段上看，未注册的自发性体育组织研究呈逐年上升的趋势，尤其是自 2009 年《全民健身条例》颁布与公共体育服务的全面推广以来，类似非正式结构体育社团的文献如雨后春笋般涌现，呈现百家争鸣的态势。虽然研究文献中对非正式结构体育社团的叫法各不相同，但研究的对象均是民间自发性体育锻炼群体，即非正式结构体育社团，只是研究范围、研究地域、研究视角、研究范式略有不同。

有学者认为，组建社团或组织必须具备五个条件：非政府性、非营利性、公益性、合法性和志愿性。此外，非政治性、非宗教性、非宗族性也是理解社团或组织，尤其是理解非政府组织合法性的重要元素[33]。总体上讲，国内非正式结构体育社团研究领域主要集中在城市非正式结构体育社团，其次才是农村非正式结构体育社团。另外，涉及虚拟网络组建的非正式结构体育社团，虚拟网络的群体一般以实体存在，网络是非正式结构体育社团便于联系沟通的平台。国内学者对非正式结构体育社团的研究主要体现在以下几个领域：非正式结构体育社团的理论关注、非正式结构体育社团的现状评析、非正式结构体育社团的实证研究、非正式结构体育社团的管理与实践、非正式结构体育社团的规划与发展；另外，还有对类似大学生锻炼群体的非正式结构体育社团的大量关注。下面就各个领域有代表性的观点进行述评。

（一）非正式结构体育社团的理论关注

代表性学者孟凡强[34]从理论上提出了自发性体育组织的成因主要是离散状态的锻炼群体逐渐从无序走向有序，自发性体育组织的互动过程与结果是自组织的发展，同时从理论层面探讨自发性体育组织实证研究所面临的主要课题，为后续相关研究开阔了视野。张红坚[35]、唐永干和王正伦[36]根据自组织理论提出，自发性体育组织演进在体育管理系统中应该是"支持体系主角、组织体系配角"的合理角色定位，在体育发展不平衡的地区应实行"分层推进"的体育组织建设方式，同时认为民间体育组织是实现体育自组织演进与可持续发展的重要保障。张宏伟和成盼攀[37]基于学理层面对非正式结构体育社团的产生、角色定位进行了研究，认为非正式结构体育社团是我国体育管理体制改革与实践的必然结果，是增强社区凝聚力的重要途径，是推进社区资源整合的驱动器，为社会体育管理提供了新思路。刘建炜和李建国[38]对非正式结构体育社团的中介作用与管理给予了更多的关注、认同及支持，论证了建立在社区中介基础上的体育组织的重要性，并从中介理论的视角提出了社区体育建设与发展的建议。汪流[39]从资源依赖理论视角对草根体育组织与政府关系进行审视，并依据"强国家、弱社会"的特殊体制现实，找出两者之间存在的障碍，提出了草根体育组织的生存方式；认为草根体育组织与政府关系应着眼于"合作"，而不是想当然的"分离"，草根体育组织与政府关系将从"政府主导式合作"向"互补式合作"发展，这种理论预设为后期相关研究打开了新视野。

上述非正式结构体育社团的相关研究成果均是从理论视角切入，从多学科的理论角度关注非正式结构体育社团的焦点问题，涵盖了自组织理论、公共服务理论、耗散结构理论、场域理论等视角，辐射到了经济学、政治学、社会学、公共管理学等多个学科领域。另外，还有冯欣欣和曹继红[40-41]从资源依赖理论视角、陶运三[42]从多维理论视角、杜志娟和苗大培[43]从公共服务与非营利组织理论视角、刘建中[44]从协同学角度论述非正式结构体育社团的形成与发展机制，上述理论认为中国非正式结构体育社团研究在研究背景、讨论框架和价值预设方面具有相同的特征，即均在中国体制转轨和社会转型的背景下、在国家与社会关系的讨论框架内、在肯定非正式结构体育社团的价值和作用基础上进行研究。由于不同的理论分别来源于不同的学科领域和学术脉络，其研究的侧重点并不相同。非正式结构体育社团是自发性的体育锻炼群体组织，具有特殊性、普遍性、松散性，为什么人们集群参与锻炼？构成群体心理的机制是什么？群体生存所依赖的资源是什么？所依附的社会环境怎样？现实环境下生存的困境有哪些？这些问题还有待于进一步深入分析和探讨，可以从自组织理论、心理资本理论、资源依赖理论等角度对非正式结构体育社团运行及发展状况进行深度剖析。

（二）非正式结构体育社团的现状评析

代表性学者胡科和虞重干[45]、周华锋等[46]采用文献资料、问卷调查、逻辑分析等方法，对不同区域草根体育组织的生存现状进行问卷调查与个案分析，认为基层社区层面的草根体育组织在发展过程中较为普遍地遭遇了资源约束所带来的发展阻滞问题，为了有效化解资源约束对体育组织生存与发展的阻滞，不同性质的体育组织在地方精英的主导下，分别采用资源依附式的单位寄生、协会挂靠、企事业单位组织同构等生存策略，主要是以依附于他组织的方式取得自发体育组织发展所需的合法资格、物质资源、人员配备等。这几篇代表性的文献总结了非正式结构体育社团存在的问题，并在分析问题的基础上有针对性地提出培育和推动我国草根体育组织的发展对策。马永明[47]运用文献资料法、调查法，对江苏69个乡镇进行调查发现，苏北、苏中、苏南农村基层体育组织机构、场地设施、人员配备、经费保障各有不同，在此基础上提出了加强领导思想、加强群体认识、加大考核力度、加强人员培训、强化引导方式、拓宽经费渠道、提高场馆设施利用率等措施。任大方[48]认为，城市社区的晨（晚）练点（站）、艺术团、表演队、健身俱乐部、辅导站等呈现低水平重复性发展，体育组织发展态势停滞现象明显，原因是行政主导的正式体育协会与民间自发的体育锻炼群体组织对接困难，并且健身群体与市场结合困难，其"非法"身份导致自身发育不畅，并提出采用多元化的生存策略、广泛吸纳资源、加强自身合法性建设等措施整合社区体育组织。同样，在城市社区自发性非正式结构体育社团方面，夏正清[49]以上海"鲁迅公园"为个案进行剖析，从自发性群体组织的内外环境角度探讨其生存方式，认为社会环境是影响锻炼群体的重要因素，政府远距离关注健身群体组织效果会更好，公益性的健身领袖是锻炼群体生存的关键条件，应以群体领袖的活动效应激发健身组织成员的归属感，从而保障锻炼群体自我运转。上述研究中现状描述与分析较多，以社区俱乐部、锻炼小组、辅导站为单位建立体育组织网络，并对群众体育组织之间的联系、群体心理行为形成的原因以及群体行为所依赖的社会环境等进行论述的较少。

另外，还有学者（刘兵[50]、王晓等[51]、孙立海等[52]、修琪[53]、许月云等[54]、魏太森和黄文仁[55]、郝亮等[56]、裴立新[57]、张铁玲[58]）对农村基层体育组织、城市社区体育组织、单位内部体育组织等进行初步调查，分析非正式结构体育社团的参与形式、活动形式、体育指导员配备情况等，总结出非正式结构体育社团的发展现状、制约因素及相关对策和建议。随着《全民健身条例》的颁布实施，非正式结构体育社团得到学界的普遍关注与认识，涌现出了大量的硕士论文，对非正式结构体育社团的研究更是遍地开花，从横向的问卷调查、纵向的典型案例跟踪调查等层面提出非正式结构体育社团存在的现状、培育的方法、可行性建议、未来构想等，从而有针对性地制定培育方案、规划构想，提出自发性体育组织发展的影响因素及阶段发展对策（邱先丽[59]、王凯南[60]、王倩[61]、蒋博[62]等）。

（三）非正式结构体育社团的实证研究

代表性学者任弘等[63]利用美国健康促进项目的设计方案，以北京市海淀区西三旗育新花园为试验社区，通过研究对象定期反馈健步走的步数来督促其坚持锻炼。经过 4 个月的健步走锻炼和研究结束后 6 个月的再次调查，他们认为有组织地进行锻炼或伙伴陪同是必要的，有组织的体育活动的作用更明显。张铁明、谭延敏等基于相关理论从群体成因[64]、群体识别[65]、群体动力[66]、群体心理[67]等方面进行了实证研究，依据相关理论提出假设，并对调查数据进行单因素方差分析，以不同性别、年龄、学历、职业、收入等作为分组变量，分析非正式结构体育社团的形成原因、识别方法、动力机制、群体效应、情感、价值观动力、宣传动力、距离临近性、交往、"领袖"识别等特征变量的差异性，提出有利于新农村非正式结构体育社团的发展、组织与管理的启示。黄嵩等[68]对农村村落体育组织不同发展阶段的变化进行研究，基于发展阶段理论提出村落体育组织5个发展阶段的假设，使用利克特量表的方式设计问卷，以农村自发性体育活动群体891人为调查对象，利用SPSS软件对问卷数据进行因子分析，对农村非正式结构体育社团不同发展阶段的变化进行实证探讨，认为农村范畴的非正式结构体育社团经历了组建、凝聚、执行、稳定、整合5个发展阶段，也有部分非正式结构体育社团经历了反复组建、锻炼群体关系破裂、反复整合的发展过程，建议组织领袖和相关管理部门根据组织不同发展阶段的特征来引导和管理组织，以便其长期稳定发展。总体上讲，目前国内关于非正式结构体育社团实证研究部分的成果较少。

（四）非正式结构体育社团的管理与实践

代表性学者胡科和虞重干[69]认为需要积极发挥地方社会精英的作用建设基层体育组织，利用社区现存的各种复杂社会关系的纽带作用来建设与发展体育组织；拓展基层社区体育组织的多种功能，通过维系非正式结构体育社团多元化发展来满足群众的各种健身需要；还对非正式结构体育社团的生存及管理现状进行了阐释，提出非正式结构体育社团的发展需要借鉴国外体育自治组织构成和发展的思路，归纳分析了我国城市社区体育自治组织的发展状况和培育思路。汪流和李捷[70]认为非正式结构体育社团的生成和发展是我国社会体育管理体制改革与实践的必然结果，是锻炼群体自组织能力提升的表现；非正式结构体育社团的组织形式、活动内容、体育指导员水平与社会环境有关，客观地反映出城市社区典型性的体育自治组织现状，非正式结构体育社团面临合法性问题，生存方式处于体制默许的边缘地带，最后提出"政府行政吸纳"的生存策略。朱元利等[71]从城市社区非正式体育组织的运行、社区体育环境、居民的健身意识、场地设施规划以及组织网络建设等方面进行分析，认为城市社区体育组织的运行机制在资源开发利用、优化体育活动、增强人员队伍等方面还不够健全和成熟。孙立海等[72]研究认为社区非正式结构体育社团的纵横向联系不畅通，组织结构不完善，组织结合松散，获取资源的整体能力不足，缺乏有效的自我监督管理，整体上处于无秩序组织发展状态。薛明陆等[73]、张广林[74]从非正式结构体育社团组织的文化建设与管理方面进行阐释，认为社区体育建设的滞后性不利于实现全民健身计划和城乡一体化的目标，从管理学角度分析非正式结构体育社团与体育组织文化的内涵，以体育组织文化和公民社会理论为指导，对农村社区体育组织文化建设的契机进行分析，提出新农村社区体育组织文化建设的策略，探讨社区体育组织文化建设的构想。

另外，彭英等[75]、胡宇和刘青[76]、刘玉[77]、汤晓波[78]、谭延敏等[79]等学者也提出客观存在的大量非正式结构体育社团对体育组织的管理产生了重大影响，对非正式结构体育社团的特点、产生原因及作用进行分析，提出了多渠道了解大众的健身信息和需求、完善体育组织的管理和评价体制、村领导要带头积极参与组织各种合理体育社团等管理启示，为管理者正确地认识非正式结构体育社团存在的价值和意义，调动一切积极因素为体育社团的建设、管理与实践提供参考。

（五）非正式结构体育社团的规划与发展

代表性学者张铁明等[80]认为对农村非正式结构体育社团的组织与管理进行研究有利于全民健身网络化建设。系列文献均通过文献资料、问卷调查和个案研究等方法对农村非正式结构体育社团进行了探讨，对所收集的数据进行了通俗性检验、项目分析、信效度检验，得到了信效度良好的非正式结构体育社团发展阶段的量表及结构方程全模型[81]；认为农村非正式结构体育社团群体规模在 20 人以下较多、规模较小，活动经费、活动场地、技术指导、社会支持等资源获取困难，来自村委会的支持更多的是借助传统习俗的惯性推动，并从理论视角分析了非正式结构体育社团演进的多条路径、发展阶段及实践模式[82]，在此基础上提出逐步完善法规制度，加强监督与注册，壮大各级社会体育指导员队伍，加大各种媒介的舆论宣传力度，通过多元化融资与实体化结合的方式获取发展资源，采用商户型、精英型、领导型、节庆型和自发自在散落型发展模式壮大非正式结构体育社团的队伍[32]。刘建中[44]运用协同学理论阐述了非正式结构体育社团形成与发展的规律，认为其自组织发展过程需要法规政策、资金投入、人才建设等要素的协同，规划出自发性群众体育组织的动力机制是本土化。陈则兵[83]以社会转型为出发点提出非正式结构体育社团在规划和发展中应再理顺三个关系，在坚持五项主要原则的基础上形成系统化的运作机制。卢兆振[84]对我国农村基层非正式结构体育社团组织建设的现状及弊端、产生的原因、面临的机遇与挑战进行分析与讨论，认为长期以来责任主体的模糊与缺失导致了农村体育组织管理的真空和断层，完善体育组织系统架构（如老年协会、体育活动中心、文体站、俱乐部等末梢组织）是解决农村体育发展困境的当务之急，从而促进非正式结构体育社团组织建设的网络化发展。张金桥[85]从社会合法性、行政合法性、政治合法性、法律合法性等方面对非正式结构体育社团组织的合法性进行探讨，认为大多数非正式结构体育社团所具有的社会合法性、政治合法性和部分该类组织所具有的行政合法性，使其发展符合社会的需要，能够对体育公共服务供给形成有益的补充。张向群和杨亚红[86]认为自发性非正式结构体育社团投资少、效益高，成为低收入群体健身组织的首选，但由于缺乏财力的支撑，健身活动多在免费场地进行，活动形式以成员之间相互学习为主，发展所需的资金难以筹集，政府对自发性非正式结构体育社团采用"有限放任"的管理方式，并提出在非正式结构体育社团发展中政府应采取营造好制度环境、多级监控管理、科学决策指导等服务方式，以及非正式结构体育社团培育与发展的思路。

　　另外，汪明旗和吴务南[87]、陆作生等[88]、陈融等[89]、谢军等[90]也对非正式结构体育社团的走势及其发展面临的困难提出了针对性和可操作性较强的对策及建议：一是破解资金来源困境，培育壮大体育社团，推动体育社团实体化进程；二是完善自身建设，形成有效的管理机制；三是提高社团生存能力和服务水平；四是明确民间体育组织的法律地位和发展空间；等等。

（六）大学生非正式结构体育社团研究

　　代表性学者马新东[91]、孙凌云[92]、陈华东等[93]认为大学生体育社团的管理松散和人员的不稳定影响了其文化载体功能的发挥，要加强高校体育社团文化载体功能的建设，必须规范管理制度、提供必要的经费保障和充分发挥体育教师的指导作用；要提高大学生体育社团在学生体育活动中的作用，需要进行教学内容、课程体系以及体育教学模式的改革，体育社团主要通过不断改革来实现与完成高校体育的目标任务。邵金英[94]、倪伟等[95]、林波[96]等针对高校学生体育社团的发展特点、组建目的、组织结构及运行模式等进行调查，找到影响其形成与发展的因素，并从管理措施入手，提出积极扶持、加强引导、合理发展、强化体育社团的自身建设与社会化发展，以及完善评价机制等对策与建议。

　　另外，赵武和程莹[97]、崔树林等[98]、韩冬[99]、张戈等[100]、潘秀刚等[101-102]、王向东等[103]、张钢[104]等学者认为体育社团是大学体育课外活动的主要载体，分别从健康、教学、训练、比赛等方面进行了探讨。

　　课题组成员走访了中南民族大学、湖北民族大学、吉首大学的大学生体育社团，如各类体育运动协会（足球、羽毛球、篮球、毽球、武术等）、各种健身队（舞蹈、健身操、现代舞等）、各种俱乐部（户外运动、自行车、徒步等）等名目繁多的协会组织，它们基本都是校或院、系团委为方便开展学生活动而设立的。协会章程和制度由本校的学生社团或系部学生社团拟定。各个高校成立学生社团都具备一定的条件，只是社团类型不尽相同，大学生体育社团的管理还是有章可循的，但从实际考察来看，有些体育社团成立不久就自生自灭了。

　　综上六个方面所述，非正式结构体育社团均未在相关部门注册，没有专门的组织进行监管，也没有正式组织制度的约束。从组织与制度上讲，属于非正式结构的体育社团，管理上缺乏正规的组织形式，组织上没有正规的制度要求，各项体育活动均在社团的组织与制度下自由自在地进行。上述文献不论是自发性群众体育组织、非正式体育群体、草根体育组织，还是非正式结构体育社团研究，基本都是在城市、社区或学校基础上进行的，对其他领域的体育锻炼组织着墨较少。由于历史原因，我国体育社团的研究从整体上来说还处于起步阶段，随着社会的发展，自发性民间体育社团迅速发展，在体育管理和传承体育文化方面占有重要的地位。

第四节 研究对象与研究方法

一、研究对象

本课题的研究对象是非正式结构体育社团的运行、发展状况与引导策略。课题组根据现有的人力、财力等条件，按照多阶抽样和强度抽样相结合的方式在湘、鄂、渝、黔行政区域抽取 1500 名非正式结构体育社团成员作为问卷调查对象，回收有效问卷 1226 份，并对 240 多名社团成员、社团精英以及相关省份、市、县群体工作负责人和相关学科专家等进行了开放式访谈。

二、研究方法

课题主要采用文献资料法、调查（问卷调查、访谈调查和专家调查）法、数理统计法等研究方法来完成相关的理论分析、各项调查访问、数据的统计分析及论证工作。理论研究为实证研究提供指导，实证研究为理论研究提供依据，理论研究与实证相结合是贯穿本书的一种最基本的研究范式。

（一）文献资料法

笔者阅读了《社会团体管理工作手册》（1989 年）、《国务院办公厅关于部门领导同志不兼任社会团体领导职务问题的通知》（1994 年）、《社会团体登记管理条例》（1998 年）、《民办非企业单位登记管理暂行条例》（1998 年）、《取缔非法民间组织暂行办法》（2000 年）、《全国性体育社会团体管理暂行办法》（2001 年）、《全民健身条例》（2009 年）、《国务院办公厅关于政府向社会力量购买服务的指导意见》（2013 年）、《关于支持和规范社会组织承接政府购买服务的通知》（2014年）、《关于做好政府向社会力量购买公共文化服务工作的意见》（2015 年）、《文化部 体育总局 民政部 住房城乡建设部关于引导广场舞活动健康开展的通知》（2015 年）、《重庆市民政局关于社区民间组织培育发展和管理的指导意见》（2005年）、《贵州省民政厅关于加强社区民间组织培育发展与规范管理工作的意见》（2006 年）、《贵州省社会组织评估管理暂行办法》（2009 年）、《中共湖南省委办公厅 湖南省人民政府办公厅关于加强和创新社会组织建设与管理的意见》（2014年）以及湖北、湖南、重庆、贵州 4 省市关于对四类社会组织实行直接登记的通知等有关非正式结构体育社团的相关法律、办法、意见、条文等文件。通过期刊网查阅有关非正式结构体育社团研究的文献 300 余篇（国内外），有关专著十几部（卢元镇[105]、倪同云等[106]、秦椿林[107]、罗青青[108]、王凯珍[109]、裴立新和刘永刚[110]、熊晓正[111]、孟凡强[112]、肖林鹏等[113]、杜志娟和苗大培[114]、郑志强[115]、朱寒笑和苗大培[116]、张国华[117]、李俊清和陈旭清[118]、王斌和马红宇[119]、陈旸[120]、刘国永[121]）。

课题组根据课题研究目的进行了资料搜集与分析。除了搜集分析体育领域的相关文献以外，还搜集分析了大量的第二手资料，包括大量的政治、文化、经济和社会等方面的文献以及文化体育新闻出版广电部门等非体育领域的汇编资料，这些间接的文献与调查直接获得的资料相结合，对深入认识和了解非正式结构体育社团的发展路径与趋势十分有利。另外，还搜集了包括古籍文集、石碑、家谱、族谱等历史文献，这些文献记载了不同时代人的社会活动。相对于通过访谈获得的记忆与遥远的传说来说，古籍文集、石碑类的记载更接近历史原貌。例如，家谱、族谱、碑刻等包含了族群活动的记载，民族志、史志以及政府文献志则透露出鲜为人知的事实及其发生原因。课题组采用史志资料去探讨地方民俗活动的历史延续、传承与创新的发展历程，这样的调研方式所得出的结论是值得参考的。课题组充分利用当地社会资源，采用部分居民的个人叙事，以及地方政府的一些派发文件，使研究具有一定的历史资料保证。

（二）调查法

本研究采用了非正式结构体育社团成员的问卷调查、访谈调查、专家调查 3 种类型。

本研究采用多阶抽样和强度抽样相结合的方法，抽取了 100 余个非正式结构体育社团为调查对象。抽样过程如下。

第一步：多阶抽样。将调查对象按照湘、鄂、渝、黔行政区域划分为 4 个群，在每个群里随机抽取若干个非正式结构体育社团中的若干成员。

第二步：强度抽样。每个群中安排 20 余名大学生为每个体育社团成员发放 5～20 份问卷。

经查阅统计学书籍，得到样本规模数量为

$$n = \frac{t^2 \times p(1-p)}{e^2}$$

式中，n 代表样本规模；e 代表抽样误差；t 代表临界值；p 代表概率。为保证问卷调查的样本量，依据 95% 置信水平下的样本规模表，再根据设计效应（design effect，deff），通常取 deff 从大到小依次为 2.5、2 或 1.8，本课题研究选最大值，取 deff 为 2.5，根据研究范围与交叉分析需要最后确定调查的样本量为 1500 份。

1. 问卷调查

（1）问卷的设计

问卷设计过程中参考了 2000 年侯小伏主持的国家社会科学基金课题"中国社团组织的现状、发展趋势及对策研究"的问卷设计、天津财经大学徐碧琳教授的国家自然科学基金课题项目（项目编号：70271020）的系列论文中的问卷调查、王名等在《中国社团改革——从政府选择到社会选择》研究中所使用的"联合国区域发展中心非营利组织调查问卷"的部分内容，以及北京体育大学黄亚玲教授的《论中国体育社团》相关问卷、中南民族大学张铁明教授的湖北省社会科学规划办公室系列课题调查问卷等，在这些调查问卷的基础上，再根据湘、鄂、渝、黔所处的地理环境、位置及其经济水平、生活方式、文化底蕴、气候、文化教育（高等教育、职业教育、基础教育等）等多方面的特点进行深入综合分析，并针对非正式结构体育社团的具体情况做了适当的修改，共设计了 60 多个问题，其主要内容有：个人的基本情况 10 个问题（包括被调查者的年龄、性别、月收入水平等）、群体锻炼的基本情况（包括人数规模、锻炼频次、持续时间、锻炼场所等）12 个问题、群体心理与凝聚力 40 个问题、主观幸福感 4 个问题（见附录 1）。

（2）问卷的论证

将编制好的调查问卷进行小样本的试用（发放两次，每次发放 30 份，均回收 30 份、有效问卷 28 份），通过调查结果与分析来判断问题取舍。用重测法（间隔 15 天，记名发放给同一批受试对象）将两次的调查数据输入 SPSS 20.0 软件（人口统计学题目、多选题和开放式问题免做），计算其（28×2 份）相关系数。本课题非正式结构体育社团问卷的每个题目前后两次的相关系数最小为 0.84，说明问卷重复使用的稳定性较高。

2. 访谈调查

在研究社会现象和人们的社会行为时，需要充分考虑人的特殊性，考虑社会现象与自然现象之间的差异，特别要发挥研究者在研究过程中的主观性[122]。本课题除问卷调查外，还采用了个案调查和面访调查，以弥补问卷调查的局限性。本课题的调查员在获得锻炼群体认可后，直接参与群体锻炼（课题组成员的专业分布是羽毛球、健美操、篮球、乒乓球、足球），以近乎主位的介入方式进入群体进行访谈，以直接观察的形式获取了体育活动群体的现实材料。为了对事实有充分的把握，笔者多次进驻田野调查，最早是 2012 年春节假期与 2012 年的暑假期间，共走访了 20 余天，了解到非正式结构体育社团的一般状况；接着是 2013 年的春节、暑假，去湖北省恩施州，湖南省张家界市、吉首市、怀化市，贵州省铜仁市驻扎了 4 个星期，作为全面铺开的田野调查，这期间又进行了张家界市、吉首市、怀化市的回访调查，约 10 天；2014 年暑假期间进行了 18 天的访谈调查，回访调查恩施市，恩施州咸丰县、来凤县，重庆黔江区铜仁地区；在 2015 年对有疑问的地方做了近一个月的追踪调查，比较深入地了解了当地现存体育组织活动情况及成员健身的切身感受。本研究访谈了 200 余名（400 余人次）社团成员以及 40 余名县市、镇、区的体育社团精英和文体局领导、干事等，设计了访谈提纲，主要内容有非正式结构体育社团的活动现状、活动场地设施管理、组织运行与经费保障、组织凝聚力以及居民的心理资本（自信、乐观、希望、宽容等）等。

在进行访谈调查时，口述史是资料搜集经常采用的一种方法，通过口述史可以了解事件的发生过程，可以为现实生活中不理解或有疑问的事件提供解释。采用口述史这个研究方法的原因是本课题的一个重要组成部分是案例分析研究，由于案例（来凤摆手舞）的相关文献资料不完备，所以，要依靠口述史的资料来追溯与补偿摆手舞的渊源、发展过程。当然，为了避免口述者对历史记忆的理解偏差，笔者对各阶层人士进行了深度访谈，如健身精英和街道、镇、乡干部以及退休人员、族长、非物质文化遗产传承人等，以达到三角论证的效果，并把多种采访材料统筹综合起来，对事件的发生过程做出一个合理的解释。

3. 专家调查

为丰富课题研究的内容以及保证研究发展对策的规范性、权威性与科学性，采用发邮件和信件以及面访等方式对 10 余名体育社会学、民族学、人类学专家（任海、王斌、郑旗、倪东业、钟全宏、冯小丽、黄聪等）进行了访谈。

（三）数理统计法

本课题组的成员对问卷调查的数据进行审核、整理，并将数据录入 SPSS 20.0 软件和 LISREL 8.53 软件，建立数据库文件，运用描述统计、项目分析、相关分析、回归分析、探索性因子分析、验证性因子分析、信度分析、效度分析、交叉分析等，并结合 Excel 2007 软件做出直观图表。

第五节 研究思路与研究技术路线框架

一、研究思路

（一）一条主线

本研究将"非正式结构体育社团运行、发展与完善引导"作为主线和基本命题，对非正式结构体育社团运行机制采用定量和定性研究相结合，即广度横向调查研究和深度纵向个案研究相结合的方法收集、整理和分析资料。

（二）两大板块

本研究由"运行机制"和"引导策略"两大板块组成。前者对非正式结构体育社团的运行现状问题进行客观描述，后者依据前者提出引导其良性运行的策略，两大板块互为关联，具有内在逻辑性。一是横向研究，通过问卷和访谈的方式收集数据资料，分析非正式结构体育社团的锻炼频次、场所、时间、指导情况、成立时间、成员年龄和性别上的差异，非正式结构体育社团成员的心理资本及其与主观幸福感、群体凝聚力的关系，以及非正式结构体育社团发展的制约因素；二是纵向研究，以资源依赖理论为依据，通过湖北省恩施州来凤县摆手舞队个案的发展史和现状分析摆手舞队的生存模式，阐释摆手舞队的行动取向与价值取向，为问卷调查所不能解决的问题等另辟蹊径，为分析非正式结构社团发展模式、引导策略以及推广度问题提供重要的事实依据。

（三）四大策略

根据前期调研的非正式结构体育社团生存现状、现实困境与运行机制，提出非正式结构体育社团的法规导向、人员吸纳、领袖培养、社团演进四大策略，并提出分阶段引导、整合和提升的措施和办法，以便促进非正式结构体育社团的健康、稳定与快速发展，为体育强国建设做出贡献。

二、研究技术路线框架

本书的研究技术路线框架如图 1-1 所示。

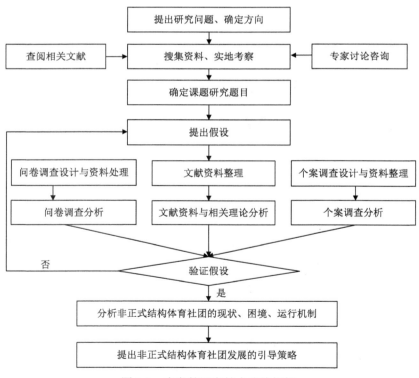

图 1-1　本书的研究技术路线框架

第六节 研究的主要观点和创新之处

一、主要观点

非正式结构体育社团的结构比较松散，是由个体的趣缘、业缘、地缘等关系组成的社会网络，社团的体育锻炼行为通过社会网络传至个体，提升了个体的心理资本与主观幸福感，并形成较强的群体凝聚力。

非正式结构体育社团的类型有习俗型、精英型、场域型等，按照市场失灵理论，政府对其缺乏有效的监管与引导，目前处于无序向有序的转变态势，多主体合作的网络化治理将成为趋势。

非正式结构体育社团的良性运转依赖于其运行机制中各组成部分（生成机制、组织结构、管理机制、约束机制、社会功能等）的协调配合，相互促进。

非正式结构体育社团的组建、凝聚、稳定需要逐步实施，发展的引导策略包括政策法规导向策略、人员吸纳策略、健身领袖培养策略以及正式体育社团演进策略，以确保人民群众享有基本的体育组织服务。

二、创新之处

（一）理论的拓展

本研究依据组织发展阶段理论，对非正式结构体育社团的发展采用纵向阶段性的引导策略，拓展了非正式结构体育社团研究领域的管理理论，力图构建新的分析范式。

（二）观点的创新

本研究对非正式结构体育社团不同发展阶段的特征进行纵向梳理，为诊断其发展阶段并采取合理的引导策略提供支持；提出非正式结构体育社团成员的心理资本及其对群体凝聚力和主观幸福感产生积极影响，这是一个新的尝试。

参 考 文 献

[1] 邓伟志. 中国社团的现状及发展趋势[J]. 上海行政学院学报，2004（6）：85.

[2] 刘伟. 自生秩序、国家权力与村落转型：基于对村民群体性活动的比较研究[D]. 上海：复旦大学，2008：55.

[3] 荣格. 现代灵魂的自我拯救[M]. 北京：工人出版社，1987.

[4] 刘伟. 农民自组织程度低的原因分析[J]. 中共宁波市委党校学报，2004，5：70-75.

[5] 康晓之. 公共行政学[M]. 北京：中国人民大学出版社，2002：340-341.

[6] 陈俊杰. 关系资源与农民的非农化：浙东越村的实地研究[M]. 北京：中国社会科学出版社，1998：43-45.

[7] 折晓叶. 村庄的再造：一个"超级村庄"的社会变迁[M]. 北京：中国社会科学出版社，1997：21-23.

[8] 周晓红. 传统与变迁：江浙农民的社会心理及其近代以来的嬗变[M]. 北京：生活·读书·新知三联书店，1998：110-112.

[9] 杜赞奇. 文化、权力与国家：1900—1942 年的华北农村[M]. 南京：江苏人民出版社，2008：30-45.

[10] 吴泽霖. 人类学词典[M]. 上海：上海辞书出版社，1991：240.

[11] 温锐，游海华. 劳动力的流动与农村社会经济变迁[M]. 北京：中国社会科学出版社，2011：9-15.

[12] 林祯贤. 城市化对人力资本外部性的影响研究[D]. 昆明：云南财经大学，2022.

[13] CUSKELLY G, HOYE R, AULD C J. Working with volunteers in sport: Theory and practice[M]. London: Routledge, 2006：4-5.

[14] 王恩博. 社科院报告预计中国城镇化率峰值将出现在 75%至 80%[EB/OL]. (2021-12-30)[2025-03-18]. https://baijiahao. baidu.com/s?id=1720563259279422681&wfr=spider&for=pc.

[15] GREEN M. Policy transfer, Lesson drawing and perspectives on elite sport development systems[J]. International Journal of Sport Management and Marketing, 2007, 2(4):426-441.

[16] 荣霁. 美国体育组织研究[J]. 体育文化导刊，2014(12):20-22.

[17] BARRIE H. The government and polities of sport[M]. London: Routledge, 1991:104.

[18] 李卫东. 欧美青少年体育组织管理特征与发展趋势研究[J]. 体育文化导刊，2013（6）：19-22.

[19] 罗伯特·帕特南. 独立打保龄球：美国社区的衰落与复兴[M]. 刘波，祝乃娟，张孜异，等译. 北京：北京大学出版社，2011：115-120.

[20] 龚正伟，肖焕禹，盖洋. 美国体育政策的演进[J]. 上海体育学院学报，2014（1）：18-24.

[21] 凌平，王鹏伟. 意大利体育组织管理体制剖析[J]. 体育与科学，2004，25（2）：33-34.

[22] 陈玉忠. 加拿大体育政策的特点及启示[J]. 上海体育学院学报，2014（1）：36-39.

[23] 肖焕禹.《日本体育白皮书》解读[J]. 体育科研，2009，30（5）：17-22.

[24] NICOLA P. An urban sports movement as a social actor and a political arena: Remarks on post war associations research in Rome[J]. International Review for the Sociology of Sport, 1995, 30(2):141-163.

[25] HALLGEIR G. Institutional pluralism and governance in "commercialized" sport clubs[J]. European Sport Management Quarterly, 2010, 10(5):569-594.

[26] 李培林，徐崇温，李林. 当代西方社会的非营利组织：美国、加拿大非营利组织考察报告[J]. 河北学刊，2006（2）：71-80.

[27] 付革，王洁群. 农民体育健身工程实施的基本特征研究[J]. 福建体育科技，2010，29（5）：1-3.

[28] 周兰君. 美国大众体育管理方式管窥[J]. 体育学刊，2010，17（9）：45-49.

[29] 王英峰. 英国体育管理及体育政策的演进研究[J]. 天津体育学院学报，2011，26（3）：251-254.

[30] 杨双平. 我国自发性业余篮球联盟发展的研究[D]. 北京：北京体育大学，2014.

[31] 黄亚玲. 论中国体育社团[D]. 北京：北京体育大学，2004.

[32] 谭延敏，张文月，张铁明. 体育锻炼对非正式结构体育社团成员主观幸福感影响的实证研究：基于心理资本的中介[J]. 武汉体育学院学报，2020，54（9）：64-71.

[33] 中国现代国际关系研究院课题组. 外国非政府组织概况[M]. 北京：时事出版社，2010：3.

[34] 孟凡强. 自发性群众体育组织成因的理论探讨[J]. 体育学刊，2006，13（2）：59.

[35] 张红坚. 农村体育组织方式选择与农村体育组织建设：基于自组织理论视角[J]. 北京体育大学学报，2009，32（2）：20-22.

[36] 唐永干，王正伦. 从他组织到自组织：农村体育的历史抉择——从江苏农村体育说起[J]. 体育文化导刊，2004（11）：3-6.

[37] 张宏伟，成盼攀. 社区草根体育组织的涵义、生成与功能定位[J]. 北京体育大学学报，2013，36（6）：12-16.

[38] 刘建炜，李建国. 社区体育中介组织理论建设探讨[J]. 西安体育学院学报，2007，24（3）：32-35.

[39] 汪流. 草根体育组织与政府关系向度研究[J]. 西安体育学院学报，2014，31（1）：6-11.

[40] 冯欣欣，曹继红. 政府与非营利体育组织合作：理论逻辑与模式转变：基于资源依赖的视角[J]. 天津体育学院学报，2012，27（4）：297-302.

[41] 冯欣欣，曹继红. 资源依赖视角下我国体育社团与政府的关系及其优化路径研究[J]. 天津体育学院学报，2013，28（5）：382-386.

[42] 陶运三. 体育非营利组织研究的多维理论视角析评[J]. 天津体育学院学报，2010，25（2）：178-182.

[43] 杜志娟，苗大培. 体育公共物品的供给方式：公共服务与非营利组织理论的视角分析[J]. 成都体育学院学报，2007（1）：31-34.

[44] 刘建中. 协同学与社区自发性群众体育组织形成与发展机制[J]. 体育学刊，2009，16（8）：40-43.

[45] 胡科，虞重干. 依附：资源约束下草根体育组织的生存策略：3个个案的表达[J]. 武汉体育学院学报，2012，46（9）：25-29.

[46] 周华锋，李井海，赖齐花. 草根体育组织现状与发展对策研究：以广州市为例[J]. 广州体育学院学报，2013，33（6）：23-25.

[47] 马永明. 江苏农村基层体育组织运行现状的调查与分析[J]. 体育与科学，2009，30（5）：60-63.

[48] 任大方. 对我国城市社区体育基层组织发展停滞现象的研究：以社区居民日常参与的体育活动组织为例[J]. 中国体育科技，2007（43）3：41-45.

[49] 夏正清. 社区民间体育社团组织的生存与发展[J]. 武汉体育学院学报，2006，40（11）：30-32.

[50] 刘兵. 基于SEM的上海市社区体育俱乐部影响因素评价研究[J]. 上海体育学院学报，2010，34（5）：22-26.

[51] 王晓，孙立海，吕万刚. 我国社区体育非盈利组织发展现状的调查研究[J]. 武汉体育学院学报，2013，47（6）：5-11.

[52] 孙立海，吕万刚，罗元翔，等. 我国社区体育非盈（营）利组织的运行机制[J]. 武汉体育学院学报，2014，48（2）：5-10.

[53] 修琪. 公民社会视野下自发性群众体育组织研究：以山东省为例[D]. 北京：北京体育大学，2013.

[54] 许月云，许红峰，王海飞. 民间体育组织发展现状调查：以福建省为例[J]. 北京体育大学学报，2010，33（9）：4-8.

[55] 魏太森，黄文仁. 政府职能转变下社区"草根"体育组织的发展[J]. 体育科学研究，2013，17（6）：24-27.

[56] 郝亮，胡旭忠，栗晓燕，等. 当前我国城市社区体育草根组织的运行机制研究：以回龙观地区足球协会为案例[J]. 体育科技，2011，32（1）：91-95.

[57] 裴立新. 当前农村体育发展中若干重大问题的理性思考[J]. 体育与科学，2003，（3）：5-9.

[58] 张铁玲. 21世纪初我国社区体育组织结构特征研究：兼论社区全民健身网络的构建[J]. 中国体育科技，2003，39（11）：47-48.

[59] 邱先丽. 武汉城市社区体育草根组织生存环境调查研究[D]. 武汉：武汉体育学院，2011.

[60] 王凯南. 天津市基层群众性体育健身团队组织管理现状及对策研究[D]. 天津：天津体育学院，2013.

[61] 王倩. 城市社区体育自治组织培育研究：以武汉百步亭社区为例[D]. 武汉：武汉体育学院，2014.

[62] 蒋博. 自发性群众体育组织现状调查及对策研究：以郑州市金水区为例[D]. 安阳：河南师范大学，2014.

[63] 任弘，殷泽农，程静. 社区居民体育锻炼组织模式及效果研究[J]. 山东体育学院学报，2013，29（2）：96-99.

[64] 张铁明，谭延敏，吴畏. 农村非正式结构体育社团成因的实证研究[J]. 南京体育学院学报，2009，22（3）：53-57.

[65] 谭延敏，张铁明，刘志红，等. 农村自发性体育活动群体组织识别的实证研究[J]. 体育科学，2009，29（1）：14-24.

[66] 张铁明，谭延敏，陈善平，等. 农村非正式结构体育社团形成的群体动力效应研究[J]. 体育与科学，2010，31（4）：54-58.

[67] 张铁明，谭延敏，陈善平. 农村非正式结构体育社团成员参与锻炼的群体心理学分析[J]. 体育科学，2014，35（4）：67-73.

[68] 黄嵩, 谭延敏, 黄银华, 等. 农村村落体育组织发展阶段的实证研究[J]. 武汉体育学院学报, 2011, 45 (12):
　　　19-24.

[69] 胡科, 虞重干. 基层社区体育组织建设思考[J]. 体育文化导刊, 2012 (3): 36-39.

[70] 汪流, 李捷. 社区草根体育组织: 生存境遇及未来发展[J]. 武汉体育学院学报, 2011, 45 (2): 17-21.

[71] 朱元利, 马迅, 王樑, 等. 新时期西安社区体育组织构建与运行机制研究[J]. 西安体育学院学报, 2011,
　　　28 (5): 517-520.

[72] 孙立海, 吕万刚, 罗元翔, 等. 我国社区体育非盈 (营) 利组织的运行机制[J]. 武汉体育学院学报, 2014,
　　　48 (2): 5-10.

[73] 薛明陆, 刘一民, 李新红. 公民社会中新农村社区体育组织文化建设契机与策略[J]. 上海体育学院学报, 2012
　　　36 (5): 45-47.

[74] 张广林. 论社区体育组织文化建设[J]. 甘肃社会科学, 2009 (1): 24-25.

[75] 彭英, 毛爱华, 唐刚. 我国非营利体育组织发展困境[J]. 武汉体育学院学报, 2012, 46 (10): 17-21.

[76] 胡宇, 刘青. 我国非营利体育组织政府管理模式特点及创新研究[J]. 成都体育学院学报, 2012, 38 (1): 33-36.

[77] 刘玉. 我国体育公共服务发展中体育非营利组织参与困境与对策研究[J]. 山东体育学院学报, 2010, 26 (9):
　　　16-22.

[78] 汤晓波. 当代英国体育发展模式的转变: 基于政府与民间组织合作的视角[J]. 体育学刊, 2013, 20 (3): 55-60.

[79] 谭延敏, 张铁明, 刘志红, 等. 农村体育发展中非正式结构体育社团的作用及管理研究[J]. 南京体育学院学
　　　报 (社会科学版), 2008, (3): 53-57.

[80] 张铁明, 秦更生, 韩斌, 等. 新农村建设中村落体育组织的发展困境与实践模式研究[J]. 西安体育学院学报,
　　　2014, 31 (1): 45-49.

[81] 张铁明, 谭延敏, 秦更生. 农村非正式结构体育社团发展阶段量表的研制[J]. 天津体育学院学报, 2012,
　　　27 (5): 446-451.

[82] 谭延敏, 张铁明, 黄银华, 等. 农村非正式结构体育社团演进路径的实证研究[J]. 上海体育学院学报, 2013,
　　　37 (1): 60-66.

[83] 陈则兵. 社会转型时期我国民间体育组织的发展研究[J]. 成都体育学院学报, 2002, 28 (4): 27-29.

[84] 卢兆振. 新世纪我国农村基层体育组织建设的困境与抉择[J]. 山东体育学院学报, 2009 (1): 26-29.

[85] 张金桥. 我国自发性体育社会组织的合法性及其发展中的政府职责[J]. 天津体育学院学报, 2013, 28 (3):
　　　213-216.

[86] 张向群, 杨亚红. 欠发达地区自发性体育组织的培育与发展: 以广东省粤北、粤西地区为例[J]. 成都体育学
　　　院学报, 2009, 35 (12): 26-28.

[87] 汪明旗, 吴务南. 论我国城市非正式体育群体与 21 世纪人类体育[J]. 甘肃社会科学, 2004 (6): 155-157.

[88] 陆作生, 杨倩, 陈金婵. 21 世纪日本增强中小学生体质的体育策略及其启示[J]. 体育学刊, 2013, 20 (6):
　　　91-93.

[89] 陈融, 陈如桦, 林远, 等. 我国城市社区体育组织化运作的机制与对策[J]. 上海体育学院学报, 2005 (2):
　　　23-26.

[90] 谢军, 冯道光, 蚁秸云, 等. 部分城市社区体育组织的建设和发展[J]. 体育学刊, 2002 (2): 22-25.

[91] 马新东. 对当前我国大学生体育社团功能的调查与研究[J]. 北京体育大学学报, 2006, 29 (2): 227-228.

[92] 孙凌云. 论学生社团在高等体育院校校园文化建设中的作用[J]. 南京体育学院学报 (社会科学版), 2004,
　　　18 (2): 51-52.

[93] 陈华东, 钞飞侠, 陆光平. 论体育社团在高校体育中的地位与作用[J]. 上海体育学院学报, 2002, 26 (5):
　　　154-155.

[94] 邵金英. 广东省大学生体育社团组织发展现状与对策研究[J]. 广州体育学院学报, 2003, 23 (6): 21-23.

[95] 倪伟, 索红杰, 徐海朋, 等. 上海市大学生体育社团推进阳光体育运动的现状与建议[J]. 上海体育学院学报,

2013, 37（1）：90-94.

[96] 林波. 福建高校学生体育社团现状分析与发展对策研究[D]. 福州：福建师范大学，2006：19-21.

[97] 赵武，程莹. 体育社团与非体育社团大学生心理健康水平比较[J]. 中国学校卫生，2006（6）：500-501.

[98] 崔树林，穆益林，李永华，等. 大学生体育社团运作方式探索[J]. 体育学刊，2008（11）：71-74.

[99] 韩冬. 我国大学生体育社团的组织与活动建设[J]. 上海体育学院学报，2008，32（5）：86-89.

[100] 张戈，吴洁，钱俊伟. 体育社团对大学生体育锻炼行为促进的研究：基于社会生态模式的分析[J]. 沈阳
      体育学院学报，2014，33（1）：59-62.

[101] 潘秀刚，陈善平，张中江，等. 体育社团大学生锻炼行为及影响因素的调查研究[J]. 西安体育学院学报，
      2010，27（3）：375-378.

[102] 潘秀刚，陈善平，张中江，等. 体育社团对大学生锻炼动机的影响[J]. 北京体育大学学报，2010，33（7）：
      71-74.

[103] 王向东，李梦义，马宝玲，等. 大学生自发体育社团的现状及管理[J]. 山东体育学院学报，2001（4）：
      73-74.

[104] 张钢. 大学生的非正式群体与体育分组教学[J]. 上海体育学院学报，2002（S1）：180-181.

[105] 卢元镇. 重视体育社团的社会功能[N]. 中国体育报（社区体育版），2002-11-05（5）.

[106] 倪同云，白玲，陈琳，等. 完善我国社会体育指导员管理体制的研究[J]. 中国体育科技，2002（1）：37-39.

[107] 秦椿林. 体育健身活动的组织与管理[M]. 北京：北京体育大学出版社，2003：96-97.

[108] 罗青青. 城镇发展与社区建设：以郴州为例[J]. 中国城市经济，2004（10）：38-40.

[109] 王凯珍. 中国城市不同类型社区居民体育活动现状的调查研究[J]. 北京体育大学学报，2005（8）：1009-1013.

[110] 裴立新，刘永刚. 农村中心镇体育发展现状与对策研究：以广东省农村中心镇为个案[J]. 体育与科学，
      2006（1）：62-64.

[111] 熊晓正. 关于体育理论与实践几个问题的思考[J]. 体育文化导刊，2009（10）：9-14.

[112] 孟凡强. 体育概念争论的方法论特征[J]. 武汉体育学院学报，2009，43（2）：222-25，34.

[113] 肖林鹏，孙荣会，唐立成，等. 我国青少年体质健康服务体系构建的理论分析[J]. 天津体育学院学报，2009，
      24（4）：281-284.

[114] 杜志娟，苗大培. 国内外体育非营利组织的评估[J]. 体育学刊，2009，16（12）：40-43.

[115] 郑志强. 职业体育市场交易契约及其治理[J]. 武汉体育学院学报，2009，43（12）：31-34.

[116] 朱寒笑，苗大培. 欧洲休闲运动政策的演变[J]. 体育文化导刊，2009（2）：155-158.

[117] 张国华. 贵州省全民健身服务体系研究[J]. 贵州师范大学学报（社会科学版），2010（3）：54-58.

[118] 李俊清，陈旭清. 我国少数民族地区社会组织发展及社会功能研究[J]. 国家行政学院学报，2010（6）：73-78.

[119] 王斌，马红宇. 体育组织行为学 体育组织高绩效管理的理论与技术[M]. 武汉：华中师范大学出版社，2010：
      304.

[120] 陈旸. 社区体育服务中公众参与对公众满意的影响研究[C]//Intelligent information technology application
      association. Management Science and Engineering（MSE 2011 V6）. 湖南省湘潭大学体育教学部，2011:12.

[121] 刘国永. 实施全民健身战略，推进健康中国建设[J]. 体育科学，2016，36（12）：3-10.

[122] 风笑天. 社会学研究方法[M]. 北京：中国人民大学出版社，2001：7.

第二章 关于非正式结构体育社团的相关理论

第一节 关于非正式结构

一、关于组织的相关理论

人类社会具有群居性，群居的基本存在形式就是群体组织。《荀子·王制》曰："力不若牛，走不若马，而牛马为用，何也？曰：人能群，彼不能群也。"群体是个体存在的基本前提，所谓"人之生，不能无群"[1]。社会构成的核心要素是人，整个社会的治理过程也都是由人承载的，人是社会组织治理的根本[2]。人是活动于一定的组织中的，从一般意义上来说，组织就是一种"人群集团"，是人们有目的地联合起来以达到一定目标的社会群体。

（一）组织具有一定的目标

组织具有一定的组织目标，反映了一个组织的利益诉求，假如组织没有较稳定的发展目标，即使不会立刻消亡，也会大大削弱组织的发展。亚里士多德对社团组织的观点是，人们是为了得到特别的好处而集聚到一起。同样，社团组织成员也是为了得到好处自发地集聚到一起，并利用各种资源保持生存，以达到预期目标（好处或利益）。近年来，社会科学界延续了这一思想。例如，美国社会心理学家利昂·费斯廷格（Leon Festinger）指出，群体组织成员的相互吸引不仅仅是产生一种归属感，同时能够通过群体成员的地位、身份、阶层获得心理资本、社会资本、人力资本等的提升；政治学家哈罗德·约瑟夫·拉斯基（Harold Joseph Laski）在对组织进行研究时也曾得出类似的结论，认为社团组织的存在是为了达到集体成员共同的目的。赫伯特·西蒙（Herbert Simon）也认为组织是实现群体目标的有效手段[3]。可以认为，组织是有一定目标的群体，即使是自发性的体育锻炼群体也有一定的目标，如为了健身、交际、休闲、提高幸福指数等。

（二）组织具有行为导向

组织不是以一种线性、有序的方式而变得健康的[4]。美国学者彼得·布劳（Peter Blau）提出个体与群体之间的人际关系是社会组织不同于一般集体的关键所在，共同目标与行为导向是社会组织成员的一个主要维度，在社会交往的过程中，对于如何行动，什么是有价值的目标等问题，组织内部各成员往往有共同的价值取向和行为方式。通过彼得·布劳的观点可以看出共同的行为取向对于组织来说具有重要的作用，共同认同的目标和共同的价值判断标准对组织目标的实现具有决定性的作用。组织内部存在着社会行为准则，人们知道该朝着什么方向行动，该做什么，以及违反准则会受到怎样的惩戒。具有共同的行为导向才会增强组织的凝聚力。自发性的体育锻炼群体行为导向就是健身、交际、休闲、娱乐等。

（三）组织具有人际关系结构

结构这一概念暗含着各部分的相互关系，组织成员之间的人际关系为组织增添了新的要素。人际关系包括以下几个方面的含义：①社会互动，即组织成员间有多方面的相互影响，如行为方式、合作程度、交往频率与持续性等；②组织成员之间的情感，如吸引力、尊崇度和归属感等；③社会成员在一定组织内的地位结构。每个成员在组织群体中的地位取决于与其他成员的关系，即其他成员对他的情感态度，以及他们之间的相互作用等[5]。自发性的体育锻炼群体人际关系结构就是通过互动增强个体的成就感、归属感等情感因素来体现的。

（四）组织具有效率性的特点

组织是一个整体，是由一定数量的社会成员构成的，因此，在组织内的个人会与整体不断地进行博弈。对于组织而言，组织之所以能够得以存在，是因为组织的预期收益大于成本，同时，组织希望个人对组织有所贡献。成功而有效的组织必须同时满足以下两个方面的要求。从一般意义上说，组织的效率最根本在于是否能够建立起一个有效的管理结构和制度，也就是说能否在组织内部建立起个体收益和社会收益接近的管理制度[6]。从全社会来看，有效的组织能够提供这样的机制：社会所达到的最好状态是提高个体收益，以提供充分的资源来实现组织发展。但是，无论是历史上还是现实中，都不存在绝对有效和绝对无效的社会组织。按照"不破不立"的原则，社会发展趋势是不断地打破无效的组织管理和制度、重新建立有效组织的过程。非正式结构体育社团的效率来自非正式制度的约束与非正式组织的管理等。

二、正式组织与非正式组织

（一）正式组织

正式组织一般是按照法定程序建立起来的。一般来说，它由以下要素构成：明确的组织目标、固定的组织程序、严格的组织规则、人们社会互动过程的预先设定以及规章制度的正式文件化等[7]。

正式组织是人类创造的物质工具，而目标是正式组织的灵魂，是组织的最基本要件。正式组织的目的是通过组织成员的活动去达到未来状态。正式组织的设立和运行要经过严格的程序，在现实中，我国各级各类正式组织的设立都要按照法律规定到国家规定的机关申请登记，经审查合格方可获得正式组织的"营业执照"。

严格的组织规则是正式组织不可或缺的要件。组织虽然有共同的目标与希望导向，但人际关系结构存在着利益群体之间的差别。为了协调组织内部的利益关系，达到效率的最大化，正式组织建立起了如马克斯·韦伯（Max Weber）所说的科层制[8]。科层制的主要内容包括两个方面。一是固定的官层结构。这些结构有些是由组织内部条文所决定的，但更多的是由外在的法律或行政管理条例所决定的。二是组织为了履行职责所需要的命令发布系统。组织内部需要招募能够胜任的各种职员，使组织呈现了等级制度和多层次权力机构，这意味着高级机构对低级机构进行严格监督和管理，低级机构对高级机构负责，而且以明确的、规范化的组织方式进行。正式组织的管理是建立在书面文件基础之上的，这些文件以原稿或草稿的形式保存，并伴随正式组织始终，这是现代社会组织的基本标志之一。

（二）非正式组织

20世纪30年代，美国哈佛大学乔治·埃尔顿·梅奥（George Elton Mayo）教授通过霍桑实验研究工人的组织结构，寻找到底什么因素能够调动工人的工作积极性并产生最大的经济效益，结果却偶然地发现群体内部压力、群体内部规范、安全感等因素对霍桑工厂的工人影响巨大。霍桑实验后梅奥教授得出结论：人是有着多种社会需要的社会人，追求利益只是群体组织的一个方面，在提高绩效的同时还要重视人的各种社会需要，以获得个体或小组的满足感、安全感。组织是有情感的群体，个体的行为导向往往对群体组织行为起着至关重要的作用。正式组织的力量能对个体的行为产生显著影响，而非正式群体组织的规范或标准、群体压力、归属感、安全感也影响着正式组织目标的实现，对实现组织目标有着极为重要的影响，甚至起决定性因素的往往是组织中的非正式组织。1933年过后，梅奥在其系列著作［*The Human Problems of an Industrial Civilization*（《工业文明的人类问题》）、*The Social Problems of an Industrial Civilization*（《工业文明的社会问题》）］中提出非正式组织是人际交往需要而自发形成的人际关系群体。从此，非正式组织作为管理学、社会学的一个重要概念被提出来了，并在后续的一系列研究中被广泛采用。

虽然国家正式组织（在民政部门、体育局或工商管理部门注册的组织）在社会发展的各个领域大量存在，但是这并不意味着正式组织具有完全支配社会的能力，即使是正式组织，其成员也不一定完全服从正式组织的制度规范。实际上，在正式组织之外还存在一类非正式组织，它能对组织成员的行为和互动关系产生重要影响。非正式组织没有经过正式部门审批，也没有正式的规章制度约束，它包括正式组织内部演化出来的人际关系群体，也包括未经法定程序而建立起来的自发性民间群体组织[9]。

（三）非正式组织与正式组织的区别

非正式组织与正式组织的特点不同。非正式组织没有正式的规章制度约束，正式组织具有合法的组织程序、组织目标、组织结构。非正式组织的运作程序是松散的，正式组织的运作程序是经过精心策划与统筹安排的。非正式组织是按照自下而上的程序建立的，主要体现群体关系与群体情感；正式组织一般是自上而下地建立组织结构，表现形式符合法律程序。两者在组织目标和任务、组织结构、组织形式、组织权威、运行机制上有所不同，见表2-1。

表 2-1　非正式组织与正式组织的特点比较

项目	非正式组织的特点	正式组织的特点
组织目标和任务	无清晰的组织目标和任务	组织目标和任务清晰
组织结构	形式灵活多样	形式固定
组织形式	有隐性的领导，关系平等	有明确的领导，层级关系
组织权威	较明确、动态	明确、常态
运行机制	模糊性、不可约束性和不易监督性	明晰性、明确性、可监督性

注：系笔者归纳总结。

1. 组织目标和任务不同

非正式组织无清晰的组织目标、组织任务，组织目标的实现需要传统习俗、传统惯例、传统价值观、口头约定等非正式制度维系。正式组织的组织目标、组织任务稳定、清晰，权利与义务、地位与角色都有比较准确的定位，并受相关的制度约束。

2. 组织结构不同

非正式组织形式是灵活多样的、无形的，没有规范化的、相对固定的组织结构体系与纵向管理关系，是扁平化的组织结构，成员加入、成员退出、成员分工、成员定位、成员考核都不是很明确，非正式组织成员加入只需获得"领袖"或者其他成员认同即可。正式组织在成员加入与退出、成员分工与协作、组织角色与定位等方面都有明确的条文规定，按照正式组织赋予的责任与要求行使权利或者履行义务[10]。

3. 组织形式不同

非正式组织更多的是一种以"自然结构"为主的组织形式，正式组织是一种以"人工结构"为主的组织形式。非正式组织内部成员间的关系有些是先赋的，有些是无意识中自然形成的，而且很多非正式关系是先于组织成立就存在的，是一种"既存优势"的组织关系。在组织形式建立环节上，非正式组织成本较低。

4. 组织权威不同

非正式组织的权威是在群体组织成员互动过程中确认的，与年龄、威望、技能等个体因素有关。正式组织的权威由上级赋予，与法定地位和权力结合在一起，从上到下行使正式组织的义务与职责。

5. 运行机制不同

非正式组织具有模糊性、不可约束性和不易监督性等特征，对组织成员较少依靠外在的强制约束，更多的是通过非正式组织内化了的行为准则、共同的惯例和传统来约束组织成员的行为，使人们能够和谐有效地互动。正式组织由于是有目的地设计和建立的，因此更具明晰性、明确性和可监督性等特点，对组织成员的约束具有强制性。在我国的社会结构中，社会联系是熟悉的，熟悉程度是自动感觉到的。"只有生于斯、死于斯的人群才能感受到，甚至连臭味都一般相似"（费孝通语）[11]，说明共同的惯习、共同传统内化了群体组织的运行机制，传统的乡土社会行为规范、道德标准、惯习是在长期群体交往中形成的，需要以较强的非正式组织关系为基础。

无论是非正式组织还是正式组织，都是为了组织能够有效地运转，达到个体利益与组织效率的最大化。

三、正式制度与非正式制度

（一）正式制度与非正式制度的含义

制度安排是一种社会的博弈规则，是人为设计的、形塑人们互动关系的约束[12]。制度是要求人们共同遵守的行为规范或行动准则，有时也指法令、法规、礼俗等规范，一般包括正式制度与非正式制度。

正式制度是人们为了维护人际关系而设定的规则，是由政府部门设立并受法律保护的制度化合约，是国家和政府有意识建立起来的具有可操作的法律条文规则，拥有一套定型的等级结构。正式制度对人们社会行为的规范方式是合法的，是社会秩序正常运行的"保护伞"，但同时也为人们的行为选择提供明确的规范。任何正式制度都不可能是完备的，所规定的条款不可能毫无遗漏，这为非正式制度的存在留下了活动的空间。

非正式制度是新制度经济学中的一个演化概念，主要包括传统习俗、惯习、文化传统、道德伦理、价值观或信仰等[13]。非正式制度往往以"习惯法"为依据，以传统习俗或传统价值观为准则。正式制度为人们的行为选择提供了外在的强制性约束，而非正式制度则为人们的行为选择提供了内在的自觉接受的模糊规范。

制度的起源是传统习俗、传统习惯、道德信仰等非正式的秩序安排，在群体组织发展过程中逐渐在非正式制度的基础上不断完善、不断补充，最后形成正式制度。从历史上看，也是先有习俗、惯例，而后有正式制度。法律等正式制度是那些社会内部默默起作用的习俗力量的产物，它深深地植根于一个族群"共同知识"体系之中，而这些传统和习俗在社会的不断运用中逐渐变成了法律，形成了制度。在人类自然选择的过程中，形成了一套调节组织关系、人际关系的制度安排，在漫长的岁月中自发进化，逐渐形成正式组织的制度或法律法规。

正式组织的正式制度是在非正式制度基础上建立起来的[14]，但正式制度所形成的行为准则、价值观或信仰在发展过程中又会逐渐演化出新的非正式制度，正式制度与非正式制度两者之间循环往复地相互转化、相互补充，逐步完善组织结构中的正式制度。正式制度的有效发挥需要非正式制度的辅助，以道德观念、传统习俗、价值观为基础形成的有效的社会规范同样依赖于逐渐完善的正式制度做保障，需要借助正式制度的强制性措施约束其随意性、松散性甚至破坏性。

（二）非正式制度与正式制度的区别

非正式制度与正式制度同属于社会规则体系的两个方面，两者之间紧密联系、互相依存[15]。但两者在表现形式、实现机制、实施成本、变迁速度、表达方式上有所不同，见表 2-2。

表 2-2　非正式制度与正式制度的区别

项目	非正式制度	正式制度
表现形式	无形的惯习或"习惯法"	有形的法律法规等
实现机制	内在的约束机制	外在的强制约束机制
实施成本	低	高
变迁速度	缓慢	快
表达方式	不能被明确表达	能被明确表达

注：系笔者归纳总结。

1. 表现形式不同

非正式制度所形成的规则是无形的，没有形成规范的文件或法律条文，制度的执行存在于风俗习惯与传统信念之中，以惯习、口碑的方式传承，不需要正式组织机构来管控。表现形式的无形使得非正式制度渗透到了群体组织的方方面面，并发挥了正式制度不可替代的作用。正式制度的存在形式与表现形式是有形的、具体的，有正式法律文件做保障，也有正式的组织机构进行管控[16]。

2. 实现机制不同

非正式制度的实现机制不是依靠外部压力，而是依靠群体的自省和自觉，具有内在约束性，不具有外在的强制约束机制。正式制度的实现机制是在组织结构内发生的，受正式制度规则的约束，具有外在的强制约束，必须遵守正式制度的准则要求，行为不规范的组织成员可能受到纪律处分或法律制裁，而违反了非正式制度的成员一般只是受到良心的谴责。

3. 实施成本不同

非正式制度的实施成本很低，不需要专门的组织机构监督执行，其监管主要依靠人们的自律与惯习，实施起来不需要花费太多的社会资源。正式制度的制定和执行需要建立专门的组织机构，通过既定的法律程序，需要人力、物力、财力等多方面的支持，其社会秩序维护与选择的过程都要耗费人力资源和社会资源，与非正式制度相比运行成本高得多。

4. 变迁速度不同

非正式制度的形成是历史发展的产物，依附于传统惯习，在社会发展历程中具有较强的稳定性，其惰性特征使其变迁变得漫长，其演变过程也是一种渐进式的推进。正式制度的建立是以法律的形式呈现的，可以在较短的时间内以激进的方式完成，甚至一个命令、临时决定即可完成，变迁速度与事件的发生紧密相关。

5. 表达方式不同

非正式制度的运转没有程序化的、文字化的条文约束，运行过程依靠默认的传统习俗约束，在实施过程中只要得到群体认同即可。正式制度的运行依靠程序化的、条文化的制度要求进行，有明确的语言表达、符号表述、存储与传递，其组织建立与运行依据是法律法规。

非正式制度与正式制度是制度体系中的两个重要组成部分，两者相互依赖、循环补充、循环发展。因此，本研究从制度创新的视角审视自发性体育组织的发展过程，同时关注两者的特殊作用，尤其是非正式制度的作用。在文化大繁荣大发展背景下，需要系统地阐释社会制度体系中的非正式制度，解释非正式制度在非正式结构体育社团发展过程中的合理性与现实功能。

四、非正式组织与非正式制度

组织与制度密不可分，制度因组织的存在而建立。正是因为组织中存在着成员之间利益上的摩擦，才产生了限制、规范成员行为的规则，离开了组织，制度就丧失了其存在的基础。组织同样也离不开制度的制约。俗话说，没有规矩，不成方圆。没有制度，组织难以存在和运行，将会进入无序状态。非正式组织与非正式制度是"连体的"社会结构。

非正式组织和非正式制度"形影不离"，相当于一个硬币的正反面，依附于同一个整体。无论是自发的非正式组织还是正式组织内部的非正式组织，都是人群的集合，所以任何组织都是一个具体的人群集合[17]。组织的存在必然需要一定的制度来约束其成员的行为。由于非正式组织属于超越正式组织的群体，所以它主要受长期形成的内部特殊规范的制约，这些特殊规范来自组织内部长期生活在一起而形成的共同遵守的习俗、惯例等非正式制度。非正式制度也离不开非正式组织，共同的文化传统、习俗、惯例等非正式制度产生于非正式组织成员的长期博弈。只有变成了群体组织自觉接受的习惯，非正式组织才能得以产生和存在；否则，如果没有共同语言、共同价值观或共同的行为导向，非正式组织就难以产生和维持其存在。简而言之，非正式组织为非正式制度的产生与存在提供了土壤。

任何组织都会在一定的环境中按照特定的方式运作。所以，不论是正式组织还是非正式组织，都是在相同的社会环境下运转的。从组织的发展动态上来看，如果说非正式制度为组织成员的行为提供了选择框架，那么非正式组织就是在选择社会结构（正式结构与非正式结构）框架的约束下为达到某种目标而结成的团体，也可以说非正式组织演变是促成非正式制度变迁的"代理"。

五、正式结构与非正式结构

（一）正式结构与非正式结构的含义

组织的社会结构分为正式结构和非正式结构。正式结构依靠法律规定、纪律要求和组织程序，具有正式组织与正式制度[18]，是经过精心的决策产生的，具有法规的性质（需要履行法人资格审批手续），运用行政手段规制组织的职能、职责、职权、责任。正式结构在很大程度上决定组织能否适应环境，能否达到目标和获得发展。组织的正式结构可以通过组织结构图、组织的各项规章制度以及组织职位规范等表现出来。

非正式结构是指由群体成员的互动所形成的人际关系，是未经正式组织筹划、未经明确规定，组织成员在相互交往中自发产生的群体结构。正式结构包括正式组织与正式制度，非正式结构包括非正式组织与非正式制度[18]。非正式结构既可以使个人的各种需要得到满足，同时也可以提高组织效率。首先，非正式结构可以使成员获得情绪上的支持，缓解在正式结构组织活动中的紧张气氛和压力，增加活动的兴趣。其次，非正式结构可以为群体提供活动中的帮助和支持，特别是在遇到正式结构不能解决的特殊问题或选择方式时，群体成员可以从非正式结构中寻求帮助。这实际上使正式结构组织成员有了更多解决问题的选择机会。最后，非正式结构可以培养成员的群体归属感。在组织中，虽然正式结构可以保护人们的安全感，但在整个正式组织中，个人始终显得极为渺小；非正式结构可以构建（营造）一种友爱、认同、支持的环境，使成员获得私人友好的情感，也可以增强组织内各成员之间的了解程度，增强群体归属感。

（二）非正式结构与正式结构的区别

非正式结构与正式结构相辅相成、互相促进，非正式结构是正式结构的有效补充。两者的区别如表 2-3 所示。

表 2-3　非正式结构与正式结构的区别

项目	非正式结构	正式结构
结构界定	自然形成	法律保障
结构作用	低效率	高效率
结构功能	情感型	条文型
结构监管	监管程序模糊	监管程序明确

1. 结构界定不同

梅奥认为在组织内由于人际交往而自然形成的人际关系属于非正式结构。国内外相当一部分相关学者同样认为非正式结构是在正式结构成立和发展的过程中自然而然形成的，非正式结构往往是正式组织结构的一个有效补充，与正式结构一起成为组织发展的原动力。从组织界定的角度来看，需要组织管理者关注非正式结构的发展特点与积极作用，推动正式结构组织的完善与发展。

2. 结构作用不同

非正式结构通过关系群体的方式组织活动，成员志趣相投，群体归属感与群体吸引力较强，气氛轻松，对正式结构起到相辅相成的作用。正式结构通过专业化和制度化等合理化方式开展组织活动，以谋求组织的最高效率。从从过去到现在的社会组成关系来看，任何正式结构组织里面都蕴含着大量的非正式结构组织，并且二者相互作用。

3. 结构功能不同

非正式结构与正式结构都具有正向功能。正式结构组织的协作与沟通依靠正式的条文进行，缺乏情感的交流，而非正式结构组织恰恰可以弥补正式结构组织的不足。非正式结构组织的归属感可以有效地缓解正式结构组织成员的心理压力，调节情绪，达到功能互补。充分利用和发挥非正式结构的正向功能，可以使正式结构组织的功能最大化。

4. 结构监管不同

非正式结构的组织规范和制度安排是自由交换的、随意的，而正式结构的建立需要有正式组织规范和正式制度的监督与管理。非正式结构没有非常明确的目标，不一定都统一坚持某一原则，具有非法定性、非制度性、非规范性、非等级性等特点；而正式结构的组织目标明确，程序严格，等级明显，相对稳定。从组织管理来看，非正式结构与正式结构之间是相互依存、互相转换、共生互补的。

六、中国社会的非正式结构

组织的正式结构是以非正式结构为补充的。虽然非正式结构所形成的是基于地缘、趣缘等的群体互动关系，不存在正式结构的规划，但是对正式结构组织的功能发挥影响较大，有时正式制度和组织程序不能解决的问题，非正式结构组织解决起来反而更有效率[18]。主要原因是社会的组织化程度落后使我国社会非正式结构保存得较为完整，非正式结构远不如政府规定的正式结构复杂，群体成员之间相互信任程度较高。虽然正式结构组织（如老年体育协会、农民体育协会、文体站等）从形式上存在权威性，但是在人们的心目中它远不如非正式结构组织（如锻炼站点、健身站、俱乐部、健身队等）那样亲近和重要。正式结构的体育组织供给不足，导致群体成员向非正式结构组织寻求依靠或保障。改革开放以来，人们获得了相当大的社会活动自主权，对政府组织的依赖性减弱，加上政府组织活动能量不足，使非正式结构组织繁荣昌盛起来。

非正式结构主要是由以地缘、血缘、趣缘、业缘关系为核心的自然关系形成的，传统社会的特性适宜非正式组织与非正式制度的生存。由非正式制度与非正式组织组成的非正式结构运行成本较低，使传统习俗、传统惯例的纵向传播阻力较小；相反，变迁的成本会很高。制度经济学理论认为个体从与其相同或相近的群体中获取观念的成本最低，会大大避免来自其他人群的压力，减少来自周边的闲话、冷嘲热讽，这常常成为维护旧的观念、阻碍非正式结构变迁的巨大力量。非正式结构变迁的速度主要受到社会环境的影响。社会中的流动性越大，变迁的成本就越小，人们就越容易放弃传统的非正式制度与非正式组织，接受新的非正式制度约束与非正式组织管理。就居民来说，青年人要比老年人更容易成为非正式结构演变的创新者，因为老年人的传统意识较强，需要更多的时间和努力才能摆脱其束缚，而青年人则正好相反。

随着我国市场经济和社会的快速发展，现代传播方式深入到城市、乡村的每一个角落。以公共媒体为主要工具，新的社会组织架构得以向异质性群体大量传播。从发展趋势上看，现代的传播方式使异质性社会结构逐渐向正式社会结构转化。传统的传播方式是面对面的沟通，传播的范围是以血缘关系、业缘关系以及地缘关系为主的初级团体，传播的内容具有同质性。消息可能来源于家庭、年长者、族群领袖或习俗，以代际传播为主，代际传播与人际传播来自传统社会，同时又为巩固传统的观念发挥着作用，对非正式组织与非正式制度组成的非正式结构群体具有延续性，尤其对资源配置的作用更为重要。

由于传统习俗的印记影响深远，具有"原始结构"的非正式组织成员基于地缘、血缘、趣缘、业缘的关系，通过非正式组织与非正式制度维持社会秩序。现代社会的正式组织规则对于很多人来说是比较陌生的，况且传统的组织管理足以维持现状，因此他们不愿意为了额外学习现代社会规则而费心，"生于斯，死于斯"的传统社会环境运行也不需要付出额外的"开支"。总之，非正式结构在民间保持得相对完好，对资源配置的作用也比较突出，这是迈向现代社会治理过程中必须面对的现实。

七、非正式结构的成因与根由

非正式结构的客观存在必然有一定的合理性。虽然非正式结构遍布人们生活的各个角落，但不同环境下其特征和方式有不同的表现，非正式结构的联系纽带主要是地缘、血缘、趣缘、业缘等，群体结构规模较小、人数较少，成员之间经常面对面地交往，这种非正式结构在社会互动过程中是自发形成的，不是预先设定的。非正式结构组织是感情色彩浓厚的群体，其社会关系也是最直接、最简单、最基本的。

（一）从历史角度来看

非正式结构的主要特征是自发性、松散性和不稳定性。在人类社会的早期阶段，人们所结成的群体都属于非正式结构群体。正如美国现代社会学的奠基人塔尔科特·帕森斯（Talcott Parsons）所描述的那样，在原始群落中，社会结构主要是亲属关系，几乎不存在没有亲属关系主导的组织结构。非正式结构群体所形成的价值观往往对个体具有基础性和决定性的影响，在较为简单的社会条件下，亲属群体、地缘群体和自发的、松散的、未经政府认可的团体占据了人类的所有相互关系。工业革命以后，正式结构组织的地位和作用才越来越重要，超过了非正式结构组织。从一定意义上可以说，"原始社会和文明社会最显著的结构上的区别是前者缺乏特定的社团而后者拥有大量这样的社团"[19]。

（二）从结构来源来看

非正式结构的来源是利益上（如角色认同、归属感、安全感、获得感、成就感等）的共同需要。活动交往中的频繁机会和活动配合中的和谐默契能满足非正式结构组织成员心理、兴趣、爱好及感情等方面的需求，再加上生活经历上的某种相似性和社会背景上的某种渊源，使其在价值观念和理想信仰方面趋于一致。从马斯洛的需求层次理论（生理、安全、社交、归属、自我实现）的递进关系可以看出，需求趋同是导致非正式结构组织成员持续不断地进行人际交往和寻求群体组织结构重新组合的原因，也是非正式结构存在的直接成因。

（三）从社会属性来看

非正式结构组织是人的群体，而人的本性是非理性的，人的本质是非理性主义的实体。在我国这样传统社会底蕴深厚的国度里，非正式结构存在着深厚的人性基础，而人的非理性存在方式导致人的生存本能、情感归属、欲望、需求、自我实现等都具有非理性的特征，其无法改变的事实是，群体发展的基本动力是人与人之间的平等相处[20]。马克思主义认为，人的本质就是一切社会关系的总和[21]。这就是说，人的存在方式是以群体形式呈现的，人一旦离开了群体生活，就失去人本身的意义。因此，正式组织结构中存在非正式的群体结构，无疑有其存在的合理性、客观性与必然性[22]，这是非正式结构存在的主要根由。

即使在高度组织化的今天，日常生活和社会组织的活动很多是在正式结构组织的安排下进行的，非正式结构仍有很大的活动空间，其在数量上比正式结构更多，在影响上比正式结构更深远。经济社会的快速发展以及各种媒介手段的普及对人们产生了巨大影响，为了丰富自身的精神生活而自发存在的健身苑、健身站、健身队、秧歌队、腰鼓队、太极拳队、表演团、艺术团等均属于非正式结构组织，即非正式结构体育社团。这一类社团组织不仅传承和弘扬了优秀的传统体育文化，在模仿正式结构体育社团的运行机制上也不可小觑。

第二节　体育社团研究

一、有关体育社团的概念

（一）社团的概念

社会团体，简称社团，又称非营利组织（non-profit organization，NPO）或非政府组织（non-governmental organization，NGO）。关于社团的概念比较繁杂，目前只是一个广泛的概念，一般是指人们按照一定的原则组织起来从事社会公共事务的社会组织的总称，简单地说就是具有某些共同特征的人相聚而成的互益组织[23]，通常包括以协会、学会、联合会、促进会、基金会、联谊会、活动中心、俱乐部等形式在民政部门或其他相关部门正式注册的，并拥有法人代表的社会群体组织。按照我国《社会团体登记管理条例》，社会团体是指中国公民自愿组成，为实现会员共同意愿，按照其章程开展活动的非营利性社会组织。社会团体一般具有以下五个特点：①民间性；②自愿性；③非营利性；④公益性；⑤互益性。

（二）体育社团的概念界定

目前，非营利组织在国际上是通用概念。在体育社团的概念方面，部分国家采用体育非营利组织的界定方式。发展体育非营利组织较早的国家有美国、英国、德国、加拿大、日本等。例如，日本的《特定非营利活动促进法》（1998 年）规定，被授予的体育非营利组织必须符合相关条件才能够开展集体性的体育活动，日本体育协会有综合性体育协会组织、单一性的体育协会和地方性的体育俱乐部等。美国的非营利组织完全由社会组织进行有效的管理，与市场经济紧密结合。总体上讲，国外对体育社团的界定要求符合以下五个相关条件：①志愿性；②自治性；③民间性；④非营利性；⑤组织性。这类体育社团不是政府的组成部分，属于自我管理的社会组织，有内部规章制度，各种社团活动自愿参加，但以不赢取利润为目的[24]。

国内较早提出体育社团概念的是卢元镇教授[25]，在后续研究中体育社团的内涵不断完善。卢元镇认为体育社团是以体育运动为活动内容的社会团体。目前，学者们更多地将体育社团理解为以体育项目为载体的社会团体，但也包括体育协会或体育学会等类型的社会团体。这一体育社团概念目的性很明确，就是以体育运动相关内容为主线，构成体育社团，基本条件是：①成员数量；②群体目标；③行为规范；④纵向管理；⑤资金来源与办公场所；⑥社会外部环境等。顾渊彦[26]认为体育社团是以体育项目为载体、以体育实践为主要目的自发组织起来的人群集合，强调以体育实践为基础，以共同的行为规范和情感为特征，具体特征为：①不少于两人；②感兴趣的活动内容；③稳定的、持续的相互关系；④相互认同；⑤统一参加群体活动；⑥接受规范制约；⑦成员间具有共同目标。许仲槐[27]认为体育社团是成员为实现共同的体育目的而自愿组织起来的社会群体，这里不仅强调参与体育活动项目的群体，也包括体育学术互动类型的群体。还有学者基于研究的需要，认为体育社团是一种社会群体组织，能够行使一定的体育职能，有组织、有计划、有分工、有协助的非营利性的体育健身群体。上述概念是以体育运动为目的或内容对体育社团进行界定的，体现了体育组织的"自发"性质。2001年发布的《全国性体育社会团体管理暂行办法》只是对全国性体育协会或学会、基金会或研究会、体育中心或体育俱乐部等非营利性社会组织成立进行了说明，地方性体育社团以及机关、部队、学校、企事业单位内部成立的群众性体育组织不适用于该办法；只是把协会、学会、联合会、俱乐部形式的组织归为体育社团，没有明确界定地方性群众体育社团的概念。依照《社会团体登记管理条例》对社会团体概念的界定（主要引申义是自愿组成、非营利性、共同意愿、照章活动），北京体育大学黄亚玲教授基于体育锻炼群体的本质特性把体育社团界定为：公民自愿组成，自主管理，为实现会员共同意愿，按照其章程以体育运动（或活动）为目的的非营利性社会组织。这一概念被广泛引用，并掀起了体育社团研究的热潮。但这里的体育社团是指正式注册的有法人代表、有章程的体育社团，而没有正式注册、没有法人代表、没有章程的"体育社团"却大量存在，并且遍布城乡社区的各个角落，对这一类典型性的"体育社团"群体概念的界定学术界还比较少见。

二、体育社团的分类与管理

（一）体育社团的分类

卢元镇从社团性质与构成角度把体育社团分为 5 类：①竞技运动类社团，如单项运动协会、体育中心；②社会体育类社团，如群众健身队、舞蹈队等；③体育学术社团，如中国体育科学学会、体育统计学分会等；④体育观众型社团，如球迷协会、体育旅游协会等；⑤体育娱乐享受型社团，如健身俱乐部、户外房车俱乐部等。顾渊彦从社团属性角度将体育社团分为正式团体和非正式团体，从体育活动属性角度将体育社团分为群众体育团体、学校体育团体和竞技体育团体。崔丽丽等[28]从政府行政级别角度将体育社团划分为全国性体育社团和地方性体育社团两种类型。例如，由国家体育总局作为业务主管单位成立的中国体育科学学会、体育研究会等体育社团组织具有自上而下的纵向管理特征，而地方性体育社团的登记管理机关则是县级以上民政部门，乡镇政府部门不具有登记、审批的权力。

另外，还有肖嵘等[29]、冯欣欣和曹继红[30]、张金桥[31]等学者以高丙中先生的社团合法性分类方法为基础[32]，将体育社团分为 4 类：①社会合法性的体育社团，如节庆期间的庙会体育组织、舞蹈健身体育组织；②行政合法性的体育社团，主要是获得政府部门允许、支持或默许的体育社团，如机关、企事业单位组织的篮球队、门球队，或联合组建的摆手舞队等；③政治合法性的体育社团，主要是与政治背景伴生的体育社团，如"文化大革命"时期迅速成立，又迅速消失的体育社团等；④法律合法性的体育社团，主要是指符合法律程序成立的体育社团组织。《社会团体登记管理条例》对社团提出了综合的合法性，要求符合法律程序，其登记、注册、计划、法人代表、章程等都要符合《社会团体登记管理条例》的规定。

（二）体育社团的管理

《社会团体登记管理条例》规定：国务院民政部门和县级以上地方各级人民政府民政部门是本级人民政府的社会团体登记管理机关；国务院有关部门和县级以上地方各级人民政府有关部门、国务院或者县级以上地方各级人民政府授权的组织，是有关行业、学科或者业务范围内社会团体的业务主管单位。该条例还明确规定了业务主管单位的职责，要求社会团体依据章程开展群体活动，遵守法律、法规和国家政策；对社会团体实施年度检查；协助查处社会团体的违法行为等。从这些规定可以看出，体育社团的注册登记、日常管理需要接受民政部门与主管部门的双重监管，并且进行年审，经主管部门批准后开展活动。体育社团的主管单位一般是体育局，即日常性体育社团的管理实行民政部门的登记、年审和体育主管部门的审批、规划与监控。对社团组织实行双重管理的目的在于加强对社团组织的监督管理，这样的管理机制可以有效地预防群体违法行为；但也有一些负面效应，因为我国的体育社团是根据政府的需要自上而下成立的，在双重管理机制下，业务主管部门往往容易对本辖区管控范围内的体育社团进行行政性的管理，包括指示、命令等形式的干预性管理，然后按照政府部门的意愿开展各类体育群体活动，从组织管理上讲属于行政式管理。

（三）体育社团的社会环境

我国体育社团的社会存在环境与国外体育社团相比具有官办性，政府的多方面掌控，有时会使体育社团失去自主性，成为一个缺乏活力的被动组织，类似于政府部门的派出机构，处于被动的发展状态。体育社团的依法登记管理是在从上到下的民政系统进行的，是一种根植于政府的管理工作。目前，体育社团多数是自上而下成立的，国家与社会胶合于一体，造成体育社团发展的社会空间不足，但又无法脱离国家力量的束缚。现存的生存与发展环境在某种程度上决定了体育社团的活动形式、活动内容、活动范围及其履行的职能。

第三节　非正式结构体育社团研究

一、非正式结构体育社团的相关概念

目前，正式结构体育社团的研究范畴基本上属于国家正式注册的体育社团。正式结构体育社团是符合国家法律法规，由正式管理部门组织管理，有正式制度约束的体育社团，这样的体育社团从管理到运行都在国家的监控和指导之下进行，研究者也多是站在官方的立场上对体育社团进行研究。大量存在的自发性、游离于政府监控之外的，同样具有组织与制度要求的体育社团，由于没有专门的组织进行监管，管理上缺乏正规的组织形式，组织上没有正规的制度要求，各项体育活动均在社团自律的组织与制度下自由自在地进行，缺乏研究者的专门关注；即使研究题目名称包括草根体育组织，但研究的对象还是具有正式组织结构的体育社团，对于自下而上的非正式结构体育社团的探讨只是以"打包"的形式顺带而过，对其概念的界定并不统一。随着经济、社会、文化的繁荣与发展，自发性的非正式结构体育社团大量涌现，对其科学的界定有助于解释这一历史发展阶段民间体育组织的内涵。笔者查阅文献资料后发现，从非正式结构体育社团的研究范围上看，城市多于农村，东部多于西部，或与农村社区混在一起，均未对自下而上基础上形成的"体育组织"做出科学的界定，尤其在社区层面成立的非正式结构体育社团，其命名方式更是繁多。前人研究有以下几种概念界定：非正式体育群体、非营利体育组织、自发性锻炼群体、基层（社区）体育组织、体育自组织、草根体育组织、草根体育社团、自发性体育群体、自发性体育社团、群众体育活动站点、自发性体育组织、自发性群众体育组织等。这些语词在表述上都是相似的，很容易理解，但也容易影响概念界定的准确性，而概念的界定至关重要。

吕树庭和卢元镇[33]从非正式体育群体的角度来命名，认为非正式体育群体是人们在体育活动中基于共同的兴趣爱好、利益情感与友谊的基础自发形成的锻炼群体。汪明旗和吴务南[34]同样以非正式体育群体进行命名，认为非正式体育群体是人们以体育健身为目的，在参与体育实践过程中自然形成的体育活动群体组织，并且组织边界是无形的，这里所说的无形是指没有成文的群体规范与制度，群体结构松散，随机重新组合的概率较大，甚至组织名称变换飘忽不定，群体组织的维系与运转依靠不成文的自觉约定来约束。但有学者认为非正式体育群体、自发性锻炼群体是指锻炼成员所在的群体相对比较松散，缺乏正式组织管理与正式制度约束，群体成员人数不确定，可多可少，同时也有季节性，成员之间以地缘、血缘、友缘为纽带而成立的体育活动群体。中国群众体育现状调查课题组对群众体育活动点、活动中心、活动站、辅导站、辅导苑的概念进行了界定[35]，首先指出体育活动站（点）、活动中心属于社区体育范畴的一部分，是以共同的兴趣自愿组织起来的区域性体育健身组织。这类组织活动范围较小，且这一时期关于社区的研究也处于初始阶段，对概念的界定有一定局限性。徐坚[36]与孟凡强[22]认为社区自发性体育组织、基层（社区）体育组织是在城市街道辖区范围内，利用街头空地和小区空地，以体育兴趣为纽带自发成立、自我管理、自筹经费、结构松散的体育活动群体。随着学者们关注焦点的转移，类似的后续研究成果大量涌现，认为自发性群众体育组织的关系纽带是基于人们共同的体育爱好，群体以体育实践为基础，逐渐在群体成员感情互动下发展，群体发展基本不受政府部门的监管与制约，属于组织结构松散的，以健身、交友、娱乐为主的非正式体育群体。唐永干和王正伦[37]从体育自组织的角度进行命名，认为体育自组织是在人们自愿的基础上参与体育活动，以自我管理、自我服务、自我监控为主要形式的民间组织。赵巍[38]从群众性体育社团组织的角度进行命名，认为群众性体育社团组织是群众自发组织的，未在主管部门登记的，以开展体育健身活动为主要内容的群众性自治体育非正式组织。黄彦军和徐凤琴[39]从民间体育社团、自发性体育社团的角度进行命名，认为民间体育社团、自发性体育社团是一定人群利益表达和愿望实现的结合体。这类民间体育社团组织不从属于正式的体育协会组织，也不以正式体育协会组织的身份承担公共体育服务职能，它们只是在不违法的前提下，在社区管辖范围内以体育健身、休闲娱乐的形式发展起来的自发性体育群体组织。

另外，还有学者（王学增等[40]、孟凡强[41]、李凤新[42]、张向群和杨亚红[43]、郝建峰[44]、冯欣欣和曹继红[45]、谭朝春[46]、张金桥[31]、修琪[47]、林密[48]、王爽[49]、杨双平[50]、尹燕菲[51]等）在相关研究中提出类似的非正式结构体育社团界定，通过非正式结构体育社团的发展现状，界定出更符合全民健身快速发展的体育组织，为进一步加强公共体育服务与和谐社会建设做贡献。

社会学家风笑天认为研究社会现象和人们的社会行为时，需要充分考虑人的特殊性[52]，但同时也要考虑社会现象与自然现象之间的差异，在一定的前提下发挥研究者在课题研究过程中的主观能动性[53]。因此，对于非正式结构体育社团的概念界定同样需要发挥研究者的主观能动性。

通过对上述研究成果的分析发现，有关非正式结构体育社团的概念界定与运用尚不够统一。在上述相关文献研究的基础上，咨询体育学、社会学、管理学、心理学等方面专家的建议，以组织理论视角为切入点，本书对非正式结构体育社团作出概念性的界定：非正式结构体育社团是指在体育锻炼群体内部自发形成的以共同的利益、爱好、情感为基础，通过特定人际关系联结起来的，具有非正式组织管理和非正式制度约束的体育健身群体结构。联结非正式结构体育社团的"枢纽"可能是基于娱缘、趣缘、情缘等个体文化因素，也可能是基于地缘、血缘、族缘等传统文化因素，还可能是基于职缘、业缘、学缘等现代文化因素[54]。

二、非正式结构体育社团的特点

（一）独特性

非正式结构体育社团是"新型"体育组织，相对而言是游离于正式体制管理之外的组织，往往有未被政府任命的健身领袖或健身带头人，健身领袖或健身带头人的体育技能、健身经验、社会威望等是群体形成和发展的主要因素。非正式结构体育社团成员有比较明确的体育锻炼目的和要求，有自然形成的、不成文的行为约束或行为规范，没有正式组织的制度章程，其自我组织与自我管理的群体活动形式具有独特性[55]。

（二）自发性

非正式结构体育社团是自发性的非正式组织，成员的加入与退出可以在自愿的基础上自由抉择，成员自愿参加体育群体是源于非正式结构体育社团的认同感，群体认同感又使他们具有较强的群体归属感，进而提升了群体凝聚力。由于非正式结构体育社团成员信息沟通顺畅，群体意识较强，有良好的健身氛围，成员心情舒畅、健身积极性高。在正式结构体育社团不能满足大众健身组织需求的现实条件下，自发性非正式结构体育社团性质的健身组织越来越多。

（三）随机性

非正式结构体育社团是松散型组织，规范化组织程度较低，成员变动随机性较大，虽然非正式结构体育社团有不成文的规范，但没有达到足以维护非正式结构体育社团成员永久结盟的地步。由于群体关系的动态变化和群体利益多元化需求，非正式结构体育社团的人数规模时大时小，在群体发展期间，离散、重组、再离散、再重组的概率较大，非正式结构体育社团的形成过程呈现随机性特点。

三、非正式结构体育社团的存在形式

（一）互动型存在

1. 小规模互动

非正式结构体育社团的规模虽然没有严格限制，但成员有限，一般是 2～30 人的小群体。因为只有在这种小规模的锻炼群体中，人们才有可能进行较深入的交往，才有机会建立比较密切并带有浓厚感情色彩的群体关系。如果没有经常、持久、直接面对面的互动，就不会有非正式结构体育社团。由于成员间有强烈的感情色彩，小规模锻炼群体成员的角色具有难以替代性。

2. 感情互动

非正式结构体育社团成员面对面互动能加深彼此的了解，产生亲密情感，成员之间的交往不只是一种就事论事的事缘关系，而是一种感情的交流，这是非正式结构体育社团成员亲密关系的基础。成员之间都期望相互关心与安慰，带有浓厚的感情色彩特征。

3. 角色互动

非正式结构体育社团成员间互相扮演多重角色，在群体中的一个重要标志是人们之间的关系由一种角色关系转变为多重角色关系。因为非正式结构体育社团成员之间的关系是平等的、互助的，并没有明确、严格的上下级关系和分工，往往存在多种角色关系的互换。个人在非正式结构体育社团中不仅作为专业角色与他人进行交往，而且会把智慧力、意志力以及道德力等人格要素，包括个人技能、组织能力等，全部投入这个锻炼群体，成员身上附带有多重角色特征。

（二）类组织型存在

1. 媒介性组织

以相同兴趣、爱好组织起来的锻炼群体已成为群众体育活动的有效组织，是介于政府与社会之间的媒介机构。非正式结构体育社团并不是一种理想型的媒介机构，在现行的协会制管理条件下，大多数非正式结构体育社团与社会掺杂在一起，构成了倾向于社会"底层"的连接桥梁，其组织资源自给自足，提供了基层社会的体育组织归属。例如，广场舞群体、太极类群体、篮球队、羽毛球俱乐部、徒步健身队、打陀螺群体等，既有群体健身、休闲的实用与快乐，又有中介组织的存在形式。

2. 合理性组织

以不同人群组织起来的非正式结构体育社团合情合理，这种社会合理性又与社团的合法性有着巨大的冲突。《社会团体登记管理条例》提出了成立社团的合法性，要求社会团体在县级以上民政部门登记注册才能够得到法律的承认，成为合法性的群众体育组织。大量的非正式结构体育社团实际上并不具备法律的合法性，而备案制的执行则使非正式结构体育社团具有了合情合理又合法的特征。由于自发性的非正式结构体育社团的组织结构形态特征不是很明显，因此，其往往被排除在体育社团之外。这种集众多参与者和强大生命力于一身的社会现象，长久生存于人们的生活之中却又被很多人所忽视，就因为其活动的形态特征难以界定。例如，现存的广场舞健身队、公园太极拳队、舞龙舞狮队、龙舟队、花灯表演队等，形态特征各异，但只要存在的，就有其合理性。

3. 类组织结构

非正式结构体育社团具有类组织结构特征。从成员构成看，非正式结构体育社团不同于科层结构的网络结构，是一种扁平化的网络结构。群体成员之间在权利分配和沟通上不存在等级制度，是平等与合作的关系，以自愿的方式联结在一起，每个成员都可以作为非正式结构体育社团网络组织结构的中心。因为非正式结构体育社团没有成文的制度约束要求，成员之间的活动几乎处于无意识的控制状态，所以非正式结构体育社团的结构相对松散，人员更替较频繁，随机性大。但因为非正式结构体育社团依附于当地的传统习俗，是老百姓自发形成的一种体育锻炼的组织形式，只有极少数的群体活动处于政府的监管或者备案状态，所以说非正式结构体育社团的自组织形态是有别于现代体育组织结构的。

四、非正式结构体育社团发展的社会环境

（一）非正式结构体育社团所处的外部条件

非正式结构体育社团是在国家政策导向下狭小的空间里生成和成长起来的，国家政策要求非正式结构体育社团的成立必须有主管部门，即非正式结构体育社团将会有"非法"与"合情合理"二重性的特征：一方面代表对传统社会力量和特殊人群的维护，另一方面又无条件地依赖国家的政策倾斜与帮扶。

（二）传统文化观念的影响

我国是一个以传统宗法关系为基础的多民族和谐共处的社会,重视血缘、地缘、亲缘以及族缘关系,人们通过各种人际关系将个体联系起来形成不同规模的群体。这种社会基础对体育社团的形成具有重要影响,地缘关系、友缘关系、业缘关系、趣缘关系可能连成不计其数的体育锻炼群体,即非正式结构体育社团。社团成员之间互帮互助,相互学习,共同健身。社会学家韦伯认为中国的传统社会重视血缘认同,这种血缘认同的文化只能实现"帮会"形式的社团组织,所以,非正式结构体育社团很难转变为具有现代组织形式的社团,其重要原因就是传统文化观念的影响,即传统文化观念影响着非正式结构体育社团的路径选择[56]。

（三）自主发展与社会稳定之间的矛盾

在社会转型期,随着国家政策的倾斜与经济的迅猛发展,人们的精神生活需求呈现多元化的特点。非正式结构体育社团如雨后春笋般大量涌现,在其迅速发展的同时,邪教组织以伴随的形式乘虚而入,社会失序现象时有发生,进而影响社会的和谐稳定。这些现象从国家层面上讲,是必须优先考虑的问题。由于非正式结构体育社团的组织化、制度化程度较低,社团成员之间的大量重复性博弈,强化了他们的共同价值观、信仰与习惯等,这种强化有可能形成偏激的认同,在缺乏监管的情况下,有可能被邪教组织所利用。随着体育健身娱乐文化活动的日益多元化,管理者应该正视非正式结构体育社团的积极作用,同时要尽一切力量约束、减少其消极作用。非正式结构体育社团毕竟是一种聚合性的力量,如果没有一个良好的法制体系作为外部保障,就难以保证非正式结构体育社团的健康成长。从近期看,非正式结构体育社团的自主发展与社会稳定之间需要监控型的动态管理。

五、非正式结构体育社团的作用

在体育管理中,人们往往对非正式结构体育社团作用的认识存在偏差,认为正式结构体育社团和非正式结构体育社团是对立关系,视非正式结构体育社团为团伙类或帮派类,加以严格的控制与管理,从而影响了非正式结构体育社团积极作用的发挥。实际上,非正式结构体育社团一般都有自己的群体目标,这些目标根据群体的类型不同而各有差异,有些非正式结构体育社团的目标与正式结构体育社团的目标一致,有些不一致,但都可以做适当的调整。从满足成员多元化的健身需求的角度来看,非正式结构体育社团的重要功能就是引导和整合各类体育项目的爱好者,汇集起来满足他们的健身需求,从而使散落型的健身群体形成一个具有正式结构的体育社团组织,成为全民健身组织网络建设中的重要节点[42]。

（一）非正式结构体育社团的示范动员作用

非正式结构体育社团是在共同的体育兴趣基础上建立的锻炼群体。在健身精英的协调组织下，离散化的个体聚合成凝聚力和向心力较强的群体，逐渐凭借被社会认可的优势来提高群体地位、群体影响力与组织认同，并在引导非正式结构体育社团成员参与体育健身活动方面起着示范带头作用，以健身精英、健身领袖的组织形式吸引更多社团成员投入群体健身之中。由于非正式结构体育社团的成员是自愿加入群体的，他们往往能自觉地遵守群体规范，接受群体约束，社团在健身精英的带领下迅速发展壮大，为全民健身组织建设提供正能量，使群体活动开展得红红火火。在此过程中，健身领袖的动员作用明显。

（二）非正式结构体育社团的信息传递作用

非正式结构体育社团成员在体育健身过程中互动频繁，信息传递与交流处于扁平化流通状态，能够及时反馈群体规划与建议，有助于健身领袖及时地了解活动站、健身苑、辅导站、表演队的健身动态。对于政府部门来讲，通过健身领袖可以及时了解非正式结构体育社团的发展动向，然后对各种全民健身组织进行有效调整与规制，从而保证体育组织管理有序运转。另外，在有领导参与的非正式结构体育社团中，在信息传递方面更有利于上下沟通和横向协调，以领导所拥有的"便利条件"，满足非正式结构体育社团成员的体育健身需求。通过非正式结构体育社团这一健身渠道进行互动，可以加强信息的传递与交流，为全民健身组织网络建设与发展做贡献。

（三）非正式结构体育社团的缓冲压力作用

正式结构体育社团（老年体育协会、体育协会、体育学会等）成员的角色相对固定、不灵活，而成员个体的心理和社会方面的需求往往是各式各样的，所以，正式结构体育社团成员由于角色的紧张往往造成群体压力。非正式结构体育社团成员之间往往感情密切，群体内聚力较强，这些对满足人们的社交、归属的需求大有裨益。因此，在纪律性强的正式结构体育社团之外，加入多姿多彩的非正式结构体育社团，能够满足人们的社交和归属需求，从而全身心地、愉快地投入体育锻炼活动，达到缓解生活压力、情感压力和工作压力的效果。由于人们的空闲时间安排是有规律的，在空闲时间积聚成团参与常态化体育活动，在特殊日期轰轰烈烈地开展活动，这样示范效应更加明显，能够为常态化锻炼群体积攒能量。例如，在春节、元宵节、劳动节、端午节、七夕、国庆节、中秋节、重阳节及其他喜庆日、州（县）庆纪念日等，使自发组织的摆手舞队、健身操队、太极拳队、苗鼓队、篮球队、龙舟队、自行车队、花灯队、冬泳队、舞龙舞狮队等逐渐呈现出一种常态化，使非正式结构体育社团从离散状态走向有序状态，可以进一步缓解政府闲时忽视管理、忙时无暇管理的压力。

（四）非正式结构体育社团的功能弥补作用

与中国体育科学学会、各个单项体育协会、老年体育协会、俱乐部等采用合法程序成立的正式结构体育社团相比，源自民间自发形成的非正式结构体育社团有自己独特的组织优势，这种优势恰恰构成了自发体育组织与体育协会组织的功能互补。非正式结构体育社团不需要程序化和制度化运转过程，而正式结构体育组织则相对僵化和呆板，只能在常规性群体活动中起作用。非正式结构体育社团能遍布农村、城市社区的每一个角落，可以有效弥补正式结构体育社团的不足，在开展全民健身活动时及时做出反应，提出异议或积极建议，解决全民健身活动开展中遇到的新情况、新问题。非正式结构体育社团作为一支新生的社会力量，能够及时提供健身需求，逐渐化解正式结构体育社团供给的不足，在全民健身组织网络建设框架中起到拾遗补阙的作用。

（五）非正式结构体育社团的兴趣转投作用

非正式结构体育社团在发展过程中，起到的重要作用是能够为全民健身的蓬勃发展提供动力之源，也成为公共体育服务体系构建过程中的重要节点，其示范动员作用能够使散落化的人找到兴趣转投的落脚点。非正式结构体育社团多元化的特点最大限度地满足了人们各式各样的兴趣、爱好和特长展示、提高的需要，使所有不同兴趣的个人在有组织的健身中满足自己的需求。这种群体意识是一种使群体成员能够黏合在一起的心理亲和力，在情感上、心理上以及道德观念一致性上都有着巨大的影响力，可以使群体成员有强烈的归属感，使他们认同非正式结构体育社团的体育项目兴趣导向，自觉地把自己作为非正式结构体育社团的一员，达到兴趣转投的意愿，这种群体规范可以通过舆论信息压力和不成文的规范来实现[57]。另外，非正式结构体育社团还呈现一种强烈的黏质性、吸引性，不仅使群体成员紧密地联系在一起，还在情感上和心理上强烈地吸引其他个体和群体。所以说"草根组织与政府的互动是涉及草根组织发展的最关键的一种行为"[58]。虽然体育活动组织建设日趋成熟，并呈现网络化、多元化发展态势，但在管理上政府依然起着主导作用，就是培育和支持非正式结构体育社团的公共体育服务能力，从而使非正式结构体育社团的影响力更大，让更多有"不良习惯"的群体将兴趣转移到体育健身中，为社会和谐稳定与全民健身发展做贡献。可以认为，非正式结构体育社团是和谐社会的"酿造工厂"。

第四节 非正式结构体育社团的发展历程

一、我国非正式结构体育社团发展简析

（一）新中国成立前非正式结构体育社团的发展

1. 我国古代非正式结构体育社团的发展（1840年以前）

我国古代非正式结构体育社团的雏形是各种各样的群体形式（家庭组成、生产生活、军队技能训练、学校教育、宗法制度等）融合成为一个整体而产生的，与当时的经济、社会、文化生活紧密相关。唐代以前一般以角抵（摔跤）、马球（马术）、蹴鞠（足球）、武艺（武术）、围棋（琴棋书画类）、导引养生术（气功类）、宫廷乐舞（舞蹈类）等群体的形式频繁开展休闲娱乐健身活动。这种民间性的体育群体活动经过宋、元、明、清几个朝代的延续，在整个历史发展过程中，有民间的，也有官办的各类表演组织和"体育社团"组织，如元朝管理摔跤手的"勇校署"延续到清代叫"善扑营"，虽然摔跤名称发生变化，但群体结构仍然属于非正式结构体育社团范畴。从历史的角度分析，我国民间非正式结构体育社团在宋代形成了规模性的发展，宋代开创了"体育社团"的新纪元[59]。宋代非正式结构体育社团的存在形式主要分为三类：第一类是以体育艺人为主形成的同行组织，如齐云社（踢球艺人，蹴鞠）、角抵社（相扑艺人，摔跤）、英略社（使棒艺人，杂耍）；第二类是以交流技艺、休闲娱乐等兴趣爱好为主形成的同人组织，如射弓踏弩社（弓射类，射箭、射弩）；第三类是以民间练武为主形成的武术组织，如河北的武术社、弓箭社及武术教社就是民间自发习武组织，有的群体人数比较多，形成了强大的社会势力。因此，虽然宋代对于与练武有关的大规模群体组织管理比较严格，但隐蔽的武术组织还是大量存在，而对于休闲性的、娱乐性的体育群体活动，如杂耍、杂技、戏班、游戏类等小规模的群体组织发展则是放任自由的，并未进行监控与制止。这类非正式结构体育社团对于宋朝以前的民俗体育技艺、传统体育文化的传承与发展具有非常大的推动作用[54]。例如，骑马、射箭、杂技等传统民族项目一直影响到现在。

元朝时期，我国社会组织和军事组织混在一起，即军民一体的非正式结构体育社团，大多以骑射、马球、蹴鞠、捶丸等体育组织为主。明清时期，社团所开展的体育活动逐渐单一化，有的甚至淡出人们的生活，捶丸和冰嬉偶尔出现在人们的生活中；而武术成为当时最盛行的体育活动，并涌现了大量以练武强身为主的体育组织和一些秘密会社，如青洪帮、哥老会、红枪会、小刀会、义和拳等，这些秘密会社对武术和门派的形成有重大影响。另外，还有民间会社与武会组织，

如各种表演团体"社",节日期间,各地村、社组织也有表演活动团体的"社火"等[60]。到了清朝乾隆、嘉庆年间,由于社会动荡,镖行盛行一时,练武强身与镖局营生伴随成长,如平遥同兴公镖局、北京兴隆镖局等。大量新兴的民间体育社团以合法性的身份呈现,地方精英利用地方自治所赋予的合法地位参与社会活动,地方自治扩展了非正式结构体育社团的活动空间。

2. 我国近代非正式结构体育社团的发展(1840—1949 年)

虽然政府禁止民间习武,但人们利用节日集会表演武术,如北方的武会(又称走会)有各种武术表演队,各个表演队数十人,表演飞叉的有开路会,表演棍棒的有少林棍会、五虎棍会等,练习杠子的组织称为盘龙会或杠子会。这些武会甚至走街串巷进行表演,在民间是人们茶余饭后的主要议论话题,武术组织的规模与影响很大。1840 年,鸦片战争以后,具有悠久历史的东方国门被迫打开,在西方武装力量入侵的同时,西方体育也随之传入我国。我国近现代较早的体育社团组织基本是受到西方体育组织形式影响而建立的,如英国、德国侨民在上海建立体操协会、游泳协会、骑马协会等。同一时期,我国各种形式的"体育社团"组织也开始大量涌现,主要分为三种类型:第一种类型是为开展体育竞赛或筹办运动会而建立的,如绍兴城南体育会(1905 年)、城北体育会(1907 年)、南京全国学校区分队第一次体育同盟会(1910 年)等;第二种类型是近代商人的武装训练团体,如上海华商体操会(1905 年)、上海商团公会(1906 年)、宁波国民尚武分会(1911 年)、湖南野球会(1911 年)等;第三类是为研究和开展体育运动而建立的,如上海爱国学社体育会(1903 年)、浙江绍兴体育会(1905 年)、上海精武体育会(1910 年)、浙江体育会(1912 年)、北京体育研究社(1912 年)等。在这些团体中,维持时间最长、影响最大的是上海精武体育会,它在国内存在 40 余年。上海精武体育会作为一个民间体育组织,在当时是一个从城市到农村各个阶层居民参与的庞大体育活动团体,这反映了当时的社会需求,在为革命培训武装力量思想的影响下,很多热血青年纷纷加入练武强身、保家卫国、驱除倭寇的队伍之中。各种各样以武术命名的社团遍布城乡,边远农村地区也深受影响,但均是从崇尚武术的角度发展体育社团。随着西方体育的入驻与蔓延,体操逐渐替代了中华武术成为一种时尚体育项目。

19 世纪末,欧洲体操和英国户外运动借助奥运会的影响传遍了全世界,西方体育也随之传播到了我国。尽管西方体育与我国传统体育文化之间出现了激烈的碰撞和冲突,但两种体育文化的融合不可能在短时间内完成。当时,民间结社性的体育团体活动在我国社会较为普遍,以西方体育为名结社的体育社团凤毛麟角。尤其是传统武术结社,如武士会、精武会、国术馆比比皆是,占据了体育社团领域的绝大部分空间,仅上海就有精武会、中华武术会、忠义拳术社、慕尔国术团、得胜武术社等不计其数的社团。习武之风因结社盛起,又进一步促进了武术结社运动的兴盛，直至现代，部分农村地区仍然存在武术形式的结社。

由于结社现象在全国范围内比较普遍，有的结社势力很大，甚至超过了地方武装的影响力，威慑到了地方政府的领导权威，这种现象引起了国民政府的重视。1924 年，中华全国体育协会正式成立，在这以前，我国还没有专门管理体育活动的正式官方组织机构。国民党政府于 1932 年 10 月公布了《修正民众团体组织方案》，1941 年相继修订了《国民体育法》《国民体育实施方案》《国民体育实施方针》等。要求社团遵守这些法规条文，按照统一的登记程序进行注册后才算正式成立，成立后要服从国民政府的监督与管理。从此，这些社团从结构上有了来自政府的依靠，组织管理与制度约束有了基本依据。

同一时期，在革命根据地，非正式结构体育群体活动开展得如火如荼。1934 年，中华苏维埃共和国颁布《俱乐部纲要》，在俱乐部与列宁室组织的体育活动非常普遍，仅在中央苏区的俱乐部就有 1917 个。机关干部喜欢球类运动，延安的球类体育组织遍地开花，经常参加比赛的球队有东干队、抗大队、陕公队、群联队、南联队等，其他各单位、各连队、乡村组建的球队、舞蹈队、武术队、秧歌队等更是数不胜数[61]。革命老区的体育社团组织大量涌现，同时也诞生了一批有影响力的体育社团，战斗篮球队、军魂篮球队、军歌演唱队、文艺表演队、列宁体育会、延安体育会（延安新体育学会）、赤色体育会等积极组织开展各种文体活动[62]，呈现了西方体育与东方体育融合为一体的繁荣景象。抗战时期以体育精神激发人们的抗战热情，与抗战时期的文艺慰问演出一样起到了非常好的促进作用。在陕北地区的革命根据地，共产党根据抗战时期的需求，也相继颁发了社会团体组织管理的纲要与登记管理办法，如 1942 年颁布了《陕甘宁边区民众团体组织纲要》和《陕甘宁边区民众团体登记办法》，它们是当时革命根据地民间体育社团成立的主要依据，在这之前，所有以群体形式存在的体育群体活动都属于非正式结构体育社团的范畴。

（二）计划经济时期非正式结构体育社团的发展

1. 非正式结构体育社团初具特色（1949—1957 年）

新中国成立初期是我国非正式结构体育社团的第一次繁荣期，当时社会发展的主要方向是服从生产劳动，非正式结构体育社团活动开展要求简便易行，原则上是在业余、自愿的基础上开展群体活动。1949—1956 年是我国由新民主主义社会向社会主义社会过渡的历史时期，城市社区依托单位工会开展职工体育活动，投入大量资金建设工人文化宫、文化馆、体育馆等，群体组织遍地开花，其各种体育活动开展得有声有色，组建篮球队、乒乓球队、排球队、田径队等，机关厂矿等企事业单位的体育活动也开展得红红火火。在广大农村地区，体育事业也同步快速发展。在"体育为人民服务"的思想指导下，国家制定了不同发展水平地区要区别对待、分门别类进行指导的策略，形成普遍提高的发展态势。另外，还重点扶持一些有代表性的非正式结构体育社团，以点带面，全面普及体育的发展，依靠共青团、民兵、妇联等部门的先锋组织带头作用，充分发挥体育教师和复员军人的体育知识、体育技能的示范带动作用，有计划、有步骤地开展非正式结构体育社团活动，建立各种各样区域性的体育锻炼之乡，如广东梅县的足球之乡、台山的排球之乡、东关的游泳之乡等。这样的体育组织不计其数，起到了很好的示范与带头作用。1956 年 1 月 9 日《光明日报》刊载的《逐步开展农村中的体育活动》与《把农村体育工作领导起来》的头版头条对这一现象进行了大篇幅新闻报道，体现了党和国家领导人对农村体育活动开展的高度重视，也体现了当时体育活动"农村包围城市"（农村人口比例达到六分之五以上）的发展态势，提倡群众体育与武装相结合，建设和发展社会主义祖国。例如，辽宁北票、山东高唐、湖南湘潭都出现了处处有场地、处处有比赛、人人有锻炼的场景。在当时的社会背景下，从城市到乡村出现了成千上万的劳卫制等级运动员和自发组织的锻炼群体，虽然制定了《关于开展职工体育运动办法纲领》，提出业余自愿、小型多样的原则，但体育浮夸风迅速蔓延，甚至在城市出现了"体操城""全市劳卫化"，以及职工挑灯夜战做体操的场景。各个企事业单位成立了大量的体操锻炼组、球类锻炼分队等，自发组织、自愿组合现象非常普遍，但在三年困难时期，很多自封的体育协会（类属非正式结构体育社团）自生自灭了[63]。

2. 非正式结构体育社团的波浪式前进与提高阶段（1958—1966 年）

在这一发展时期，非正式结构体育社团的发展呈现出了先繁荣后衰落的景象。

1958 年至 1960 年上半年，非正式结构体育社团处于盲目发展时期。我国非正式结构体育社团发展得轰轰烈烈，全国上上下下表面上看起来一片繁荣景象。从管理上提出城市与农村体育工作并举，无视客观实际，提出的口号是争取在三到五年内普及体育社团，达到城乡无差别，使农村地区同样具备体育场、辅导站、体育馆、游泳池，达到体育场（馆、池）的数量与城市一样，大力普及推广运动员等级与裁判员等级制度，在劳卫制思想引导下争先恐后地大搞"百人集训""百团会演""千人表演""万人誓师"[64]等表面繁荣的大型体育群体活动。

1960 年下半年至 1963 年，非正式结构体育社团发展处于停滞状态，繁荣景象很快"破灭"，政府部门通过上上下下几年的考察，结合实际情况，提出"跨越"式发展的体育组织暂时少搞或者停止组建，使大多数符合行政合法性的非正式结构体育社团暂停了群体性活动，大量的体育组织机构被合并或撤销。没有了来自政府组织的依靠，形式上遗存的体育组织处于无人监控管理与自生自灭的发展状态。

1963—1966 年，非正式结构体育社团处于恢复性发展时期。随着国民经济的复苏，体育群体活动逐渐复活。在总结与吸取经验教训的基础上，国家提出了"业余、自愿、小型多样、因时、因地、因人制宜"的方针政策，依据实际情况开展体育群体活动，地方性的非正式结构体育社团活动又得到部分恢复或重新建立体育活动组织。在这样的时代背景下，1964 年 7 月，国家体委下发文件，要求普遍开展以"游泳、射击、通讯、登山"四项为主的群体性活动。军事训练与体育活动相结合，对非正式结构体育社团的重新崛起起到了推波助澜的作用。例如，深受群众普遍喜爱的游泳活动开展得红红火火：上海市上海县利用丰富的河流与湖泊资源，分区分片进行规划，建立了 25 个游泳健身点，随之又成立了大量的游泳健身队伍；湖南省桑植县城恩公社组织的游泳活动更是丰富多彩，甚至成立了水上"红色娘子军"，众多游泳健身队伍参与水上健身活动。这一时期，我国非正式结构体育社团逐渐恢复并呈现出新的发展态势[65]，政府因地制宜开展的小型多样群体活动得到普及，对非正式结构体育社团发展起到了积极推动作用。

3. 非正式结构体育社团的"两极走向"发展时期（1966—1978 年）

1966 年 5 月开始的"文化大革命"，给城市社区体育组织管理体系带来灾难性破坏。受"左"倾思潮的影响，职工文体娱乐活动被压抑或搁置，体育场馆被挪用或暂时关闭，甚至在公园、街头巷尾自发性的、自娱性的群众体育活动也被戴上政治"高帽"，群众自发性的体育锻炼群体迅速走向衰落。相反，这一时期农村地区受"文化大革命"的冲击相对较小，广大农村地区的社会、经济、文化、政治环境相对比较稳定，在多种环境因素影响下，农村非正式结构体育社团的发展反而呈现出特殊的"兴盛"局面[66]。

1968 年 12 月，"上山下乡，接受再教育"运动达到高潮，大批城市学生响应号召到偏远的农村地区插队落户。大批城市知青因为接受过良好的体育教育，拥有一定的体育技能，很快成为农村地区体育活动群体的骨干。在文娱活动贫乏的年代里，知青的体育锻炼行为吸引和带动了大批农村青年的热情参与。知青与广大农村地区的青年一起发扬自力更生、艰苦奋斗的精神，修整运动场、购置体育器材，成立了各种体育锻炼小组，也就是非正式结构体育社团。可以说，上山下乡的知青对当时农村体育的组织化起到了非常好的传播带头作用，大大促进了非正式结构体育社团的发展。例如，四川省温江县 14 个公社都建立了体育领导小组，其中有 158 个生产大队建有球场 200 多个，成立球队 80 多个，球队之间有友谊赛，公社之间有选拔赛，政府推动成立的体育锻炼群体（非正式结构体育社团）极大地丰富了人们的业余文化生活。

1972 年，全国农村体育工作会议召开，会议提出在广大农村地区开展体育活动要做到因地制宜、自力更生、就地取材、制作简易体育器材，此后，许多地区开始组织农民运动会进行成果展示，从公社到乡村纷纷成立业余体育队伍，和民兵训练一样，不定时进行短期集训，并且有分工补贴。1973 年，群众体育活动又掀起了"学小靳庄"活动，大批青壮年劳动力脱离生产搞集训，进行体育大军会演活动，使农村体育社团活动在特殊政治背景下异常"兴盛"。同时，国家体委组织专业队伍到农村进行体育表演或技术辅导，不仅有效地提高了农村地区锻炼群体成员的技术水平，也为农村培养了大批体育骨干、体育精英，为农村非正式结构体育社团的后期发展奠定了坚实的基础。

十一届三中全会以后，城乡非正式结构体育社团开始稳定健康发展，社会形势、社会环境越来越好。

4. 计划经济时期非正式结构体育社团运作方式简析

计划经济时期非正式结构体育社团的发展主要表现为发展不均衡，忽高忽低。

（1）职工体育——非正式结构体育社团的依靠

职工体育是依附于企事业单位工会的职工群体在统一协调下开展的各种体育活动，多数是以大规模的集体活动为主，以健身娱乐为目的而开展的业余、自愿、灵活、多样的体育活动；同时，也为了适应国防和社会主义建设需要，大多数的体育群体行为属于政府行为，如职工运动会、工间操等。对于职工体育来讲，非正式结构体育社团是职工体育的主要依靠。

（2）共青团体育——非正式结构体育社团的灵魂

共青团是社会发展的中坚力量，是体育群体活动的主力军、先锋队，也是自发性非正式结构体育社团群体的灵魂。1955年2月青年团二届二中全会通过的《关于加强青年业余文化工作的决议》指出，共青团组织在社会主义建设时期必须发动和组织青年人群参加各种体育活动和运动竞赛，让青年体育积极分子在社会主义建设中起到榜样作用。

（3）民兵体育——非正式结构体育社团的基石

1950年《关于加强民兵建设的指示》提出实行"普遍民兵制度"。1958年开始全国上下普遍建立民兵组织，其完备的组织架构与群众基础为非正式结构体育社团的发展奠定了基石，起到了民兵组织、民兵训练与民间体育社团融合发展的作用。1961年，全国体育工作会议提出开展体育群体活动可以效仿民兵组织形式，毛泽东也指出，民兵组织既是军事组织，又是体育组织。

（4）学校体育——非正式结构体育社团的支撑

学校体育是比较规范的教育形式，在这一时期，经过学校体育教育的农村青年和城市知青上山下乡两股势力的交融，为非正式结构体育社团注入了新活力，体育技能提高明显，学校体育人才成为非正式结构体育社团发展的有力支撑。

（5）人民公社——非正式结构体育社团的土壤

人民公社是特殊时期的产物，非正式结构体育社团与人民公社联系起来后，群众体育开始依附于人民公社，以组织为单位开展体育活动。1958年《关于体育活动十年规划的报告》提出，有人民公社的地方开展体育群体活动要服从人民公社的统一部署，人民公社成为非正式结构体育社团生存的土壤。

（三）社会转型时期非正式结构体育社团的发展

1. 改革初期非正式结构体育社团的发展（1979—1995 年）

非正式结构体育社团是群众体育活动的依附性组织。我国非正式结构体育社团的蓬勃发展是适应经济体制改革的必然结果。计划经济时期，我国社会体育开展具有计划性和系统性，随着人民生活水平的提高，体育管理和服务质量与居民的生活、工作和学习的关系日益密切，尽快建立与社会相适应的管理有序、服务完善的体育管理体制已成为众望所归。自发性非正式结构体育社团不但能增强体质，还可以提高生活质量，培养感情，增强凝聚力，强化体育意识，促进和谐社会建设。由此可见，发展非正式结构体育社团既是体育事业的需要，也是和谐社会建设的需要。

1981 年 8 月 15 日，中共中央发出《关于关心人民群众文化生活的指示》，制定了社会主义市场经济建立初期的工作方针与政策，要求加强非正式结构体育社团活动阵地的建设，各级政府部门加强场地设施建设，部门领导带头把群众文化活动（主要包括体育活动）开展起来，按步骤有条不紊地加强非正式结构体育社团骨干的培训工作。在政府部门领导的关心引导下，职工之家、青年之家、文化站、文化中心、图书室纷纷建立起来，非正式结构体育社团发展开始朝着生活化、多样化、规范化方向前进，标志着我国非正式结构体育社团进入新的发展时期。

1984 年，全国体育先进县评选活动开始，以评选的形式促进群众体育快速发展，形成了以政府动员、社会参与的体育社团为龙头的发展格局，调动社会资源开展体育群体活动。1987 年开始进行全国体育先进县表彰工作，在 1988 年的工作会议上，表彰了全国体育先进县 80 个，同时还进行了体育社团积极分子表彰与表扬活动。这些举动充分调动了体育积极分子的积极性，自发性的非正式结构体育社团纷纷成立，企事业单位、乡镇、街道、社区利用自身的优势开展体育群体活动，促进了城乡体育组织的行政化、规范化发展，这是我国非正式结构体育社团全面社会化发展的新里程碑。

1989 年，国家颁布了《社会团体登记管理条例》，该条例要求民政部门对社团进行统一登记管理，确立了社团的"双重负责、分级管理"的管理方式。受登记注册的双重管理限制，正式体育社团的数量急剧减少，但自发性的体育群体组织依然生机盎然。1991 年，国家体委首次召开体育社团的作用与管理的研讨会，就体育社团发展提出了新的发展方针政策，要求国家正式成立的体育社团主动与自发性体育社团结合来发展全民体育运动。党的十四大正式确立了社会主义市场经济体制。随着深化改革步伐的加快，体育事业的社会化和产业化发展道路全面展开，民间自发性非正式结构体育社团得到进一步重视，国家层面陆续出台的相关文件加快了全民健身的前进步伐。《中华人民共和国体育法》（以下简称《体育法》）、《全民健身条例》以及各种意见、决定、规划、指导、计划等法律法规陆续诞生。

2.《体育法》颁布后非正式结构体育社团的发展（1995 年至今）

为了使群众体育适应整个体育事业发展的需要，1995 年 6 月 20 日，国务院颁布了《全民健身计划纲要》，确定了未来五年群众体育发展规划与相关措施，明确提出要充分发挥各级体育协会的作用，并与文化、体育、教育部门协同配合。在 1988 年先进县表彰会议基础上，继续开展全国体育先进县、先进个人评选活动。这些活动的陆续开展与《全民健身计划纲要》的颁布实施共同促进了城乡非正式结构体育社团的蓬勃发展。1995 年 8 月 29 日颁布、1995 年 10 月 1 日正式施行的《体育法》，从法律的层面要求各级人民政府、企业事业、工会支持、扶助群众性体育活动的开展，为居民参与体育活动创造条件，体育活动开展要坚持业余、自愿、小型多样，发挥基层组织的作用，组织居民开展有组织的体育活动。国家从法律的战略布局上全面推行全民健身，许多政府部门成立了领导或协调机构，改善社区体育场地设施，为非正式结构体育社团的发展起到了推动作用，体育组织网络逐步形成。

2000 年《民政部关于在全国推进城市社区建设的意见》指出要充分调动社区内团体的力量参与社区建设，建立健全社区组织。2004 年十六届四中全会提出发挥各类社会组织在公共管理、文化建设和公共服务建设中的作用。2005 年出台了《中共中央　国务院关于推进社会主义新农村建设的若干意见》，指出要推动实施"农民体育健身工程"。随后，国家体育总局颁布了《关于实施农民体育健身工程的意见》。新农村建设是农村非正式结构体育社团事业发展难得的历史机遇，农村体育社团的运行机制开始从政府主导型向自发型转变。在社会主义新农村建设背景下，农村体育社团步入了持续、稳定、健康发展新阶段。2006 年 10 月，《中共中央关于构建社会主义和谐社会若干重大问题的决定》提出健全社会组织，增强服务社会功能。2007 年党的十七大报告提出发挥社会组织在扩大群众参与、反映群众诉求方面的积极作用，增强社会自治功能。2008 年《关于深化行政管理体制改革的意见》提出要发挥社会组织在社会公共事务管理中的作用。2009 年出台的《全民健身条例》提出国家推动基层文化体育组织建设，鼓励群众性体育组织开展全民健身活动，基层文化体育组织居委会和村委会应协助政府做好相关工作。2011 年 12 月出台的《社区服务体系建设规划（2011—2015 年）》（以下简称《社区规划》）提出引导社会组织参与社区管理和服务活动，增强社会组织的服务能力，到 2015 年初步建立起较为完善的社区服务设施、服务内容、服务队伍、服务网络和运行机制，农村社区服务试点工作有序推进。《社区规划》还要求社区普遍建有体育场地，50%以上的城市、城区建有全民健身活动中心。2012 年 7 月《国家基本公共服务体系"十二五"规划》专门指出要健全基层全民健身组织服务体系，扶持社区体育俱乐部、青少年体育俱乐部和体育健身站（点）等建设。2012年，党的十八大报告强调强化企事业单位、人民团体在社会管理和服务中的职责，引导社会组织健康有序发展。2013年9月《国务院关于促进健康服务业发展的若干意见》提出发展全民体育健身，加强基层多功能群众健身设施建设，支持和引导社会力量参与体育场馆建设及运营管理，鼓励发展多种形式的体育健身俱乐部和体育健身组织，以及运动健身培训、健身指导咨询等服务。2014年《关于支持和规范社会组织承接政府购买服务的通知》提出支持和引导社会组织健康有序发展，各地要根据本地区经济社会发展情况和社会组织需要，给予政策支持和引导，提升社会组织自主发展、自我管理、筹资和社会服务等能力。2017年，党的十九大报告提出发挥社会组织作用，实现政府治理和社会调节、居民自治良性互动。2022年党的二十大报告提出进一步健全共建共治共享的社会治理制度，提升社会治理效能，建设人人有责、人人尽责、人人享有的社会治理共同体。这些政策的出台，表明了党和国家在宏观上鼓励和支持社会组织发育的态度。

党和政府高度重视全民健身组织在公共体育治理体系中的作用，要求从不同角度对全民健身组织进行管理。"形成社会组织体制""激发社会组织活力""创新社会治理体制"的逐步提出，暗含着制度的创新思路，要求地方政府在改进社会治理方式的同时兼顾全民健身组织发展的活力，实现社会自我调节、良性互动，将全民健身组织融入既有治理体系之中。我国宏观制度环境表现出对社会组织发展的积极支持与无限鼓励。从宏观层面的意识形态来看，国家对社会组织的身份越来越认同，态度越来越积极，社会组织的发展进入新时代。从宏观层面的行为形态来看，国家正努力推进政府、市场与社会组织的合作治理，推进社会组织的立法完善，为社会组织发展营造健康良好的宏观制度环境。

在全民健身组织活动大繁荣大发展的同时，各地根据《国务院关于加强和改进社区服务工作的意见》，对《社会团体登记管理条例》《民办非企业单位登记管理暂行条例》的登记管理体制进行地方性制度创新，备案制的执行就是在这样的背景下产生的。对体育场、公园、广场等达不到注册登记条件的非正式结构体育社团，通过降低登记与注册的门槛，在所属体育协会、街道办事处、社区居委会统一进行备案式登记，符合社区需求的非正式结构体育社团备案后由民政部门、体育协会或街道办事处、社区居委会共同负责日常监督与管理，走培育与管理相结合的发展道路。以此为依据，非正式结构体育社团在民间组织备案制创新管理下开始萌芽。登记管理体制的创新思路，后来得到政府部门的认可与默许，但到底什么样的组织属于非正式结构体育社团范畴还不确切。吴玉章[67]认为，凡是公民自愿参加的、非营利的、非政府的群体活动组织都可以归属于社会团体。当然，对于政府部门的管理来说，非正式结构体育社团不能游离于政府管理范围之外，仍然需要接受民政部门、街道办、社区的监督与管理。

在全民健身运动普及推广的背景下，党和政府出台了一系列的意见、建议、计划、决定、条例等政策法规，要求各级政府的主管部门重视非正式结构体育社团的培育与发展，建议各级政府依据本地区的实际情况对社会组织进行创新式管理。上述措施的实施表明非正式结构体育社团由管制、防范开始走向引导、培育和扶持的发展道路。

二、调查区域的非正式结构体育社团发展简析

调查区域范围包括湖南、湖北、贵州、重庆4省（市）11个地（市、州）的71个县（市、区），其中湖北11个、贵州16个、重庆7个、湖南37个（包括湘西自治州的8个县市，怀化市、张家界市的全部县市区，邵阳市的8个县区，娄底市的3个县市，常德市的石门县，益阳市的安化县，详见附录2）。调查区域占地总面积17万多平方公里，居住有土家族、苗族、侗族、白族、回族和亿佬族等30多个民族，是相对贫困人口分布较广的连片地区，是国家中部崛起战略地带。该地区集革命老区、多民族地区于一体。由于经济社会发展总体相对滞后，加上体育与教育、文化、旅游、广电、出版等部门的合并，自发性非正式结构体育社团基本上处于无人过问、无人管理的地步。

2011年出台的《武陵山片区区域发展与扶贫攻坚规划（2011—2020年）》提出要建立跨省协调机制，打破行政分割，发挥比较优势，实现资源共享、优势互补，促进交流合作；大力扶持传统文化精品工程，建设具有浓郁民俗特色文化产业园区和传统体育传承与创新基地；重点发展特色的传统体育项目，充分利用各种优势资源进行城乡体育健身场地和设施建设，鼓励挖掘具有地方特色的体育健身项目，举办区域性全民健身活动，培养传统体育人才与继承人，创办区域性体育赛事或体育节，增加群众性体育活动。同时，《国家基本公共服务体系"十二五"规划》《国务院关于促进健康服务业发展的若干意见》等一系列法规和规章的颁布与实施，促进了该地区非正式结构体育社团发展总体水平的提高。

同一时期，湖北、重庆、贵州、湖南4省（市）均提出全民健身实施计划（2011—2015年），加强健身组织网络建设，形成覆盖城乡、网络健全的全民健身公共服务体系。湖北、湖南分别颁布了全民健身条例，贵州、重庆实施了全民健身计划，4省（市）接壤地区民间群体竞赛活动开展得红红火火，形式多样。例如，从2012年酉阳土家族苗族自治县举行的渝、鄂、湘、黔4省（市）边区"民族团结杯"篮球赛到2014年的保靖4省（市）篮球赛，其带动作用非常大。在这一模式的影响下，来自民间社区的非正式结构体育社团分别组织了4省（市）羽毛球赛、摆手舞大赛、广场舞赛、象棋、气排球比赛等。在公园、广场、空地组织舞蹈、太极拳联赛、友谊赛，参赛队均来自民间锻炼活动点、活动站、辅导站、健身站等。各地区广场、公园及其锻炼群体多种多样。例如：湖北省恩施市的环清水走廊、文化中心锻炼群体、土桥坝广场、凤凰桥健身广场、风雨桥健身广场、凤凰山健身广场，宣恩县的风雨桥广场，来凤县的政府广场、夏威夷广场、四斗种桥广场，

咸丰县的民族广场锻炼群体、南门广场、皇城广场以及青龙山森林公园,巴东巫峡广场舞健身队;湖南省吉首市区的中心广场、新世纪广场,张家界市区的人民广场、紫舞公园;贵州省铜仁市碧江区的锦江广场、三江公园,江口县的梵净山公园,印江土家族苗族自治县的文昌广场、金玉小区广场;等等。由于场地的吸引,众多群众自发到各个广场公园成立体育组织,跳起了广场舞、排舞、交谊舞、鬼步舞,打起了太极拳,敲起了苗鼓,抽起了陀螺,舞起了太极剑、太极扇等,少的十几人、几十人,多的几百人,早、晚的时候场面很是壮观,形成了真正意义上自愿参与的全民健身新局面。

湖北省人民政府办公厅印发了《"健康湖北"全民行动计划(2011—2015)》,提出要健全社区、乡村、机关、企事业单位等区域的全民健身组织,设立 121 健身热线电话,建立起政府主导、社会参与、条块结合的健身组织网络,实现全省街道与居委会、乡镇与村委会体育组织全覆盖的全民健身组织网络体系。咸丰县按照上级体育主管部门以及县委、县政府的要求,制定了《咸丰县全民健身实施计划(2011—2015 年)》,全县体育蓬勃发展;组织三级社会体育指导员培训班 1 期,培训人数 92 人,还多次委派县内体育骨干和乡镇文体中心职工参加省、州举办的社会体育指导员培训;积极参与省、县市和地区举办的各类文化艺术交流演出,获酉阳举行的武陵山第二届摆手节银奖、彭水首届娇阿依杯渝黔湘鄂民歌会三等奖。一些社会体育指导员分布在非正式结构体育社团中,充当团队领袖,有力地推动了全县各单位开展宣传慰问演出,并协助重庆黔江等友邻县市各部门开展演出。全县举办歌舞大赛、"我为咸丰添光彩"演讲大赛等活动;参与中央电视台《民歌·中国》恩施专题、《远方的家》栏目推出的"北纬 30°·中国行"节目及电视剧《血誓》等的演出、录制活动;参加全国民间文艺汇演、湖北省首届艺术节、全州民间文艺精品展演等演出评比活动;开展送戏下乡演出,利用锻炼群体的轰动效应参加全县"科技文化卫生"三下乡活动,发放科普、健身、卫生等资料宣传咸丰县。咸丰县充分发挥非正式结构体育社团群众基础好的作用,形成了比较完善的服务网络和体系(表 2-4),推动了"健康湖北"全民行动的顺利实施。

表 2-4　湖北省恩施州咸丰县部分城乡文艺团队登记表(备案中)

序号	地域	团队名称	联系电话	联系人
1		四季乐艺术团	××××××	杨××
2		夕阳红艺术团	××××××	刘××
3		百合花艺术团	××××××	杨××
4		龙腾艺术团	××××××	曾××
5	高乐山镇	红玫瑰艺术团	××××××	高××
6		鸣声艺术团	××××××	王××
7		凤鸣艺术团	××××××	陈××
8		京剧社艺术团	××××××	唐××
9		高乐山艺术团	××××××	高××

续表

序号	地域	团队名称	联系电话	联系人
10	马河镇	泡木园艺术团	××××××	曹××
11		沙坝艺术团	××××××	黄××
12		关田坝艺术团	××××××	付××
13	忠堡镇	红霞艺术团	××××××	邓××
14		明星村艺术团	××××××	曾××
15		忠堡业余艺术团	××××××	钱××
16	黄金洞	民族民间艺术团	××××××	庹××

重庆市民政局提出了关于社区民间组织培育发展和管理的指导意见：积极稳妥地推行以备案为主、多种形式的社区民间组织管理制度，促进社区民间组织健康有序发展，充分发挥社区民间组织在构建和谐社区中的积极作用。重庆市民政局对达不到登记条件的体育活动群体组织在体育协会、街道、社区的基础上进行整合，成立多个体育社会团体，然后在其下组建若干团、队、组等。民政部门、镇（街）和社区居委会积极探索建立三位一体的民间组织监管体系，促进社区民间组织的健康发展，充分发挥社区民间组织的积极作用。为全面贯彻落实《全民健身条例》，重庆市黔江区广泛开展系统、单位、社区体育健身活动，建成"文体中心户"500 户以上。备案制的实施为非正式结构体育社团大发展提供了来自政府的依靠，使体育协会网络和基层体育组织网络在全民健身中发挥了重要作用。

重庆市黔江区也定期制定全民健身的活动和竞赛计划，在号召全民健身方面起到了重要的导向作用。例如，黔江区 2015 年 6 月组织篮球比赛，篮球队来自各个俱乐部，包括社区的、街道的、机关的、乡镇的、企业的、个体的等自发性的篮球爱好者队伍。另外，还有 7 月的乒乓球比赛、8 月的羽毛球比赛、9 月的登山比赛、10 月的健身跑步比赛等。

从《国民体质监测工作规定》《普通人群体育锻炼标准》《全民健身条例》《国务院关于加强和改进社区服务工作的意见》《国家基本公共服务体系"十二五"规划》《关于支持和规范社会组织承接政府购买服务的通知》《关于做好政府向社会力量购买公共文化服务工作的意见》等相关文件的出台到党的十九大提出"发挥社会组织作用，实现政府治理和社会调节、居民自治良性互动"，再到党的二十大提出"健全网络综合治理体系，推动形成良好网络生态"，非正式结构体育社团的发展，无不与党和国家的重视程度密切相关，其重要地位从法律法规上得以保证，并逐步从人治走向法治化管理。

随着社会主义市场经济的深入发展，非正式结构体育社团不断涌现，全民健身掀起了热潮，逐步建立和完善了以政府为主导，工会、共青团、妇联等社团组织配合的全民健身组织网络体系。非正式结构体育社团在丰富百姓的精神文化生活、培养百姓体育健身的意识以促使百姓形成健康文明的生活方式、提高身体素质和健康水平、提升生活质量等方面起到了至关重要的作用，同时也促进了社会的稳定、和谐、文明与进步。社会、政治与经济发展大环境也推动了非正式结构体育社团的快速发展。

参 考 文 献

[1] 李道湘. 中华文化与民族凝聚力[M]. 北京：中央编译出版社，2007：96.

[2] 徐秦法. 社会治理中的信仰价值研究[M]. 北京：光明日报出版社，2010：1.

[3] 刘兆发. 农村非正式结构的经济分析[M]. 北京：经济管理出版社，2002：30-42.

[4] 帕特里克·兰西奥尼. 优势：组织健康胜于一切[M]. 高采平，译. 北京：电子工业出版社，2013：13.

[5] 戴维·波普诺. 社会学[M]. 李强，等译. 11 版. 北京：中国人民大学出版社，2007：209-212.

[6] 斯蒂芬·P. 罗宾斯. 组织行为学[M]. 孙健敏，李原，译. 10 版. 北京：中国人民大学出版社，2005：465-470.

[7] 李芹. 社会学概论[M]. 济南：山东大学出版社，1999：193.

[8] 姬金铎. 韦伯传[M]. 石家庄：河北人民出版社，1998：92-95.

[9] 李怀. 非正式制度与乡村制度变迁研究：五里村实地研究[D]. 兰州：西北师范大学，2003.

[10] 盖宏伟. 谈组织中的非正式结构[J]. 黑龙江教育学院学报，2003（4）：8-9.

[11] 费孝通. 乡土中国 生育制度[M]. 北京：北京大学出版社，1998：44.

[12] 道格拉斯·诺思. 制度、制度变迁与经济绩效[M]. 杭行，译. 上海：格致出版社，2008：64.

[13] 伍装. 非正式制度论[M]. 上海：上海财经大学出版社，2011：3.

[14] 刘兆发. 农村非正式结构的经济分析[M]. 北京：经济管理出版社，2002：40-42.

[15] 甄志宏. 正式制度与非正式制度的冲突与融合：中国市场化改革的制度分析[D]. 长春：吉林大学，2004.

[16] 郭小聪，程鹏. 非正式制度的管理效能及其建设[J]. 广东行政学院学报，2005，17（2）：11.

[17] 黄永军. 自组织管理原理[M]. 北京：新华出版社，2006：72.

[18] 戴维·波普诺. 社会学[M]. 李强，等译. 10 版. 北京：中国人民大学出版社，1999：206-211.

[19] 奥尔森. 集体行动的逻辑[M]. 上海：上海人民出版社，1996：16.

[20] 李龙海. 现代非理性主义的本质及其主要形态[J]. 学术交流，2002（5）：15.

[21] 中共中央马克思恩格斯列宁斯大林著作编译局. 马克思恩格斯选集[M]. 北京：北京人民出版社，1972：18.

[22] 孟凡强. 自发性群众体育组织成因的理论探讨：兼论后继实证研究面临的主要课[J]. 体育学刊，2006，13（2）：58-61.

[23] 马伊里，刘汉榜. 上海社会团体概览[M]. 上海：上海人民出版社，1993：2.

[24] 黄亚玲. 论中国体育社团：国家与体育关系转变下的体育社团改革[M]. 北京：北京体育大学出版社，2004：6.

[25] 卢元镇. 论中国体育社团[J]. 北京体育大学学报，1996，19（1）：1-7.

[26] 顾渊彦. 体育社会学[M]. 南京：南京师范大学出版社，1999：12.

[27] 许仲槐. 体育社团实体化初论[M]. 广州：广东高等教育出版社，2003：1.

[28] 崔丽丽，叶加宝，苏连勇. 全国性体育社团现状分析[J]. 天津体育学院学报，2002（4）：1-5.

[29] 肖嵘，汤起宇，吕万刚. 体育社团研究综述[J]. 辽宁体育科技，2005（1）：29-31.

[30] 冯欣欣，曹继红. 我国政府与非营利体育组织合作供给公共体育服务的障碍及其消解[C]//中国体育科学学会体育社会科学分会. 2012 全国体育社会科学年会：转变体育发展方式的探索论文集. 中国体育科学学会体育社会科学分会：中国体育科学学会，2012：2.

[31] 张金桥. 我国自发性体育社会组织的合法性及其发展中的政府职责[J]. 天津体育学院学报，2013，28（3）：213-218.

[32] 高丙中. 社团合作与中国公民社会的有机团结[J]. 中国社会科学，2006（3）：110-123.

[33] 吕树庭，卢元镇. 体育社会学教程[M]. 北京：高等教育出版社，1995：74-75.

[34] 汪明旗，吴务南. 论我国城市非正式体育群体与 21 世纪人类体育[J]. 甘肃社会科学，2004（6）：155.

[35] 中国群众体育现状调查课题组. 中国群众体育现状调查与研究[M]. 北京：北京体育大学出版社, 1998：212-213.

[36] 徐坚. 我国城市社区自发体育组织研究[D]. 上海：上海体育学院, 2000.

[37] 唐永干, 王正伦. 从他组织到自组织：农村体育的历史抉择——从江苏农村体育说起[J]. 体育文化导刊, 2004（5）：5.

[38] 赵巍. 群众性体育社团组织评估与发展趋势[EB/OL].(2006-11-22)[2025-03-18]. https://www.sport.gov.cn/n322/n3407/n3412/c564552/content.html.

[39] 黄彦军, 徐凤琴. 国家体育行政部门培育发展民间体育社团运作机制研究[J]. 体育科学研究, 2007, 11（2）：2.

[40] 王学增, 张春燕, 吴衍忠. 体育群体概念的思辨与非正式体育群体的社会学意义[J]. 聊城大学学报（自然科学版）, 2005（2）：72-75.

[41] 孟凡强. 对自发性群众体育组织概念的认识[J]. 体育成人教育学刊, 2006（1）：29-31.

[42] 李凤新. 民间体育社团组织在中国体育结构转型中的作用[J]. 山东体育科技, 2006（4）：28-31.

[43] 张向群, 杨亚红. 欠发达地区自发性体育组织的培育与发展：以广东省粤北、粤西地区为例[J]. 成都体育学院学报, 2009, 35（12）：26-28.

[44] 郝建峰. 非法人体育社团发展现状研究[D]. 西安：西安体育学院, 2010.

[45] 冯欣欣, 曹继红. 政府与非营利体育组织合作：理论逻辑与模式转变：基于资源依赖的视角[J]. 天津体育学院学报, 2012, 27（4）：297-302.

[46] 谭朝春. 公民社会视野下金华市民间体育组织能力研究[D]. 杭州：浙江师范大学, 2012.

[47] 修琪. 公民社会视野下自发性群众体育组织研究：以山东省为例[D]. 北京：北京体育大学, 2013.

[48] 林密. 福建省民间体育组织发展对策研究[D]. 厦门：厦门大学, 2014.

[49] 王爽. 高校体育社团组织在大学生社会化过程中的作用研究[D]. 大连：辽宁师范大学, 2013.

[50] 杨双平. 我国自发性业余篮球联盟发展的研究[D]. 北京：北京体育大学, 2014.

[51] 尹燕菲. 潍坊市普通高中非正式体育群体学生的社会适应能力特征的研究[D]. 聊城：聊城大学, 2014.

[52] 风笑天. 社会学研究方法[M]. 北京：中国人民大学出版社, 2001：7.

[53] 仲伟合, 王斌华. 口译研究方法论：口译研究的学科理论建构之二[J]. 中国翻译, 2010, 31（6）：18-24.

[54] 张铁明, 谭延敏, 刘志红, 等. 农村非正式结构体育社团的发展研究[J]. 体育科学, 2009, 29（11）：23-40.

[55] 谭延敏, 张铁明, 刘志红. 农村体育发展中非正式结构体育社团的作用及管理研究[J]. 南京体育学院学报, 2008, 22（3）：53-57.

[56] 黄亚玲. 制约中国体育社团组织发展的文化因素[J]. 山东体育学院学报, 2004, 20（3）：11-13.

[57] 平章起. 青年社会学[M]. 北京：解放军出版社, 1986：177-178.

[58] 熊莲. 我国草根 NGO 发展研究：以重庆绿联会为例[D]. 重庆：重庆大学, 2007：54.

[59] 王俊奇. 南宋临安民间"体育社团"[J]. 体育文史, 2000（2）：38-39.

[60] 谭华. 体育史[M]. 北京：高等教育出版社, 2005：104-106.

[61] 崔乐泉. 中国近代体育史话[M]. 北京：中华书局, 1998：154-159.

[62] 成都体育学院体育史研究室. 中国近代体育史简编[M]. 北京：人民体育出版社, 1981：164-180.

[63] 体育史教材编写组. 体育史[M]. 2 版. 北京：高等教育出版社, 1996：181-182.

[64] 夏成前, 田雨普. 新中国农村体育发展历程[J]. 体育科学, 2007, 27（10）：32-39.

[65] 体育史编写组. 体育史[M]. 北京：高等教育出版社, 1987：220-225.

[66] 卢文云, 熊晓正. 建国以来我国农村体育发展的历史回顾与启示[J]. 北京体育大学学报, 2005, 28（4）：455-457.

[67] 吴玉章. 民间组织的法理思考[M]. 北京：社会科学文献出版社, 2010：120.

第三章　非正式结构体育社团的运行现状

本章对 1226 名非正式结构体育社团成员的组成（性别、年龄、文化程度、月收入水平、职业结构）、社团的锻炼现状（空闲时间、人际环境、人数规模、社团成立时间、指导情况、锻炼频次、锻炼场所等）、成员主观幸福感进行描述和评析，探讨非正式结构体育社团发展的问题所在，并对不同类型的非正式结构体育社团进行现状分析与诊断，为后期的实证研究和运行机制的剖析提供重要的数据支撑。

第一节　调查对象的基本情况分析

2011 年之后，湘、鄂、渝、黔 4 省（市）人民群众的生活质量得到大幅度提高，国家大力推行全民健身运动，提供各种便利政策对各类非正式结构体育社团进行支持，在一定程度上满足了居民有组织健身的需求。本次调查员包括 5 名教师与 55 名学生，共发放调查问卷 1500 份，在寒暑假、劳动节、国庆节进行分期调查，基本上涵盖了一年中 4 个季节的锻炼群体情况。共回收问卷 1316 份，其中，有效问卷 1226 份，问卷有效回收率为 81.73%，达到了社会调查的基本要求。

一、调查对象的性别和年龄结构

本次非正式结构体育社团的调查对象的基本情况见表 3-1，其中男性比例为 44.9%，女性比例为 55.1%，女性比例偏大。成员的平均年龄为（41.94±14.80）岁。从年龄段的分布来看，排在前三位的分别是 50～59 岁、40～49 岁和 30～39 岁，三者比例之和（21.9%+21.3%+19.5%）超过了 60%，说明该年龄段人群意识到健康的重要性，积极参与体育社团进行健身活动，其生活方式正在趋向科学化；20～29 岁年龄段的比例为 18.2%，排在第四位；60 岁及以上活动群体比例为 13.9%，排在第五位；19 岁及以下年龄段的群体基本是学生，比例只有 5.3%。

二、调查对象的学历结构

非正式结构体育社团成员的文化水平以高中或中专、大专和本科为主，达到 72.2%（28.6%+18.1%+25.5%）。值得庆幸的是，受过高等教育（大专、本科、研究生及以上）的成员比例占到 50.2%（18.1%+25.5%+6.6%），这对于该区域非正式结构体育社团的发展和健身观念、健康知识的有效传播大有帮助。在对非正式结构体育社团领袖、成员的访谈以及交叉统计（表 3-2）中了解到，文化水平较低

（初中、小学及以下）的成员大都是 60 岁及以上年纪较大的，占比 76.6%（30.4%+46.2%），且女性居多，占比 72.4%；20～29 岁年轻人的学历水平相对较高，本科及以上人数（145 人）为本年龄段的 65.02%，远超其他年龄段的学历水平，且随着年龄段的递增，本科及以上的人数占所在年龄段的比例有逐渐下降的趋势。年轻人有空余的时间，又爱好群体活动，说明他们认识到加入群体锻炼的重要性，这是一个非常好的发展势头。

表 3-1 非正式结构体育社团成员的人口统计学变量统计[①]

项目	性别			年龄段						$\bar{x}$	S
	男	女	合计	19 岁及以下	20～29 岁	30～39 岁	40～49 岁	50～59 岁	60 岁及以上		
人数	550	676	1226	65	223	239	261	268	170	41.94	14.80
占比/%	44.9	55.1	100	5.3	18.2	19.5	21.3	21.9	13.9		
排序	2	1		6	4	3	2	1	5		

项目	学历					
	小学及以下	初中	高中或中专	大专	本科	研究生及以上
人数	52	207	351	222	313	81
占比/%	4.2	16.9	28.6	18.1	25.5	6.6
排序	6	4	1	3	2	5

项目	月收入水平					
	无收入	1000 元以下	1000～3000 元	3000～6000 元	6000～10000 元	10000 元及以上
人数	127	117	692	230	52	8
占比/%	10.4	9.5	56.4	18.8	4.2	0.7
排序	3	4	1	2	5	6

项目	职业							
	农民	工人	教科文卫人员	管理人员	服务人员	个体户	离退休人员	其他
人数	54	233	176	208	111	80	202	162
占比/%	4.4	19.0	14.4	17.0	9.1	6.5	16.5	13.2
排序	8	1	4	2	6	7	3	5

表 3-2 非正式结构体育社团成员的学历与年龄段人数的交叉统计

年龄段	小学及以下人数	初中人数	高中或中专人数	大专人数	本科人数	研究生及以上人数	合计人数	本科及以上人数	本科及以上人数占所在年龄段人数的百分比/%
19 岁及以下	2	6	16	11	30	0	65	30	46.15
20～29 岁	1	7	18	52	115	30	223	145	65.02

---

① 本书中占比之和有的不是 100%，是数据修约误差所致，非计算或统计错误。

年龄段	小学及以下人数	初中人数	高中或中专人数	大专人数	本科人数	研究生及以上人数	合计人数	本科及以上人数	本科及以上人数占所在年龄段人数的百分比/%
30～39 岁	5	22	47	50	78	37	239	115	48.12
40～49 岁	8	57	90	49	47	10	261	57	21.84
50～59 岁	12	52	127	42	31	4	268	35	13.06
60 岁及以上	24	63	53	18	12	0	170	12	7.06
合计	52	207	351	222	313	81	1226	394	32.14

三、调查对象的月收入水平结构

在本次调查的非正式结构体育社团成员中，月收入水平为 1000～3000 元的成员，比例为 56.4%，排在第一位；排在第二位的是 3000～6000 元的成员，比例为 18.8%；值得一提的是，没有收入的成员比例为 10.4%，人数还是比较多的（表 3-3）。由于受传统观念的影响，年纪较大的农民生活来源主要以农业收入为主，除了满足基本生活外，还卖一部分粮食用来补贴家用。总体上讲，农民的经济收入水平还是比较低的，年轻的农民出来务工的逐渐增多，收入比父辈要多。

表 3-3　非正式结构体育社团成员的月收入水平与职业人数的交叉统计

月收入水平	农民人数	工人人数	教科文卫人员人数	管理人员人数	服务人员人数	个体户人数	离退休人员人数	其他人数	合计人数
无收入	14	13	1	12	22	4	0	61	127
1000 元以下	18	39	4	8	8	4	20	16	117
1000～3000 元	19	161	86	80	68	44	157	77	692
3000～6000 元	3	14	67	84	11	20	20	11	230
6000～10000 元	0	6	17	21	1	5	1	1	52
10000 元及以上	0	0	1	3	1	3	0	0	8
合计	54	233	176	208	111	80	198	166	1226

四、调查对象的职业结构

所谓职业，就是从业人员为获取主要生活来源所从事的社会工作类别。本次调查人群中的职业划分主要依据职业分类及国家职业标准。工人、服务人员和离退休人员的比例相对较大，分别为 19.0%、17.0%、16.5%；教科文卫人员的比例为 14.4%；本次调查职业的其他选项中学生群体有 151 人，主要是一些高校和中学的学生群体；本次调查没有涉及军人群体。

第二节 非正式结构体育社团成员参与体育锻炼的现状

一、非正式结构体育社团成员每天的空闲时间及安排

空闲时间是指每日 24 小时中除了工作、学习、生活、睡眠等一切必要时间之外的可由个人自由支配的时间，亦称自由时间。空闲时间是保证人们参加体育活动和实现体育消费必要的外在客观条件。非正式结构体育社团成员每天的空闲时间统计见表 3-4，空闲时间为 1～3 小时的占比 40.5%，3～5 小时的占比 29.4%，5 小时及以上的占比 20.6%，说明有 90.5%（40.5%+29.4%+20.6%）的人群有 1 小时以上的空闲时间。随着我国近年来经济的持续发展，机械化程度相对提高，这可能是人们的空闲时间相对较多的原因之一；另外，受计划生育制度的影响，每个家庭所生孩子的数量减少，这个也可能是人们的空闲时间相对较多的原因之一。空闲时间在 1 小时以下的人群只有 9.5%，并且性别差异不明显。

表 3-4 非正式结构体育社团成员每天的空闲时间统计

空闲时间	人数	百分比/%	排序
1 小时以下	117	9.5	4
1～3 小时	496	40.5	1
3～5 小时	361	29.4	2
5 小时及以上	252	20.6	3
合计	1226	100	

表 3-5 显示，非正式结构体育社团成员空闲时间的支配方式多达十几种。从非正式结构体育社团成员空闲时间支配方式（本题是多项选择题）的选择来看，多种选择的频次之和为 4038，平均选择项=总频次/n=4038/1226=3.29，即每人平均选择 3.29 项。单项平均值=总频次/项目总数=4038/13=310.62，即平均每项选择人次为 310.62。平均选择系数=单项选择频次/单项平均值，各选项的平均选择系数大于 1 的有看电视（2.21）、参加体育锻炼（2.08）、干家务（1.57）、上网（1.55）和听音乐（1.32）。说明这 5 项是非正式结构体育社团成员在空闲时间安排上具有普遍性的选择。

表 3-5 非正式结构体育社团成员每天的空闲时间安排（多选题 n=1226）

空闲安排	频次 f	占总人数百分比（f/1226×100）/%	占总频次百分比（f/4038×100）/%	平均选择系数	排序
看电视	687	56.04	17.01	2.21	1
听音乐	410	33.44	10.15	1.32	5

续表

空闲安排	频次 f	占总人数百分比 （f/1226×100）/%	占总频次百分比 （f/4038×100）/%	平均选择系数	排序
辅导孩子	215	17.54	5.32	0.69	8
学习文化	208	16.97	5.15	0.67	9
参加体育锻炼	645	52.61	15.97	2.08	2
聚友聊天	284	23.16	7.03	0.91	6
逛街购物	196	15.99	4.85	0.63	10
上网	482	39.31	11.94	1.55	4
干家务	488	39.80	12.09	1.57	3
下棋	97	7.91	2.40	0.31	12
打牌	216	17.62	5.35	0.70	7
现场观赏文体活动	99	8.08	2.45	0.32	11
其他	11	0.90	0.27	0.04	13
合计	4038		100.00		

选择看电视的比例最多，达总频次的17.01%，排在第一位。选择参加体育锻炼的有15.97%，排在第二位，说明人们对体育活动的重视程度相对较高。从选择频次占总人数（1226）的百分比来看，有一半以上（分别为56.04%、52.61%）的人在空闲时间选择了看电视和参加体育锻炼。选择干家务的频次占总频次的12.09%，排在第三位。选择上网的频次占总频次的11.94%，排在第四位，互联网的普及使空闲时间上网的人数倍增（6年前的课题调查数据显示只有4%）。选择听音乐的频次占总频次的10.15%，位居第五。第六至十位的情况如下：选择聚友聊天的占7.03%，选择打牌的占5.35%，选择辅导孩子的占5.32%，选择学习文化的占5.15%，选择逛街购物的占4.85%。空闲时间排在第十一至十三位的分别是现场观赏文体活动（2.45%）、下棋（2.40%）和其他（0.27%）。

德国普通居民参加体育活动的时间在空闲时间安排中占第二位，美国为第五位，我国非正式结构体育社团成员在空闲时间安排体育活动的比例已经赶上德国，超过了美国。近年来空气、水等的环境污染给人们的健康带来了极大的威胁，现代的生活方式使现代文明病"袭击"了很多家庭，越来越多的人已经行动起来，加入群体中来锻炼身体，以保持健康的生活状态和较高的生活质量。总体上来讲，我国非正式结构体育社团成员的精神文化生活还是很丰富的，还有一些抱有较高追求的非正式结构体育社团成员参加文化学习或做一些其他有益的活动，但比例不是很高。现在非正式结构体育社团成员在劳作之余的基本活动主要是看电视、体育健身、家务劳动、上网、听音乐等，其中看电视的比例最高。虽然看电视无伤大雅，但时间长了也会使人头晕、恶心、视力下降等，影响身体健康。如果是偶尔娱乐——下棋、玩牌无可厚非，但若沉溺于赌局，致使倾家荡产、妻离子散，则得不偿失，而且久坐桌前，神经紧张，易引起颈椎、腰椎的劳损和神经衰弱。调研时发现，在夏天，公共场所有中老年人集群打麻将、下棋、打牌的现象。非正式结构体育社团成员在节假日或者特殊日子（生日、同学会等）经常会聚在一起喝酒、聊天、打牌，寻求休闲刺激的同时也缓解一下他们在生活和工作中的压力，这些事情在非正式结构体育社团中并不少见。群体锻炼的行为本身属于一种精神文化的体验，与其对应的可替代精神文化体验相对较多，因此群体锻炼行为在广大的非正式结构体育社团成员中被选中并形成惯性实属不易。现阶段，在未参与体育锻炼的人的体育认知水平也普遍提高的情况下，运动参与者仍然会被大量的偶然性因素所左右，其运动参与的动机和行为都处于不规律的活动状态，参与或不参与、坚持或放弃往往在一念之间，公共媒介大力的宣传、政府的大力支持以及社团成员的口碑宣传才能把这些人吸纳到体育锻炼的队伍中来，提升其生活质量和健康水平。

非正式结构体育社团成员在空闲时间的安排上存在性别差异（图 3-1）。女性在"逛街购物"、"干家务"和"看电视"的选择上明显比男性多，男性明显比女性多的安排是"学习文化"和"下棋"，其他各项选择女性均多于男性，但无太大的差别。

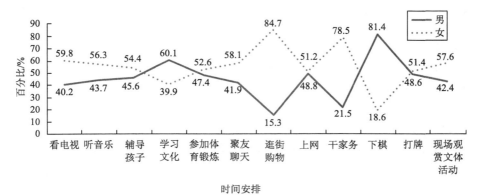

图 3-1　非正式结构体育社团成员空闲时间安排的性别差异统计

二、非正式结构体育社团成员锻炼时的人际环境

非正式结构体育社团成员在锻炼时的人际环境是多选题。如表 3-6 所示，总选择频次为 2340，平均选择项=总频次/n=2340/1226=1.91，说明成员平均每人的选择项目为 1～2 项。单项平均值=总频次/项目总数=2340/7=334.29，即平均每项选择人次为 334.29。平均选择系数=单项选择频次/单项平均值，各选项的平均选择系数大于 1 的有朋友（2.13）、家人（1.21）、邻居（1.09）和同事（1.07）。说明这 4 项是非正式结构体育社团成员锻炼伙伴具有普遍性的选择。

表 3-6　非正式结构体育社团成员的锻炼伙伴统计（多选题 *n*=1226）

锻炼伙伴	频次 *f*	占总人数百分比 (*f*/1226×100)/%	占总频次百分比 (*f*/2340×100)/%	平均选择系数	排序
家人	403	32.87	17.22	1.21	2
朋友	712	58.08	30.43	2.13	1
邻居	364	29.69	15.56	1.09	3
亲戚	148	12.07	6.32	0.44	6
同学	303	24.71	12.95	0.91	5
同事	359	29.28	15.34	1.07	4
其他	51	4.16	2.18	0.15	7
合计	2340		100.00		

排在第一位的是朋友，有 58.08%的成员是和朋友一起锻炼的。与"朋友"一起锻炼的生活方式被大多数人所接受，原因无外乎彼此间谈得来，脾气、兴趣相同或相近。心情愉快的锻炼氛围有利于提高健身和健心的效果，更有利于调动人们健身的积极性，进一步促进人际关系的和谐发展。

排在第二位的是家人，有 32.87%的成员选择和家人一起锻炼。家庭体育是广泛开展群众性体育活动的一种有效形式。选择家人可能是因为一起锻炼更加方便，也可能存在代际遗传因素，父辈的体育锻炼行为潜移默化地影响下一辈。与家人一起参与体育锻炼的生活方式能够促进家庭成员的相互了解、相互配合、相互监督，让体育成为家庭生活必不可少的一部分，做到家庭体育生活化，在提高家庭成员整体身体素质的同时，让体育运动成为和谐家庭的润滑剂，无论是锻炼形式还是内容都会使家庭中的每个成员受益，使个体在家庭中的生活质量得以提高。家庭体育能促使未成年人的运动系统、神经系统得到发展，有助于他们获得体育技能，有助于他们理解社会的规范和程序；有助于成年人获得平稳、高质量的生活和对运动需求的满足；有助于协调家庭成员之间的关系，促进家庭向幸福美满的方向发展。

排在第三、第四位的分别是邻居（29.69%）和同事（29.28%）。主要是因为居住邻近和工作上接触多，一起锻炼比较方便，也可以促进邻里关系和同事关系的和谐发展，所以人们经常会选择和邻居、同事一起参加社团的体育锻炼。

排在第五位的是同学（24.71%），和同学一起锻炼的人群多是学生，他们经常一起上课学习，课余时间结伴参加社团的体育活动，这样可以促进同学关系的和睦，使人精神愉快，学习起来效率更高。

排在第六位的是亲戚（12.07%）；排在第七位的是其他（4.16%），占的比例较小。

三、非正式结构体育社团的人数规模

图 3-2 显示了非正式结构体育社团锻炼的人数规模。其中，3～5 人规模的社

团最多，比例为 29.2%，人数少，好控制，沟通方便，容易组织活动；其次是 11～20 人的社团，比例为 22.7%；再次是 6～10 人的社团，比例为 21.5%。非正式结构体育社团的人数一般为 3～20 人，属于小群体，20 人以下的小群体比例高达 73.4%（前三者之和）。大于 20 人规模的社团属于较大的社团，21～40 人的社团比例为 15.9%，大于 40 人的大社团比例为 10.8%。大社团主要的锻炼项目为操舞类项目，如广场舞、交谊舞、民族舞、健身操等。

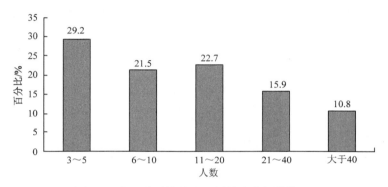

图 3-2　非正式结构体育社团的人数规模统计

四、非正式结构体育社团成立的时间

图 3-3 显示了非正式结构体育社团成立的时间情况，其中 5 年前成立的最多，占 28.2%，说明这些社团相对比较稳定。其次是 1 年前成立的，比例为 22.8%，2 年前、3 年前和 4 年前成立的分别占 18.9%、21.1% 和 8.9%，说明非正式结构体育社团的成立具有连续性，随时都有新的社团成立，有近 1/5 的社团成立才 1 年，说明集群锻炼的意识在不断增强，在经济条件宽松、时间允许的条件下，不断有非正式结构体育社团诞生。

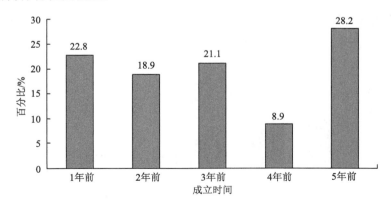

图 3-3　非正式结构体育社团成立的时间统计

五、非正式结构体育社团成员加入社团的时间

非正式结构体育社团的人员进出活动比较频繁。成员加入社团的时间统计如图 3-4 所示，加入社团 4 年及以上的占 25.2%，加入半年的占 22.5%，加入 2 年的占 22.3%，加入 1 年和 3 年的分别占 17.6%、12.4%。这组数据进一步反映了越来越多的居民意识到有组织健身的重要性，有了加入体育社团健身的迫切需求，也希望体育部门能够抓住这个契机，充分带动广大居民加入非正式结构体育社团的健身队伍中来，利用团队来规范居民的健身意愿和行为，引导居民科学地锻炼身体，进一步提高体适能，缩减医疗开支，为进一步实现现代化发展储备健康人才。

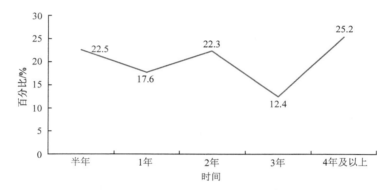

图 3-4　非正式结构体育社团成员加入社团的时间统计

六、非正式结构体育社团的组织形式

图 3-5 显示了非正式结构体育社团的组织形式，由个别人发起组织的最多，占 54.3%，其次为锻炼成员商定，占 22.0%，再次为体育协会组织，占 12.7%，排在第四、第五位的分别是街道管理处组织和公园管理处组织，占比分别为 4.1%、3.7%。非正式结构体育社团的自发性、自我组织和自我管理的特征由此可见。

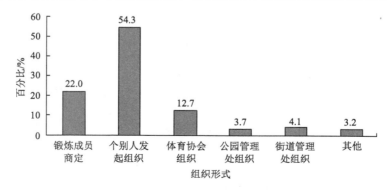

图 3-5　非正式结构体育社团的组织形式统计

七、非正式结构体育社团成员受指导情况

如图 3-6 所示，非正式结构体育社团成员在体育锻炼时无人指导的比例为 44.29%，有人指导的比例为 55.71%。非正式结构体育社团里的成员多是自愿参加锻炼的，社团的形成也是随机的或自发组织起来的，几乎没有专业的指导人员，缺乏科学的锻炼理论和实践积累，社团成员只是依据自身感觉、经验、他人意见或道听途说的健身信息来进行体育锻炼，缺乏系统性、规范性、科学性，锻炼效果不是太理想。在这些指导中，运用土法和间接经验进行体育锻炼的指导比例较大。缺乏科学、系统、规范的指导方式，使健身知识在人与人之间的传播效果不佳，也容易使锻炼群体成员产生厌倦心理和运动损伤。

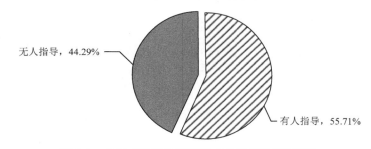

图 3-6 非正式结构体育社团成员受指导情况统计

现阶段，我国已经建立"等级社会体育指导员"的定期培训或进修制度，有相当数量的社会体育指导员虽然取得资格证书，但是很难保证他们能够胜任非正式结构体育社团的指导工作，以及经常性地指导工作。网络信息的快速发展对社会体育指导员知识和方法的传授提出了新的要求。访谈中了解到，取得社会体育指导员等级证书的大都是非正式结构体育社团领袖或积极分子，基本是以义务指导为主，有偿指导为辅，无论在数量上还是质量上都远远满足不了非正式结构体育社团指导员队伍的实际需要，这与各大、中、小学取得社会体育指导员资格的体育教师业余时间大量闲置极不协调。政府部门可以根据需要把体育干事、体育教师、退伍军人、企事业单位工会人员等以"精准帮扶"的方式配备到非正式结构体育社团中去，进行科学健身指导。另外，可以联系体育院系的学生，建立友好关系，定期让他们到各级大、中、小学校实习并指导非正式结构体育社团的体育健身活动，他们大都有一定的体育理论基础和科学的健身指导方法，如果这一群体加入，非正式结构体育社团体育指导人才的短缺现象将会大大改观。

八、非正式结构体育社团成员每周锻炼的频率

图 3-7 所示为非正式结构体育社团成员每周锻炼次数统计。选择不固定的最多，占 39.4%，很可能是受职业、空闲时间不统一等条件的影响，不好固定锻炼

次数；每周锻炼 1～2 次的占 23.4%；锻炼 5 次及以上的占 23.2%；锻炼 3～4 次的最少，比例为 13.9%。从运动生理学理论上讲，每周锻炼 3～4 次（每两次锻炼的时间间隔短于 72 小时）的锻炼效果最佳（减肥者例外）。调查结果显示：锻炼次数不固定和每周锻炼 1～2 次的比例之和为 62.8%，而两次锻炼时间之间间隔如果超过 72 小时（3 天），锻炼效果的叠加作用就会明显减弱，因此，62.8%的成员每周锻炼的次数不在最佳范围之内，锻炼效果不是很理想。

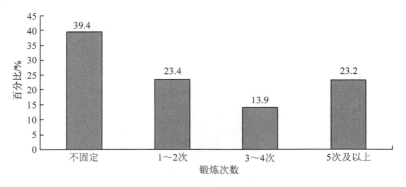

图 3-7　非正式结构体育社团成员每周锻炼次数统计

　　如图 3-8 所示，不同性别成员每周锻炼的次数差别明显，次数不固定和 5 次及以上的比例女性明显高于男性，女性的锻炼次数出现两极分化的多于男性，锻炼 1～2 次和 3～4 次的比例男性明显高于女性。说明女性在周锻炼频次上呈现的两极分化现象较男性严重，可能与女性在家庭中的作用有着密不可分的关系。每周锻炼 5 次及以上的女性可能家庭负担较轻，不需要照顾老人、孩子，工作时间相对比较固定，空闲时间比较多，能保证每周 5 次及以上的体育锻炼时间；而次数不固定的女性可能是家务劳动、辅导小孩、照顾老人等的时间较多导致的。

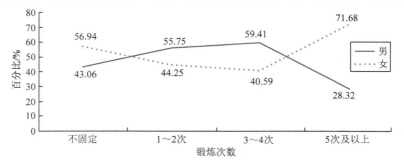

图 3-8　非正式结构体育社团成员每周锻炼次数的性别差异统计

　　如图 3-9 所示，不同年龄段成员的锻炼次数存在差异。次数不固定选项中比例相对较高的是 30～39 岁组（26.29%）和 40～49 岁组（24.84%），最低的是 19 岁及以下组（4.55%），可能是 30～49 岁正处于事业和家庭的打拼期和奋斗期，空闲时间不固定的较多；1～2 次选项中最高的是 30～39 岁组（25.09%）和 20～29 岁组（24.04%），最低的是 60 岁及以上组（6.27%）；3～4 次选项中最高的是 20～29 岁组（28.82%），最低的是 19 岁及以下组（7.06%）；5 次及以上选项中比例相对较高的是 50～59 岁组（36.01%）和 60 岁及以上组（31.82%），最低的是 19 岁及以下组（1.75%）。说明中老年人的空闲时间相对较多，锻炼时间较其他年龄组有保证，学生的学习任务较重，很难保证每周 5 次及以上的活动。

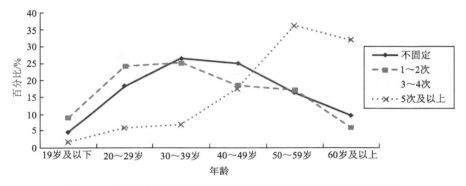

图 3-9　非正式结构体育社团成员每周锻炼次数的年龄差异统计

九、非正式结构体育社团成员每次锻炼持续的时间

如图 3-10 所示，非正式结构体育社团成员每次锻炼持续的时间为 1～2 小时的最多，比例为 32.1%；其次是 30～45 分钟，比例为 23.6%；再次是 46～59 分钟，比例为 22.5%；78.2%（32.1%+23.6%+22.5%）的社团成员锻炼时间在 30 分钟到 2 小时之间；30 分钟以下的比例为 13.4%，每次锻炼 2 小时以上的最少，比例为 8.4%。按照教育部的号召，每天宜锻炼 1 小时，如果每天有时间，还是每天锻炼 1 小时比较好。调查中有些俱乐部的活动每周 1～2 次，但是每次持续的时间较长，有的持续 2 小时，甚至有的持续 3 小时以上。如果活动时间过长，活动量控制不好，就容易出现疲劳积累和运动损伤，大大影响体育运动的持续性及锻炼效果。尤其针对中老年成员，建议每次锻炼时间控制在 1 小时以内，但减肥的例外，因为脂肪燃烧的最高点是持续运动 30 分钟，之后随着运动持续时间越长，脂肪的燃烧供能比例越高，减肥的效果越明显。如何知道自己的运动量是否合适？有两个简易的判断方法：一是运动时感觉适中，不太累，微微出汗，心率控制在［（220-年龄）×（0.6～0.8）］次/分；如果是老年人，可以用"170-年龄"来判断运动中的心率情况；二是观察运动后的吃饭和睡觉的感觉，如果吃得香、睡得着，就说明运动量适中。

如图 3-11 所示，不同性别的非正式结构体育社团成员每次锻炼的时间有差异。每次锻炼 2 小时及以下的女性高于男性，每次锻炼 2 小时以上的男性高于女性，这与男性体能相对较好，可以持续更长时间的体育锻炼有关。而且在 1～2 小时的锻炼时间上性别差异最大，比例相差 21.32%（39.34%～60.66%）。

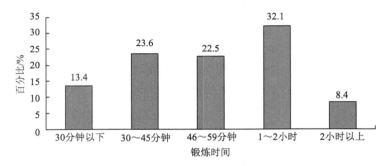

图 3-10   非正式结构体育社团成员每次锻炼持续的时间统计

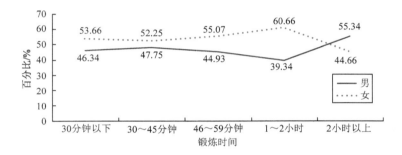

图 3-11   非正式结构体育社团成员每次锻炼时间的性别差异统计

不同年龄段成员在锻炼持续时间上的选择不同，如图 3-12 所示。锻炼时间在
30 分钟以下和 31～45 分钟的 20～49 岁的群体比例最大，这个年龄段是家庭的顶
梁柱，用于工作和家庭的时间相对较多，所以在锻炼上的时间相对较少；锻炼时
间为 46～59 分钟群体比例最大的是 20～29 岁组和 50～59 岁组，锻炼时间在 1 小
时以上的群体各年龄组的比例 50 岁以上组相对较大。总体上讲，每次锻炼持续的
时间比较符合科学锻炼理论的要求。

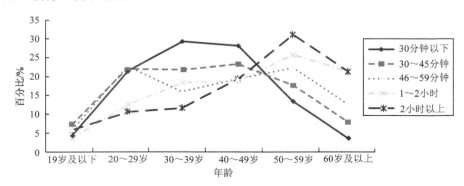

图 3-12   非正式结构体育社团成员每次锻炼时间的年龄段差异统计

十、非正式结构体育社团成员的锻炼场所

体育锻炼场所是指参与体育活动的室内外场地，一般分为自然体育锻炼场所和人造体育锻炼场所。相对而言，城市社区人造体育锻炼场所较多，广大农村地区自然体育锻炼场所较多。随着人们生活水平的提高，城市居民走向大自然进行健身的越来越多，如恩施徒步行走俱乐部多达30余支队伍，每个周末选择不同的路线徒步，行走在大自然之中，促进了群体的互帮互助。但对于比较特殊的体育项目而言，资源又非常有限，如羽毛球、篮球、足球等运动需要场馆。但从专业、卫生、科学的角度讲，人造体育锻炼场所更便于群体会聚，群体锻炼能够有效提高非正式结构体育社团成员的健身质量。

由表3-7可知，关于锻炼场所的总选择频次为1795，平均选择项=总频次/总人数=1795/1226=1.46，说明非正式结构体育社团成员的锻炼场所不是唯一的，原因如下：一是可能场地不固定，随时更换；二是可能有人参加了多个锻炼项目或者多个锻炼群体，不同项目或锻炼群体的锻炼地点不同。单项平均值=总频次/项目总数=1795/7=256.43，即平均每项选择人次为256.43。平均选择系数=单项选择人次/单项平均值，各选项的平均选择系数大于1的选项有学校（1.44）、公园（1.39）、广场（1.33）和居住小区内（1.21），说明这4项是非正式结构体育社团成员锻炼场所具有普遍性的选择。

表3-7　非正式结构体育社团成员的锻炼场所选择统计（多选题 *n*=1226）

场所	频次 *f*	占总人数的百分比 （*f*/1226×100）/%	占总频次的百分比 （*f*/1795×100）/%	平均选择系数	排序
路边	129	10.52	7.19	0.50	6
广场	340	27.73	18.94	1.33	3
公园	357	29.12	19.89	1.39	2
居住小区内	309	25.20	17.21	1.21	4
学校	368	30.02	20.50	1.44	1
健身俱乐部	226	18.43	12.59	0.88	5
其他	66	5.38	3.68	0.26	7
合计	1795		100		

从表3-7可知，非正式结构体育社团成员的锻炼场所选择最多的是学校，占比为30.02%，25.20%的成员选择在居住小区内锻炼，27.73%的成员选择在广场锻炼，29.12%的成员选择在公园锻炼，10.52%的成员选择在路边锻炼，在这些地方锻炼基本上是免费的；有18.43%的成员选择了健身俱乐部，收费的可能性极大。其他选项主要有体育场、文化中心、企事业单位场馆等，比例只有5.38%，说明居民对于花钱锻炼的行动受到其锻炼意识的影响，绝大部分居民选择了免费的公

共场所，因此，建百姓身边的公益性场地设施是解决问题的关键。非正式结构体育社团成员选择公园、广场、学校、路边和居住小区内等自然空间作为体育锻炼的主要空间，选择健身俱乐部或者其他收费的场馆作为体育锻炼场所的还是少数。《公共文化体育设施条例》规定：国家鼓励学校等事业单位内部的文化体育设施向公众开放。由表 3-7 和图 3-13 可知，非正式结构体育社团成员选择在学校锻炼的频次为 368，占总频次的 20.50%。

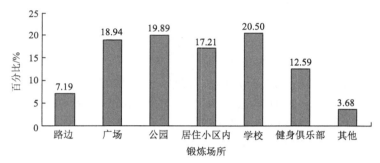

图 3-13　非正式结构体育社团成员选择锻炼场所的频次统计

学校开放体育场馆是社会发展的必然趋势，但还没有引起各级领导部门、教育部门、立法部门等的足够重视。通过对学校体育教师、主管领导、学生和居民进行访谈得知，中小学校对外开放体育场馆不顺的原因主要有以下几点。

第一，运动中的伤害事故。由于学校健身器材的利用率很高，向社会开放后的管理或维修不及时会出现伤害事故，一旦引起纠纷就会影响学校的体育教学和声誉，同时学校也怕担责任，因此不愿对社会开放。

第二，校园安全。体育场馆管理缺乏学校、街道办与居委会的有机配合，导致进出学校的社会人员冗杂，有可能给学校的日常运行带来火灾、盗窃等安全隐患，这可能是学校不敢大胆对外开放的又一原因。

第三，劳务费支出。如果学校在节假日和法定工作时间以外对社会开放体育场馆，就需要有人专门进行组织和管理，但若劳务费的支出问题得不到很好的解决，教职员工就会缺乏工作积极性，这可能是开放工作无法维系的另一实质性的原因。

第四，不文明锻炼现象。如果社区居民带宠物进校园或者锻炼者不遵守公共道德导致锻炼场所垃圾遍地，就会影响学校体育的日常教学，这也可能变成学校对外开放的"拦路虎"。

结合专家访谈和其他省份的管理经验，课题组针对中小学提出了以下几点建议。

第一，转变思想。认识到学校开放公共设施的必要性和意义，学校自身不能将开放工作视为第三产业去抓，而应该作为一项社会公共事业来办，加强学校与社会各方的协作，依靠政府，依靠家长，调动学生，形成学校、居委会、家庭之间互助互利。

第二，建立协调组织机构。建立以学校、居委会、家庭为核心的协调组织机构，不管是国家下发强制性命令，还是学校、居委会管理者插手此事，都应该统一协调。因此有必要建立学校开放的组织管理机构，进行全方位策划组织，明确各个职能部门的责任与义务，通过学校、社区、家庭三位一体的责任担当方式来解决学校体育场馆开放难的问题。

第三，建立体育场馆开放制度。充分利用非正式结构体育社团体育精英管理方式加速学校开放的进程，利用非正式结构体育社团领队、健身精英、志愿者进行自律式管理，可以通过群体内部约束来避免给学校造成麻烦，从管理上采用双向结合、三位一体（学校、居委会、锻炼群体）的管理方式为辖区学校体育场馆开放提供保障。

第四，建立志愿者服务队伍。由学校体育教师（教职工）、居委会、学校、学生家长和学生共同组成一支志愿队伍，为学校开放工作的顺利进行和持续发展打下良好的基础。

随着经济与社会的不断发展变化，人们的观念也在随之变化，以健身、娱乐、休闲、兴趣为主的业余体育活动已逐渐成为非正式结构体育社团成员追求的时尚。在全民健身活动的热潮中，通过学校体育俱乐部的形式与社会进行沟通，可以使学校、家庭和居委会有机地结合起来，进一步促进居民终身体育锻炼意识的提高，同时使在校学生在毕业后仍能够运用其在学校期间所获得的体育知识和技能进行持续锻炼，保持良好的健康状况，以最大限度地发挥学校体育的教育作用。因此，学校体育改革要以正确的体育教育理念为指导，切实发挥学校体育所应有的育人功能，成立由学校和周边辖区居委会共同管理的体育健身俱乐部，定期组织体育项目竞赛或者表演，邀请非正式结构体育社团成员和在校学生参加，聘请学校的体育教师或者有体育裁判经验的居民参与组织活动或者裁判工作，充分利用学校的场地设施和师资资源为学生和居民服务。辖区内居民有些是从学校"走出去"的"老"学生，可以再把他们"请进来"到学校参与体育活动。学校可以以大力改革体育课和课外体育活动的方式，邀请学生家长和辖区内的居民积极参与，以便家长了解学校体育活动课的情况，为体育课或课外体育活动提供有针对性的建议或意见，回家后能够更好地对子女进行体育与健康知识的教育。同时，健身俱乐部可以聘请具有健身知识、方法、技术和技能以及营养与健康方面知识的专家为学生家长、辖区内居民和在校学生进行体育讲座、辅导，达到家庭体育、社区体育与学校体育的和谐发展。

如图3-14所示，非正式结构体育社团成员锻炼场所的选择存在性别差异，女性选择在路边、广场、公园和居住小区内锻炼的多于男性，女性多倾向于免费的锻炼场所，"花钱买健康"的理念对于女性的影响还不够深刻，而选择学校、健身俱乐部和其他选项的男性多于女性，男性的体育活动场所收费的较多，锻炼场所相对更广一些，由此可以推断男性的社交范围可能比女性广。

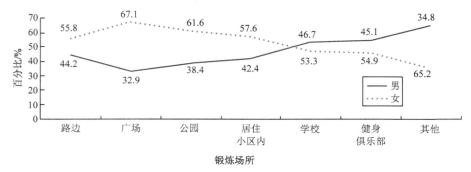

图 3-14　非正式结构体育社团成员锻炼场所的性别差异统计

要提高居民的体育消费水平，还需从提高居民的体育锻炼消费意识着手，只有这样才能进一步促进体育产业的进一步发展。在场地协调方面课题组提出以下两方面建议。

第一，有偿服务及收费标准。有关单位对本单位的体育场馆进行摸底，了解共有多少场馆、哪些场馆可以对外开放、如何进行有偿服务和管理等详细情况，主管领导亲自过问并达成一致意见。收费的具体标准可结合当地居民的经济收入状况及各单位所处的地理位置等条件进行综合考虑。收取的场地费、服务管理费可用于对体育场馆、器材进行维护、保养或添置更新器材，以及缴纳水电费或者支出管理服务人员的劳务费等。

第二，资源整合。企事业单位和中小学校的体育场所是社会体育发展的需要，非正式结构体育社团领导应积极主动地联系学校、街道办或居委会，共商三位一体的资源整合方式，共同负责场馆的管理、维修、安全、卫生等问题，使学校、单位与社区的体育资源达到有机融合。若资金到位则可以考虑新建体育场馆和设施，走出体育活动场所不足的困境。通过对部分中小学体育教师的访谈了解到，体育教师认为学校体育场地不开放的原因主要是不便管理、影响教学和安全问题，学校与非正式结构体育社团的分开管理造成人才和场地设施的巨大浪费。学校体育资源与周边非正式结构体育社团资源共享不仅可以提高体育设施的利用率，而且可以使学校体育和社区体育相衔接，达到学校、家庭和社区体育的资源相互融合，协调发展。

十一、非正式结构体育社团成员锻炼场所离家的距离

由图 3-15 可知，非正式结构体育社团成员锻炼场所离家的距离越近，人数比例越大；离家距离越远，人数比例越小。48.0%的居民选择距家 1 千米以内的场所，28.1%的居民选择距家 1～2 千米的锻炼场所，而且性别间的选择有差异

（图 3-16），选择距家 2 千米以内的女性多于男性，选择距家 2 千米以外的男性多于女性，男性选择锻炼场所的范围相对较大。数据提醒在居民居住地附近修建体育锻炼场所，可以使居民节约路上的时间，提高锻炼的实效性，吸引更多的居民参与到附近的锻炼组织中来。在调查中发现，俱乐部锻炼群体距离居住地相对远一些，如羽毛球、篮球、自行车、徒步穿越等。

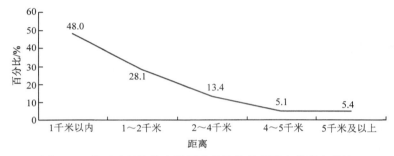

图 3-15　非正式结构体育社团成员锻炼场所距家的距离统计

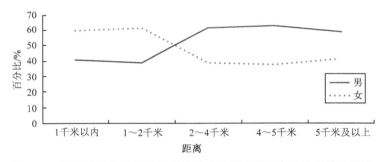

图 3-16　非正式结构体育社团成员锻炼场所距家距离的性别差异统计

如图 3-17 所示，非正式结构体育社团成员的锻炼场所离家距离具有年龄差异。在各个年龄段中，距家 5 千米以下，随着锻炼场所距家距离的增加，选择的比例有逐渐递减的趋势，离家越近比例越大，越远比例越小。随着年龄增大，1 千米以内的场所选择率从 46.2% 增加到 58.8%，总体呈波浪上升趋势；各个年龄段在距家 1~2 千米的锻炼场所中选择率范围是 24.6%~32.1%，总体呈水平趋势，变化不

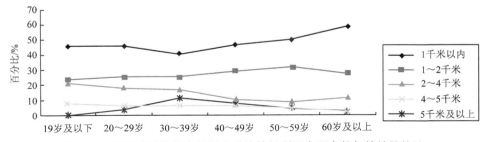

图 3-17　非正式结构体育社团成员锻炼场所距家距离的年龄差异统计

是太大；距家 2 千米以内的选择比例（1 千米以内和 1～2 千米的选择比例之和），最低的是 66.5%（30～39 岁），最高的是 85.9%（60 岁及以上），随着年龄的增长，递增趋势明显，即年龄越大，越愿意选择距家 2 千米范围内的场所锻炼，且年龄差异不明显。说明各个年龄段均愿意选择较近的场所锻炼，不愿意把时间浪费在路上。

第三节　非正式结构体育社团成员的体育认知

体育认知是人们对体育的认识过程，是体育素质的综合体现，具体表现为：体育的生物观——体育锻炼可以强身健体；体育的社会观——奥运金牌给人们带来自豪感和成就感；体育的文化观——体育文化给人们带来快乐。体育元素是多维度的，因此，个体对体育的理解、认识也各有不同。在参与体育锻炼的人群中，有的是为了健身和休闲，有的是为了人际交往和增进感情，有的是为了挑战极限和提高运动技能，也有的是为了缓解工作压力或生活压力。非正式结构体育社团的体育活动内容既可以是现代体育运动项目，也可以是传统体育运动项目，社团成员对体育锻炼的认知不同，选择项目也不同。总之，每个社团成员都可以在体育实践中找到自己认同的锻炼群体[1]。随着国家政策的倾斜和物质生活的极大丰富，老百姓精神生活的需求逐渐多元，自发成立了大量的非正式结构体育社团，说明老百姓在一定程度上认识到了体育的生物健身价值，掌握了一定的体育锻炼方法和技能，在锻炼中获得了快乐的情绪，交到了更多一起锻炼的朋友，但是并不代表他们对体育的认知很全面、很系统，跟上了时代的步伐。本课题着重从社团成员对传统体育项目和现代体育项目的认同程度以及对《全民健身计划纲要》和《体育法》的了解情况进行分析。

一、非正式结构体育社团成员对传统体育项目的认同程度

如图 3-18 所示，非正式结构体育社团成员对传统体育项目非常认同和认同的比例之和为 63.1%（19.0%+44.1%），态度一般的比例为 28.1%，不认同和非常不

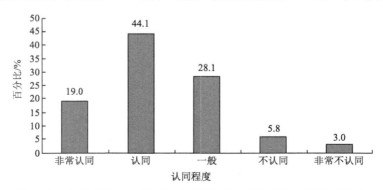

图 3-18　非正式结构体育社团成员对传统体育项目的认同程度统计

认同的比例之和为 8.8%（5.8%+3.0%），说明传统体育项目在非正式结构体育社团中的认同度比较高。

二、非正式结构体育社团成员对现代体育项目的认同程度

如图 3-19 所示，非正式结构体育社团成员对现代体育项目非常认同和认同的比例之和为 62.6%（22.2%+40.4%），态度一般的比例为 29.0%，不认同和非常不认同的比例之和为 8.5%（5.5%+3.0%）。可以看出，现代体育项目和传统体育项目在非正式结构体育社团中的认同度有着相当高的一致性，非正式结构体育社团成员对传统体育项目和现代体育项目的认同（非常认同+认同）比例都接近 2/3，说明他们不太在意体育项目的传统与否，只要能够健身即可。

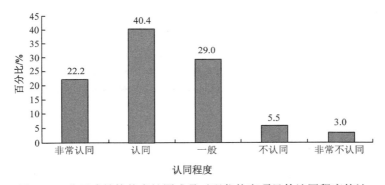

图 3-19　非正式结构体育社团成员对现代体育项目的认同程度统计

三、非正式结构体育社团成员对《全民健身计划纲要》的了解情况

新中国成立以来，党和国家通过各种政策的倾斜和支持，加强学校的体育工作，提倡全民健身活动。为了使更多的群众参与到体育活动中来，全方位地增强人民体质，进一步加快我国社会主义现代化建设事业的发展速度，1995 年 6 月 20 日，国务院发布了《全民健身计划纲要》。如图 3-20 所示，非正式结构体育社团

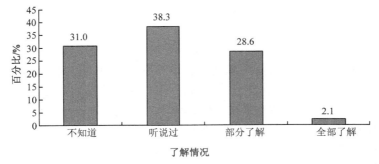

图 3-20　非正式结构体育社团成员对《全民健身计划纲要》的了解情况统计

成员对《全民健身计划纲要》的了解情况是：听说过的比例为 38.3%，部分了解的比例为 28.6%，不知道的比例为 31.0%，全部了解的比例只有 2.1%。有接近 1/3 的人不知道《全民健身计划纲要》，说明在国家体育政策的宣传上还存在很大的提升空间。如果有更多的人知道为了人民的身体健康，国家鼓励、支持全民健身，可能参加体育社团的人数会更多，人们对国家体育政策和体育锻炼的认识会更加深入。

四、非正式结构体育社团成员对《体育法》的了解情况

《体育法》由全国人大常委会于 1995 年 8 月 29 日颁布并分别于 2009 年 8 月 27 日和 2016 年 11 月 7 日进行第一次修正和第二次修正。《体育法》第三十五条规定，国家鼓励、支持体育社会团体按照其章程，组织和开展体育活动，推动体育事业的快速发展。图 3-21 显示：44.5%的社团成员不知道有《体育法》，33.0% 的社团成员听说过，部分了解的比例为 21.0%，全部了解的比例只有 1.5%。《体育法》的颁布实施说明，国家已通过法律来支持和维护体育社团的活动，可是有近一半的体育社团成员根本就不知道有《体育法》的存在，相关普及单位的后续宣传工作还远未结束。

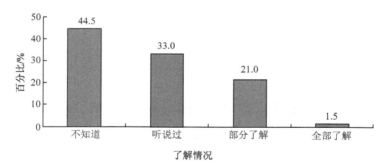

图 3-21　非正式结构体育社团成员对《体育法》的了解情况统计

第四节　非正式结构体育社团成员的主观幸福感

在文化大繁荣大发展背景下，非正式结构体育社团如雨后春笋般快速发展起来，这一典型群体是全民健身组织网络建设的重要节点，也是和谐社会发展的稳定器。良好的心理态度和积极的健身行为不仅与非正式结构体育社团成员的健身效果紧密相关，而且对其主观幸福感的影响不容忽视。Diener[2]连续 30 年对主观幸福感进行研究，认为主观幸福感立足于积极情绪和情感体验，强调主观幸福感就是人们对生活的满意和高频率的愉快，个体对生活的满意程度越高，体验到的积极情感越多，消极情感越少，则个体的主观幸福感体验越强。如果非正式结构

体育社团成员通过体育锻炼宣泄了情绪，缓解了各种压力，提高了身体健康度，从而提高了主观幸福感，社团继续维系的可能性就会提高，否则社团就会震荡，甚至解散或重组。所以非正式结构体育社团成员的主观幸福感在一定程度上影响着社团运行的稳定性。

本研究用的主观幸福感量表采用了 Diener[2]编制的主观幸福感（SWLS、PANAS-R）4 维结构题项问卷（如我是一个很快乐的人、我对现在的生活很满意、积极的情感体验等）。为了使问卷的问答方式符合非正式结构体育社团成员的想法，本书结合牛津幸福量表修订版与邢占军的中国居民主观幸福感量表的部分问话方式，设计了更符合东方文化内涵的问答方式，采用 5 等级评分，得分越高表明生活满意度越高[3]。本研究对量表的科学性进行了测量（过程略），结果显示，该量表的内部一致性系数为 0.817，组合信度系数（composite reliability，CR）为 0.720，平均方差提取量（average variance extraction，AVE）为 0.452，误差方差都大于 0，可以认为量表具有较好的信效度。下面对非正式结构体育社团 1226 名成员的主观幸福感进行描述性统计。

一、非正式结构体育社团成员主观幸福感的一般统计

（一）认为自己快乐的程度

如表 3-8 所示，非正式结构体育社团成员认为自己"快乐"的比例为 53.1%，占据首位；"一般"选项排在第二位，比例为 23.4%；排在第三位的选项是"很快乐"，比例为 18.9%；非正式结构体育社团成员认为自己"不快乐"和"很不快乐"的比例之和仅为 4.6%。这说明 72%（53.1%+18.9%）经常参加有组织锻炼的社团成员自认为是快乐的。

表 3-8　认为自己快乐的程度统计（n=1226）

选项	很不快乐	不快乐	一般	快乐	很快乐
频数	12	44	287	651	232
百分比/%	1.0	3.6	23.4	53.1	18.9
排序	5	4	2	1	3

（二）与同龄人相比自己快乐的程度

如表 3-9 所示，非正式结构体育社团成员与同龄人相比认为自己"快乐"的比例为 50.7%，占据首位；排在第二位的选项是"很快乐"，比例为 21.9%；排在第三位的选项是"一般"，比例为 21.3%；非正式结构体育社团成员和同龄人相比认为自己"不快乐"和"很不快乐"的比例之和仅为 6.1%。这说明 72.6%（50.7%+21.9%）经常参加有组织锻炼的社团成员和同龄人相比自认为是快乐的。

表 3-9　与同龄人相比自己的快乐程度统计（*n*=1226）

选项	很不快乐	不快乐	一般	快乐	很快乐
频数	11	64	261	621	269
百分比/%	0.9	5.2	21.3	50.7	21.9
排序	5	4	3	1	2

（三）描述自己热爱生活的程度

如表 3-10 所示，对于"有些人是非常快乐的，不管发生什么，他们都热爱生活。这句话和我的符合程度"这个问题，非正式结构体育社团成员认为自己"差不多"是这样的人的比例为 39.1%，占据首位；排在第二位的选项是"一般"，比例为 26.0%；排在第三位的选项是"很大程度上"，比例为 16.6%；非正式结构体育社团成员认为自己"有一点"符合和"一点也不"符合的比例之和为 18.3%（15.5%+2.8%）。这说明 55.7%（39.1%+16.6%）经常参加有组织锻炼的成员自认为是热爱生活的。

表 3-10　热爱生活的程度统计（*n*=1226）

选项	一点也不	有一点	一般	差不多	很大程度上
频数	34	190	319	479	204
百分比/%	2.8	15.5	26.0	39.1	16.6
排序	5	4	2	1	3

（四）描述自己不开心的程度

"有些人总是不开心，但他们并不沮丧。这句话和我的符合程度"是一个反向计分题目，如表 3-11 所示，非正式结构体育社团成员认为自己"一般"的比例为 31.9%，占据首位；排在第二位的选项是"有一点"，比例为 22.3%；排在第三位的选项是"一点也不"，比例为 22.0%；非正式结构体育社团成员认为"差不多"和"很大程度上"不开心的比例之和仅为 23.8%（19.2%+4.6%）。这说明有 76.2%（22.0%+22.3%+31.9%）经常参加有组织锻炼的成员自认为是开心的，与正向题第二题（与同龄人相比自己的快乐程序）的快乐比例相差不多。

表 3-11　不开心的程度统计（*n*=1226）

选项	一点也不	有一点	一般	差不多	很大程度上
频数	270	274	391	235	56
百分比/%	22.0	22.3	31.9	19.2	4.6
排序	3	2	1	4	5

二、非正式结构体育社团成员主观幸福感的交叉统计

本研究中主观幸福感量表的内部一致性系数为 0.817，符合单维度打包的条件，将 4 个问题的均值（第 4 个问题反向计分）求和后取均值作为主观幸福感的值，并利用 SPSS 20.0 软件的"重新定义不同的变量"的功能对该均值进行分段统计（2.00 以下的为不幸福，2.01~3.00 的为一般，3.01~4.00 的为幸福，4.01~5.00 的为很幸福），下面对不同性别和年龄段的非正式结构体育社团成员的主观幸福感（分段）进行交叉分析。

（一）非正式结构体育社团成员主观幸福感的性别差异

如图 3-22 所示，非正式结构体育社团成员的主观幸福感存在少许性别差异，选择"幸福"和"很幸福"的比例女性高于男性（分别相差 5.00%、2.40%），选择"一般"和"不幸福"的比例男性高于女性（分别相差 7.00%、0.40%）。可能的原因是传统观念认为男性是家庭的顶梁柱，家庭责任、社会责任等相对女性更大，压力更大，所以主观幸福感程度上略低于女性。

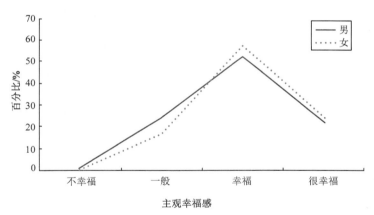

图 3-22　非正式结构体育社团成员主观幸福感的性别差异统计

（二）非正式结构体育社团成员主观幸福感的年龄差异

如图 3-23 所示，非正式结构体育社团成员的主观幸福感存在年龄段的差异。但是，从"幸福"的选择比例上看，各个年龄段都是比例最高的。

19 岁及以下的社团成员选择"幸福"和"很幸福"的比例之和为 63.10%（47.70%+15.40%），选择"一般"和"不幸福"的比例之和为 36.90%（33.80%+3.10%）。这个年龄段的人主要是学生，绝大部分还没有参加工作，没有进入社会，主要是在学校，主要任务是学习，因此幸福感良好的居多。

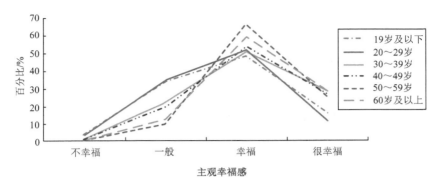

图 3-23　非正式结构体育社团成员主观幸福感的年龄差异统计

20~29 岁的社团成员选择"幸福"和"很幸福"的比例之和为 62.80%（51.10%+11.70%），选择"一般"和"不幸福"的比例之和为 37.20%（34.50%+2.70%）。可能的原因是这个年龄段的群体大都在学生阶段或者刚刚参加工作，抑或刚刚成家，各种工作、生活、家庭、朋友都有待去适应，"三观"还有待在工作、学习和生活中逐渐稳定，对人生还没有完全认识清楚，因此幸福感不是人生中最高的。

30~39 岁的社团成员选择"幸福"和"很幸福"的比例之和为 78.20%（50.20%+28.00%），选择"一般"和"不幸福"的比例之和为 21.70%（21.30%+0.40%）。30~39 岁的人健康状况良好，工作、生活等大都步入了正轨，生活相对比较稳定，尤其是工作上可能在单位是顶梁柱，在实现人生价值中有了一定的体验，因此幸福感明显高于低年龄段。

40~49 岁的社团成员选择"幸福"和"很幸福"的比例之和为 79.70%（53.30%+26.40%），选择"一般"和"不幸福"的比例之和为 20.30%（19.50%+0.80%）。40~49 岁的群体其健康状况可以说是从人生中的巅峰阶段开始走下坡路了，更认识到在组织中健身的重要性，更加珍惜非正式结构体育社团。40~49 岁的年龄群体不管是工作、生活、朋友等都在上一个年龄段的基础上有所积累，生活相对比较稳定，尤其是工作上可能在单位是顶梁柱，在实现人生价值中有了大量的体验，因此幸福感明显高于低年龄段。

50~59 岁的社团成员选择"幸福"和"很幸福"的比例之和为 90.00%（65.70%+24.30%），选择"一般"和"不幸福"的比例之和为 10.10%（10.10%+0.00%）。50~59 岁的群体在很多方面都有自己的认识和看法，是一个经历非常丰富的群体，身体健康状况还可以，在健身组织里往往起到带头的作用，更认识到在组织中健身的重要性，更加珍惜非正式结构体育社团。所以他们的幸福感是所有年龄段里最高的。

60 岁及以上的社团成员选择"幸福"和"很幸福"的比例之和为 87.60%（58.80%+28.80%），选择"一般"和"不幸福"的比例之和为 12.40%（12.40%+0.00%）。60 岁以上的群体大都退居二线，主要以养老为主，健康状况多多少少都有些问题，但是他们常年在健身组织中进行锻炼、交友，因此比其他人更加健康幸福。他们主要是享受老年生活，什么都看开了，最看重健康、快乐。他们在非正式结构体育社团里是铁杆成员，几乎天天到，风雨无阻。除了自己具有亲属关系的家庭以外，社团可以说是他们的第二个"家庭"。

不同年龄段的非正式结构体育社团成员的主观幸福感有差异，在20～59岁各群体中，随着年龄的增长，"幸福"和"很幸福"的选择比例呈现逐渐递增的趋势。其中，幸福感最低的是20～29岁群体，他们还没有成型、没有定性，处于奋斗开始阶段，但是他们选择"幸福"和"很幸福"的比例之和也有62.80%；幸福感最高的是50～59岁群体，他们处于人生奋斗即将结束阶段，选择"幸福"和"很幸福"的比例之和高达90.00%。在现实生活中，中老年人的体育活动更加规律和频繁，在家庭和工作单位之外，很多中老年人把非正式结构体育社团看得很重要，每天都会想着锻炼这件事。看来在非正式结构体育社团中锻炼的中老年人的幸福感是非常高的，希望能够有更多的居民加入非正式结构体育社团中来，希望相关部门能够支持周边的非正式结构体育社团，让更多的居民在这样的社团中变得更加幸福、健康和快乐。

本章对非正式结构体育社团的锻炼频次、场所、时间、受指导情况、体育认知、成员的主观幸福感等方面进行了现状评析，揭示了非正式结构体育社团存在的群体组织外在特征，评析了群体组织的外在表现因素，描述了非正式结构体育社团成员的主观幸福感现状。大量事实证明，内在因素往往是一个群体组织良好运行的关键因素，而决定一个群体组织发展的内在因素往往是其成员的心理资本、群体凝聚力、主观幸福感等。下一章将以问卷调查数据为依据探索非正式结构体育社团成员的心理资本构成，以及心理资本与主观幸福感、群体凝聚力的关系，为进一步探讨非正式结构体育社团的运行机制、引导策略及发展模式提供事实依据。

参 考 文 献

[1] 罗时铭. 从生物体育到文化体育：当代中国人体育认知发展变化研究[J]. 体育文化导刊，2006（11）：26.

[2] DIENER E. Subjective well-being: The science of happiness and a proposal for a national index[J]. American Psychologist, 2000, 55(1): 34-43.

[3] PAVOT W, DIENER E. Review of the satisfaction with life scale[J]. Psychological Assessment, 1993, 5: 164-172.

第四章　非正式结构体育社团成员的心理资本

非正式结构体育社团形成的驱动力在哪里？驱动力是否与群体成员所拥有的心理资本有关？非正式结构体育社团成员心理资本对其主观幸福感有何影响？非正式结构体育社团成员心理资本与群体凝聚力的关系怎样？本章从理论视角切入，以非正式结构体育社团成员心理资本量表研发为基础，分析非正式结构体育社团成员的心理资本结构特征，进一步探讨非正式结构体育社团心理资本各个维度与主观幸福感、群体凝聚力之间的关系，阐释非正式结构体育社团形成的内在因素。

第一节　非正式结构体育社团成员心理资本的构成

美国学者 Luthans 等[1]认为组织成员的个体心理特征是一种具有积极导向的、可有效测量的、可开发的心理资本，它有利于提升组织的凝聚力、执行力、领导力，进而提高组织绩效，并且能对生活、工作、家庭等起到良好的调节作用。非正式结构体育社团是自发的、松散的、无正式组织和正式制度约束的体育组织[2]，也是一种具有领袖特征、归属感、成就感和乐群效应的心理群体[3]。因此，对非正式结构体育社团成员心理资本的维度构成进行测量，并有针对性地进行干预和引导，将有助于体育组织的健康可持续发展，加速全民健身组织的发展进程。

一、心理资本理论的研究进展与基本假设

（一）国外心理资本研究进展

心理资本在社会学、经济学领域运用得较早。Goldsmith 等[4]认为心理资本是指个体的个性心理特征、自尊感等。在积极心理学运动影响下，Seligman[5]提出个体积极行为的心理要素要并入心理资本范畴，这一介入性观点引发了关于心理资本维度的诸多探讨。例如，Letcher[6]认为心理资本包括 5 个维度，即责任感、稳定性、宜人性、开放性与外向性，Page 和 Bonohue[7]的积极心理资本量表包括自我效能、希望、复原力、乐观、自信、诚信 6 个维度，Jensen 和 Luthans[8]的心理资本状态量表包括希望、乐观、复原力 3 个维度，等等。Luthans 等[9-10]延续了 Seligman 的观点，以积极组织行为学[11]和积极心理学[12]为基础，提出积极的心理资本[9]以人的积极心理力量为核心概念，即心理资本是能被有效测量、被有效开发、被有效管理与提升的积极心理力量，并能够产生高绩效的状态类积极心理特

征。虽然 Luthans 等的这一概念也存在争议，但他们一直不断地进行研究，并且采用了大量的样本进行验证。Luthans、Youssef 和 Avolio 对心理资本的概念进行了修订，补充了内涵，认为心理资本是个体积极心理状态的一种表现，主要体现在成长和发展的过程中，包括 4 个维度：①群体承担各类任务或目标时有信心获得成功，即自我效能感（自信）；②对现在和未来的成功有积极的想法，归整积极心理成功的原因，即乐观；③坚持方向或目标，适时地选择合适的途径来获得成功或胜利，即希望；④被问题困扰或身处逆境时能够坚持不懈，如同体育技能提高一样达到"超量恢复"的状态，即韧性[13]。Luthans 和 Youssef 认为心理资本的 4 个维度都符合个体心理状态的基本条件，也都符合积极心理学、积极组织行为学的要求与标准，他们还对我国企业员工的心理资本构成进行了验证，得出了与国外相关研究成果同样的结论。鉴于 Luthans 等对心理资本概念的界定被国内外大多数研究者所接受并广泛运用，所以本研究以 Luthans 等对心理资本的概念解析为理论基础，来研究非正式结构体育社团成员心理资本的构成维度。

（二）国内心理资本研究进展

随着物质资本、人力资本、社会资本被广泛地开发并运用到绩效管理之中，心理资本的测量与开发也逐渐成熟起来，国内学者通过大量的样本测量与开发，取得了可喜的成果。国内关于心理资本测量的研究可分为 3 种类型。一是直接使用国外学者开发的量表，如仲理峰[14]使用了心理资本问卷（PCQ-24），对中国企业员工进行实证调查。二是修订国外成熟的量表，如温磊等[15]以蒙牛集团的员工为研究对象，修订了心理资本问卷（PCQ-24）条目和结构，结果显示 4 个维度的模型数据比 1 个维度的模型数据拟合得更好；惠青山[16]以 1574 名中国职工为研究对象，运用探索性与验证性因素分析、结构方程、层次回归等方法分析数据，得出中国职工心理资本包括冷静、希望、乐观、自信 4 个维度。另外，田喜洲[17]和谢晋宇[18]同样证实了 4 个维度的本土化心理资本量表，蒋苏芹[19]、张文[20]、李敏[21]等在硕士论文中所用的心理资本维度基本是在心理资本问卷（PCQ-24）基础上的研究。三是制定本土心理资本量表，如柯江林等[22]认为心理资本量表包括 2 个维度，即事务型心理资本和人际型心理资本，每个维度都有 4 个二阶因子，在此基础上开发了短版量表；在后续研究中，高英[23]验证了柯江林的二阶因子 8 因素量表。国内学者从各自角度验证和开发了本土化的心理资本量表，但已有心理资本量表是以企业员工为研究对象得出的，在自发性的非正式结构体育社团中是否有效是一个值得探讨的内容。

在体育心理资本研究方面，杨钊[24]定性分析了高校体育教学可以有效地培养大学生的意志品质、乐观与积极的心理状态；王加新[25]针对运动员提出了影响其心理资本的主效应、动态效应模型和开发运动员心理资本的对策；杨剑等[26]以大学生为例的研究表明大学生心理资本问卷（PCQ-24）对体育锻炼与人格发展起重要作用；魏德样[27]编制了中学体育教师心理资本量表，揭示了中学体育教师心理资本的二阶因子（事务型与人际型）8 个维度，这一结论与柯江林等关于企业职工心理资本研究的构成维度相似。

国内外学者对以企业员工、研发团队、创新团队、体育教师、大学生、运动员等为调研对象的心理资本量表进行了验证，开发了具有本土化特色的各类心理资本量表，这些研究维度与研究结构为深入理解心理资本的概念和开发非正式结构体育社团成员心理资本的测量工具奠定了理论和实践基础。不同群体的心理结构和心理活动是有所不同的，非正式结构体育社团是自发性群体，其"领袖"类型、群体规模、群体目标、管理制度等与正式组织有较大的差别，其成员积极心理资本构成可能会呈现出不同的维度。目前有关非正式结构体育社团成员心理资本量表的开发研究尚未发现。非正式结构体育社团成员心理资本的构成维度如何？其心理资本的构成维度是否能够反映锻炼群体的心理行为？针对这些问题，课题组进行了下面的研究。

（三）基本假设

在兴趣爱好基本相同的基础上成立起来的非正式结构体育社团，其成员的心理资本符合积极组织行为学（positive organizational behavior，POB）标准（理论基础、可测量、可开发、状态类特征）[1]。他们拥有明确的健身目的，成员之间互动多，群体关系密切，都希望自己的群体发展壮大，以便从中获取更多的健身需求、心理安慰和社会上的资源。非正式结构体育社团的存在合情合理，却不具有合法性，但是这一现实的锻炼群体，其组织成员的心理状态符合 Luthans 等关于组织心理资本的各种特征。因此，在前人研究成果基础上，结合非正式结构体育社团成员呈现的积极心理状态，本书提出了非正式结构体育社团成员心理资本的 5 个维度：自信、乐观、希望、感恩、宽容。

假设 1：自信是非正式结构体育社团成员心理资本的重要维度。

心理资本理论认为自信是当群体成员拥有成功的心态时，能够承担具有挑战性的任务，有信心并能付出必要的努力来获得成功。非正式结构体育社团成员在锻炼时经常会有一些表演或比赛的活动，为了能够参加这些具有挑战性的表演或比赛活动，群体"精英"或群体"领袖"会从锻炼时间、锻炼地点、动作教授、队形演练等方面做出安排。社团成员经常进行信心十足的排练并互相鼓励，以便更好地完成表演或比赛，通过体育表演或比赛获得成功进而提升自信感。

假设 2：乐观是非正式结构体育社团成员心理资本的重要维度。

心理资本理论认为乐观是对现在和未来的成功有积极的归因，在完善自我过程中，表现出极大的热情和较稳定的情绪状态。非正式结构体育社团是一个以体育项目为基础而集聚在一起的锻炼群体，其成员在技能学习过程中充满了欢乐与友谊，常常得到同伴手把手的帮助与指点，受到同伴的表扬是常有的事情，并且感觉自己与群体外的人相比是优秀的，这种轻松和谐的氛围使自己处于乐观状态。

假设3：希望是非正式结构体育社团成员心理资本的重要维度。

心理资本理论认为希望是对坚持的目标进行不懈的努力，并且选择合适的途径来获得成功，对群体的未来发展充满信心。非正式结构体育社团成员同样对群体的发展充满信心，希望从群体中获得成就感、归属感，希望组织发展壮大，还希望组织能够被社会认可，并能为了群体的发展而努力。在访谈中这种现象普遍存在，如"我们的目标是……""我们队准备加入……协会"等。

假设4：感恩是非正式结构体育社团成员心理资本的重要维度。

Luthans等关于心理资本的研究认为，感恩可能是更高层次的维度，Luthans等[13]的研究试图考虑感恩维度。柯江林等研制本土化心理资本的量表后认为感恩是群体组织的重要维度，与中华民族几千年的文化影响有关。在中国的传统文化背景下，"滴水之恩当涌泉相报""有恩不报非君子"等传统美德同样渗透在群体交往之中。非正式结构体育社团不仅是一个锻炼群体，而且是一个互助群体，彼此之间在技术提高上相互帮助，情感氛围浓厚，"知恩图报"等感恩行为是非正式结构体育社团成员之间的普遍现象。

假设5：宽容是非正式结构体育社团成员心理资本的重要维度。

Luthans等认为宽容是处理躯体消极方面的一种积极方法。通过彼此之间的宽容行为，达到彼此和谐共处的目的。柯江林等的本土化研究成果同样认为宽容的个体遇到不同风格的群体成员都能适应，是群体心理资本的重要维度。宽容是中华民族的美德。受中国传统儒家文化的影响，"得饶人处且饶人"的美德同样体现在非正式结构体育社团成员的心理状态中，他们即使性格差别很大，也能够在一起互动交流，因为目的是一起锻炼。这种宽容的心态使锻炼群体人际关系和谐，处于一种相对良好的状态。

二、非正式结构体育社团成员心理资本量表的开发过程

鉴于影响群体成员心理资本因素的复杂性，课题组以Luthans等的原版心理资本问卷（PCQ-24）为基础，参考国内外已有的量表，编制本土化的非正式结构体育社团成员心理资本量表，为迅速发展中的非正式结构体育社团成员心理资本提供一个有效、可靠的测量工具。

（一）非正式结构体育社团成员心理资本量表条目的编写

本研究"根据理论需要与实际需要，按照程序研制量表"[28]。同样，"没有理论的指导，就不可能对研究材料做出正确的分析，不可能形成正确的结论"[29]。理论研究和梳理有助于概念的清晰化[30]，因此在编制量表维度时，首先考虑的是相关成熟学科的理论研究范式。

1. 搜集整理现有理论文献中的条目

以研究者都普遍认同的心理资本问卷（PCQ-24）（自我效能感、乐观、希望和韧性 4 个维度）作为本研究中量表条目的主要参考，该量表中的部分内容同样适用于体育运动组织，根据这些内容重新构建了非正式结构体育社团成员心理资本的条目。构建的原则如下：①对相关理论文献的条目进行归纳或直接吸纳为已有条目，用于更新或修补已有的理论框架，得到潜在变量的实际内涵，确定条目；②保持高度的理论敏感性，利用理论分析构建条目，无论是研究假设还是实证与分析阶段，研究者都应对自己依托的相关理论保持高度警觉；③不断比较不同的理论观点并产生互动，比较其思路并在资料、理论以及研究途径之间寻找平衡和突破，这种资料搜集方式贯穿于研究的全过程[31]，使获得的条目适合于体育锻炼群体的心理行为特征和语言陈述方式，并且不"丢失"该条目的理论内涵。

2. 心理资本量表的新条目补充

本研究通过理论研究与质的研究相结合的方法设计量表，采用访谈（个访和组访）、开放式问卷的途径收集心理资本量表的陈述句，以便使量表的结构和内容具有科学性和合理性。

（1）个访

个访对象有 24 人，均为非正式结构体育社团领袖或骨干（参与群体锻炼 3 年以上），并整体平衡了性别、年龄、职业、活动场所等特征，受访者男性占 46%，女性占 54%。

质的研究方法为课题组成员深入了解非正式结构体育社团的发展提供了可能。由于个案研究的多次深入，课题组成员已经与非正式结构体育社团成员建立了一种朋友式的关系，使深度访谈成为可能。为了避免群体矛盾或群体敏感，课题组成员采取了小范围或者单独约谈的形式，邀请一部分社团成员以喝茶、吃饭的形式在相对愉快的环境下进行 1 小时至 2 小时的非结构式访谈，访谈调查的主要内容包括参加群体锻炼的生涯回忆和评价、群体锻炼的心理感受、锻炼群体的运转情况、对锻炼群体的发展和希望等；访谈另一部分社团成员的形式是电话采访、网聊，均属于朋友式的个访，他们带着主观色彩讲述群体锻炼事件，能让课题组成员深入理解被访者个人与群体间的关系。此外，在长期跟踪锻炼群体的过程中，社团成员随口说出的一些只言片语也成为课题组成员关注的内容。因为在放松状态下的随口话语也能够代表他们最真实的想法，甚至包括他们说话时的形体语言也被记录下来。这些有声语言和形体语言往往能够帮助证实和证伪一些在个访、组访中获得的观点。

课题组成员通过多种访谈的方式了解到受访者的所思、所想、所为，包括他们的锻炼价值观、锻炼中的亲身感受和行为规范、受访者过去的健身经历、典型的事件等。在访谈中获取了他们对锻炼群体事件的主观解释，以及多人对同一健身事件的细致描述，可以从多视角对锻炼群体事件的过程进行比较深入的了解，并针对相关问题进行追问，以获取受访者的心理变化过程。

（2）组访

首先，对恩施州来凤县政府广场中的 28 位锻炼成员进行了组访。选择他们作为访谈对象的原因有三个。一是课题组的研究团队中一名同事的亲戚是政府广场锻炼群体的主要成员，可以以一种朋友式的关系介入，消除锻炼成员的戒备心理。二是所调查的团队已经成立十余年，是一个相对稳定、成熟的非正式结构体育社团，名气较大，接受采访与访谈、上省内外电视台录制节目以及参加大型的展览和演出是"家常便饭"。三是笔者就读过体操专业，对于操舞类项目比较熟悉，也曾经有过传授非正式结构体育社团舞蹈的经历，对该类群体组织有过深入的研究，在介入群体的技巧与方法（从关注、交流、参与、融入、传授到成功组访，前后共计 15 天）上非常娴熟，很快就能融入群体中。由于短暂的"师生"关系，在组访过程中，双方能始终保持信任关系和良好氛围，因而可以获得受访者真实的想法和观点。

其次，亲临现场观看非正式结构体育社团的排练和表演，在这一过程中接触到锻炼成员，使课题组成员对调查对象的背景有了更多了解，使得锻炼成员的现实生活世界更直接、更充分地"暴露"在调查者的视野中，加强了对被调查者的感性认识[32]。组访结束后，课题组给每个人赠送了带有紫外线测试功能的手机挂链和一张光盘（节目排练录像，回到住地一个月后寄出），以示感谢和纪念。课题组准备了一个粗线条的"访谈提纲"，选择了半开放型（半结构型）访谈方式，除了事先拟定的题目外，谈话中鼓励受访者自由发挥，并且根据具体情况，对访谈的内容和进程进行调整。

最后，进行专家访谈。邀请 4 位组织行为学方面的学者、博士进行访谈，主题为全民健身背景下体育锻炼群体心理资本的构成维度与群体锻炼行为特征，时间合计约 4 小时。

（3）开放式问卷调查

调查对象是湖北省恩施州恩施市土桥坝摆手舞队、交谊舞队以及风雨桥太极拳锻炼群体，调查对象偏向普通锻炼成员，尽量与健身领袖和骨干成员的访谈形成互补。共发放问卷 100 份，收回 89 份。收集到的有效样本的答案符合心理资本内涵的行为事件内容。

3. 心理资本量表条目的整理与归类

与前人研究方式相同，非正式结构体育社团成员心理资本量表的开发条目也必须达到 4 个基本条件：一是普遍性，条目适合不同规模和不同区域的自发性体育活动组织；二是可区分性，每一个条目都是唯一的、适合的，可以很清晰地划分类别；三是可读性，每个条目都是通俗易懂的；四是非冗余性，每个条目不可被其他条目替代。检验与梳理整个研究过程，保证条目设计和问卷设计的研究效度，同时问卷的长度控制在被调查者能够在 20 分钟内完成。

（1）心理资本相关陈述句的整理

第一步，将原始的访谈记录输入计算机。将录音、访谈、问卷资料转化成 Word 文档，以陈述句为分析单元进行分类编码。课题组成员依靠专业直觉和经验，在访谈与问卷调查中寻找关键的概念并进行归类，筛选研究中不重要或者"跑题"的信息，共得到初始陈述句 453 个。

第二步，以直观判断为主对陈述句进行分类，内涵延伸不予考虑，结合所收集的文献资料，以研究主题分类方法（构建非正式结构体育社团心理资本主题概念假设：自信、乐观、希望、感恩、宽容），对初始陈述句进行整理，删除与心理资本含义明显不符的条目，然后对剩下的陈述句再次进行归类合并，归类的要求是所有陈述句都是围绕群体心理资本维度展开的，并且条目有明确的不重复含义。另外，访谈中获取或提炼出的条目必须有相关的非正式结构体育社团群体行为或者与群体发展的历史事件描述相对应，尽可能做到事件描述不包括两个以上的含义，即同一描述具备单一性。因此，课题组对每一个描述均做出充分的思考和讨论，并判断受访者描述的含义是否单一。对含义不单一的描述，课题组讨论后根据原来的描述进行微调。经过上述甄别，共获得含义单一的描述 196 个，重复描述 32 个，去掉重复描述后剩余 164 个。

第三步，采用归类、属性分析的方法将个访、组访记录与问卷调查结果进行整理和分析。构建概念丛，对属性相同的条目进行归纳，并给予概念上的命名，严格按照问卷条目整理要求中的可区分性、非冗余性标准，再一次把描述内涵或意义相近的陈述句进行合并，共得到心理资本问卷初始条目 75 个，其中反向描述条目 19 个，正向描述条目 56 个，最终形成非正式结构体育社团心理资本量表的条目库。

第四步，课题组（共 5 人，其中 2 位教授）邀请了 2 位硕士研究生导师和 1 位博士研究生导师、1 位体育学博士研究生、3 位体育学硕士研究生和 1 位管理学博士研究生组成了一个讨论小组（共 13 人）。课题组成员前期积累了关于群体心理资本的理论常识，每个成员均有较好的相关学科理论基础，讨论前已经多次进行小范围的心理资本维度问题沟通，知道 75 个初始条目的来源，并对这一领域的研究提出了不同的看法；讨论小组又使不同观点继续融合，要求所有条目必须反映心理资本主题。经过几轮反复斟酌、磋商，最终达成一致，将所有条目分别归入相互独立的类别中去，并总结归纳出有关心理资本的条目 67 个。

第五步，为了检验和甄别上述归类范畴的从属范围，课题组请语言文学方面的专家对相近陈述句进行归类，即先让专家知道各维度类别及其操作性概念，然后将条目放入所属类别中，再一次请专家对准备使用的观测变量进行整理，继续对陈述句进行主题维度的合并以形成概念的维度类别，最后得到符合条目整理要求的陈述句 67 个。

（2）心理资本条目的归类

经过讨论，从 67 个条目中归纳出非正式结构体育社团心理资本构念维度，即自信、乐观、希望、感恩、宽容。前 3 个维度与西方心理资本构念基本相似，感恩、宽容 2 个维度具有本土特色，在柯江林等[22]、高英[23]、魏德样[27]的心理资本本土研究中，也形成感恩奉献与包容宽恕 2 个维度。除了假设的 5 个维度（自信、乐观、希望、感恩、宽容）符合 POB 标准以外，可能存在一些其他心理资本维度。上述类别是在理论基础上归纳形成的心理资本维度（表 4-1），实际结构尚需数据的检验，以达到理论逻辑和内容效度的有效性。

表 4-1 非正式结构体育社团成员心理资本构念典型陈述句收集结果及归类

维度	频次	定义	各维度典型陈述句
自信	56	认为自己在组织中有很强的胜任力；在承担具有挑战性任务时能够通过必要的努力设法解决，相信自己的能力，拥有自信或自我效能感	在锻炼群体遇到困难时，我会设法解决； 当锻炼群体遇到问题时，我勇于提出自己的见解； 我希望承担有挑战性的任务； 我相信自己的锻炼能力会越来越强； 我能对目前的群体锻炼保持热情； ……
乐观	86	对现在和将来抱有乐观和肯定的态度，期待组织得到认可与发展；在完善自我过程中，有乐观的心情，表现出积极的热情和较稳定的情绪状态，对现在或将来的成功充满信心，并有积极的想法（仲理峰）	同伴对我在群体锻炼中的评价比较高； 和同伴相比，我感觉自己比较优秀； 我的锻炼群体经常受到表扬； 群体锻炼能够让我获得一种成就感； ……
希望	67	对群体目标抱有坚持不懈的态度，为了取得成功采用各种有效途径；充满希望，一直坚持目标，在必要时重新选择途径来获得胜利	我希望熟人也能与我一起参加群体锻炼； 我非常喜欢和他们一起锻炼； 我觉得自己的锻炼群体很有前途； 我能想方设法实现自己的锻炼目标； ……
感恩	58	对曾经帮助过自己的朋友或同事给予回报，并且愿意奉献自己的技能或才华	我很感激现在的锻炼群体给予我的帮助； 我会时常想起在群体中帮助过自己的人； 我觉得自己要为群体组织排忧解难； 我很乐意把自己的朋友介绍到锻炼群体中来； ……
宽容	45	对待身边的朋友、同事的行为包容性很强，宽以待人；团队合作互补达成目标，属于更高层次的维度	我与不同性格的人都能成为好朋友； 与自己性格反差很大的人，我也能合得来； 当别人说自己的闲话时，我会一笑而过； 我对待我所在锻炼群体中的朋友慷慨大方； 我对目前的锻炼群体相当满意； ……

（二）初始量表的检验

课题量表编制采用常用的利克特量表计分方法，分别从"非常同意"到"非常不同意"进行计分，计分标准是："非常同意"计 5 分、"同意"计 4 分、"一般"计 3 分、"不同意"计 2 分、"非常不同意"计 1 分。分别由 8 位体育管理学、体育社会学、运动心理学、语言文学方面的专家对心理资本量表的理论构成和量表条目的语言表述进行内容效度的检验，专家对每个条目的认同级别均在 4 分以上，8 位专家一致同意此量表的理论构成。肯德尔和谐系数为 0.910，专家效度评定具有较高的一致性。

初始检验中印制量表 380 份，由体育学院 5 名教师与部分学生针对非正式结构体育社团成员发放问卷，收回 371 份，有效问卷 357 份。采用 SPSS 20.0 软件对 357 份有效问卷建立数据库，并对数据资料进行建档、录入、整理与分析。

首先，进行通俗性检验（$P = \bar{x}/W$，分子 $\bar{x}$ 是条目的平均得分，分母 W 是条目的最高可能得分），目的是尽量防止条目出现"地板和天花板现象"[33]，计算结果是 67 个条目的得分介于 0.511 至 0.935 之间，6 个条目的得分大于 0.9，并且这 6 个条目绝大部分被试得分出现在高分端，这表明条目描述的内容过于普遍，予以删除，最后获得剩余的 61 个条目。

其次，求条目的总相关系数。对两个反向计分题做反向计分，分别计算 61 个条目与量表总分间的相关系数，删除相关系数小于 0.3 和大于 0.8 的条目[34]，小于 0.3 说明鉴别力较低，大于 0.8 在意义上代表了相近的意思，按照简约原则，共有 8 个条目被删除或者合并，剩余 53 个条目。

再次，进行高、低分组的两独立样本 t 检验。对 53 个条目的总分进行计算、排序，高、低分组前后各为 27% 的样本分别为高分组、低分组，并对其进行两独立样本 t 检验。经过区分度分析，除 3 个条目外，其余 50 个条目区分度十分明显，组合信度系数 CR 介于 2.280 至 10.131 之间（$P<0.01$ 或者 $P<0.001$），予以保留。

最后，对 50 个条目进行探索性因子分析。用特征值大于 1、主成分分析、斜交旋转[35]（鉴于各因子间相关）的方法进行因子分析，将因子载荷与公因子方差小于 0.4 的条目予以删除[36]，直到所有因子在条目中的载荷大于 0.4 为止。每次只删除 1 个条目，经过多轮分析，最后 50 个条目只保留了 35 个。最后一轮的结果显示：KMO 系数为 0.662，Bartlett 球形检验（Bartlett sphericity test）结果为 $\chi^2=1336.67$，$P=0.000$（小于 0.001），说明条目之间存在关系，相关矩阵间存在共同因子，适合进行因子分析[37]。因本次调查的样本含量有限，为了进一步提高量表的信效度，进行了量表（第二版，35 个条目）大样本的调查。

（三）非正式结构体育社团成员的心理资本量表（第二版）测试

将第二版量表（35 个条目）施测于 1500 名非正式结构体育社团的成员，共发放调查问卷 1500 份,收回问卷 1316 份,其中有效问卷为 1226 份。采用 SPSS 20.0 软件对数据进行数理统计和分析。

1. 效度检验——探索性因子分析

按照上述小样本检查中相同的方法对问卷编号为 1~610 号中的 35 个条目进行结构效度检验。检验结果表明:KMO 系数为 0.911,Bartlett 球形检验结果为 $\chi^2 = 5013.784$,$P = 0.000$(小于 0.001),假设被拒绝,母群体的相关矩阵间具有共性,适合进行因子分析。按照主成分的方法,以特征值大于 1 为标准提取因子,因因子间相关具有显著性,故采用斜交旋转,经过多轮分析,把公因子方差和因子载荷小于 0.4 的 14 个条目删除,剩余 21 个条目,提取 5 个因子,且载荷均大于 0.5,累积解释变异量为 61.097%,斜交旋转迭代 5 次后进行因子命名:第一个因子含有 5 个条目 C_1、C_2、C_3、C_5、C_4,命名为自信;第二个因子含有 5 个条目 C_7、C_{24}、C_{21}、C_{25}、C_{22},命名为感恩;第三个因子含有 3 个条目 C_{29}、C_{30}、C_{31},命名为宽容;第四个因子含有 4 个条目 C_{15}、C_{13}、C_{17}、C_{14},命名为希望;第五个因子含有 4 个条目 C_{11}、C_{10}、C_{26}、C_{18},命名为乐观(表 4-2)。

表 4-2　旋转后的因子载荷矩阵($n=610$)

编号	条目内容	成分				
		F_1 自信	F_2 感恩	F_3 宽容	F_4 希望	F_5 乐观
C_1	在锻炼群体遇到困难时,我会设法解决	0.883				
C_2	我希望承担有挑战性的任务	0.855				
C_3	我会尽自己最大努力有计划地提高自己的锻炼能力	0.839				
C_5	我相信自己的锻炼能力会越来越强	0.646				
C_4	当锻炼群体遇到问题时,我勇于提出自己的见解	0.566				
C_7	我很感激现在的锻炼群体给予我的帮助		0.823			
C_{24}	我很乐意把自己的朋友介绍到锻炼群体中来		0.744			
C_{21}	我会时常想起在群体中帮助过自己的人		0.720			
C_{25}	我很乐意帮助在锻炼中遇到困难的同伴		0.693			
C_{22}	我觉得自己要为群体组织排忧解难		0.568			
C_{29}	与自己性格反差很大的人,我也能合得来			0.874		
C_{30}	我与不同性格的人都能成为好朋友			0.862		
C_{31}	当别人说自己的闲话时,我会一笑而过			0.812		
C_{15}	通过群体锻炼我变得很乐观				0.768	
C_{13}	我希望熟人也能与我一起参加群体锻炼				0.764	
C_{17}	我非常喜欢和他们一起锻炼				0.655	
C_{14}	我觉得自己的锻炼群体很有前途				0.511	

编号	条目内容	成分				
		F_1 自信	F_2 感恩	F_3 宽容	F_4 希望	F_5 乐观
C_{11}	同伴对我在群体锻炼中的评价比较高					0.763
C_{10}	和同伴相比，我感觉自己比较优秀					0.759
C_{26}	向别人求助，我觉得丢面子（R）					−0.719
C_{18}	我是一个不达目标决不放弃的人					0.536
	特征值	7.185	2.095	1.374	1.185	1.000
	解释变异量百分比	34.213	9.977	6.544	5.642	4.720
	累计解释变异量百分比	34.213	44.190	50.734	56.376	61.097

注：小于 0.5 的载荷在表中未显示；R 表示反向计分条目。

2. 信度检验

科学研究的目的在于持简驭繁，以精巧的理论去解释复杂的现象。所以在能够准确解释现象的前提下，使用的概念越少越好[38]。对非正式结构体育社团成员心理资本量表（第二版）所测 1226 份问卷进行信度分析，除了乐观因子删去 C_{26} 条后 Cronbach's α 系数提高了（0.709）以外，其他分量表的测量条目删除后，Cronbach's α 系数均下降，故保留剩余的 20 个测量条目（表 4-3）。重新对剩余的 20 个条目组成的各分量表进行信度分析，其 Cronbach's α 系数介于 0.713 至 0.825 之间，组合信度系数 CR 介于 0.663 至 0.816 之间，心理资本整体量表 Cronbach's α 系数是 0.902，说明该量表的条目之间一致性较好，是一个信度较高的量表。

表 4-3　第二版量表的信度分析（n=1226）

因子	条目	均值	标准差	删项目后 Cronbach's α 系数	各分量表的 Cronbach's α 系数	各分量表的组合信度系数	总量表的 Cronbach's α 系数
自信	C_1	3.587	0.909	0.785	0.825	0.816	0.902
	C_2	3.445	0.881	0.786			
	C_3	3.729	0.866	0.770			
	C_4	3.487	0.965	0.819			
	C_5	3.826	0.840	0.778			
感恩	C_7	3.516	0.884	0.736	0.751	0.745	
	C_{21}	3.884	0.765	0.692			
	C_{22}	3.727	0.793	0.693			
	C_{24}	3.948	0.748	0.697			
	C_{25}	3.867	0.774	0.696			
宽容	C_{29}	3.346	0.894	0.695	0.789	0.776	
	C_{30}	3.485	0.895	0.650			
	C_{31}	3.586	0.871	0.787			

续表

因子	条目	均值	标准差	删项目后 Cronbach's α 系数	各分量表的 Cronbach's α 系数	各分量表的组合 信度系数	总量表的 Cronbach's α 系数
希望	C_{13}	3.940	0.746	0.688			
	C_{14}	3.659	0.840	0.703	0.736	0.757	
	C_{15}	3.947	0.773	0.635			
	C_{17}	3.911	0.782	0.669			
乐观	C_{10}	3.370	0.816	0.592			
	C_{11}	0.471	0.789	0.540	0.713	0.663	
	C_{18}	3.561	0.874	0.712			

3. 验证量表的结构效度

根据相关理论，对第二版量表的结构效度进行考查。运用 LISREL 8.53 软件对问卷编号为 611～1226 的 616 份有效数据中的 20 个条目进行验证性因子分析，得到心理资本的全模型，如图 4-1 所示。图 4-1 显示了各个条目与潜变量之间的标准化系数为 0.46～0.72，测量误差为 0.22～0.65，各潜变量间的标准化系数为 0.48～0.92，并且各个条目与其潜在变量间的 t 值为 12.88～22.11，各潜在变量间

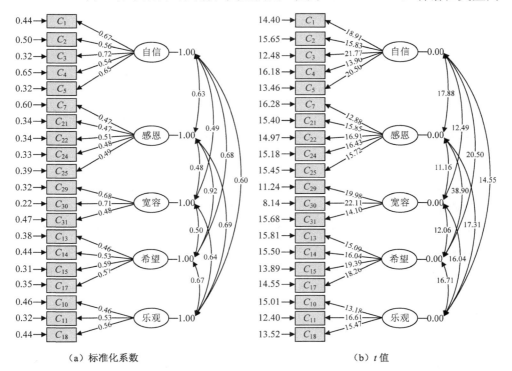

（a）标准化系数　　　　　　　　　（b）t 值

图 4-1　非正式结构体育社团成员心理资本的全模型

的 t 值为 11.16～38.90，说明各条目对于潜变量以及各潜变量之间的关系均具有非常高的显著性。

衡量模型拟合程度的指标有卡方检验，近似误差均方根 RMSEA、拟合优度指数 GFI、比较拟合指数 CFI、非规范拟合指数 NNFI 等[39]。一般认为，卡方自由度比 χ^2/df 小于 3 时，可以认为模型具有理想的拟合优度[40]，但对于单一模型，该指标的说服力不强。Steiger[41]认为，拟合比较好的是 RMSEA 低于 0.1，拟合非常好的是 RMSEA 低于 0.05，拟合非常出色的是 RMSEA 低于 0.01。Bentler 和 Bonett[42]认为，NNFI≥0.9 时，模型拟合良好；Bentler[43]则推荐 CFI≥0.9 时，模型拟合程度较好。其他的拟合指数的经验值[44]以及本例的数值参见表 4-4。616 份非正式结构体育社团心理资本数据验证结果显示：RMSEA=0.067，SRMR=0.052，两者均小于 0.080；GFI=0.910，CFI=0.970，NNFI=0.960，三者均大于 0.900；PNFI=0.800，PGFI=0.690，两者均大于 0.500。从指标上看，非正式结构体育社团成员心理资本量表具有良好的构想效度。

表 4-4　全模型拟合指标、经验值及本例数据

拟合指标		符号	经验值	本例
绝对拟合指数	近似误差均方根	RMSEA	<0.080	0.067
	标准化残差均方根	SRMR	<0.080	0.052
	拟合优度指数	GFI	>0.850	0.910
	卡方自由度比	χ^2/df	<3.000	3.768
相对拟合指数	非规范拟合指数	NNFI	>0.900	0.960
	比较拟合指数	CFI	>0.900	0.970
简约拟合指数		PNFI	>0.500	0.800
		PGFI	>0.500	0.690

4. 量表的同源偏差测试

同源偏差是指如果变量都由一个人填写，变量即使没有理论关系也会相关，该问题在心理学、行为科学研究，尤其是在问卷调查中广泛存在。为了验证本研究的同源偏差问题，依据 Podsakoff 等[45]的建议，对数据进行 Harman 单因子检验（Harman's one-factor test），即将 1226 份问卷中的 20 个条目进行无旋转的主成分分析，结果显示：以特征值大于 1 为标准提取因子，第一个因子的贡献率为 35.094%。并且不是只有一个因子，因为第一个因子的贡献率小于 40%，故本量表的同源偏差不严重[46]。

三、讨论

经过探索性因子分析，非正式结构体育社团成员心理资本的构成维度提取了 5 个因子，分别命名为自信、感恩、宽容、希望、乐观。与 Luthans 等[13]、仲理峰[14]、

惠青山[16]、田喜洲和谢晋宇[18]的量表相比较，本研究的维度少了韧性，多了感恩和宽容。与本土化量表（柯江林等[22]、高英[23]、魏德样[27]）相比较，本研究的维度少了谦虚诚稳、尊敬礼让，这一研究结果可能与所研究群体的性质有关，因为非正式结构体育社团结构松散，没有严格的制度和组织规范，来去自由，而 Luthans 等、仲理峰、柯江林、魏德样的研究对象多为研发团队、攻关小组、体育教师，带有较强的任务性和目标性，为了完成任务，团队成员要克服困难和挫折，有一定的韧性，直到任务完成，并且这些群体具有一定的科层关系，责任分工明确，目标清晰。非正式结构体育社团不具有攻关小组或研发团队那样较强的任务性和目标性，群体之间呈现的是扁平化的层级关系[47]，地缘、趣缘背景接近，科层关系淡薄，遇到困难或者"风吹草动"就会退缩或者解体，其心理资本中缺乏强制性的韧性。虽然谦虚、礼让这些中华民族的传统美德也体现在锻炼群体中，但不是其主要心理资本特征。

除了锻炼，群体成员间的情感交流也很多，受传统礼制社会影响，知恩图报氛围浓厚，互助行为频繁，有利于形成群体人际互动。Luthans 等认为感恩是心存感激的人选择关注生活中的积极行为，并且这种感激之情有助于保持对自己、对他人的积极态度[22]。高英的研究也得出同样的结论，认为感恩水平高的人愿意付出更多的东西[23]。课题组在访谈调查中了解到，感恩水平高的人经常会提起在群体锻炼时某些人曾经帮助过自己，认为自己的锻炼效果与他人的帮助密切相关[22]，他们对曾经帮助过自己的朋友给予回报，并且愿意奉献自己的技能或才华，会想办法利用自己的物质资本、经济资本或社会资本回报这些人，主动做一些对非正式结构体育社团有利的事（如参加表演、拉赞助等），或者帮助新成员融入锻炼群体，这些都有助于壮大锻炼队伍、融合成员的人际关系。这些行为融洽了团队的氛围，同时感恩的人会把非正式结构体育社团当成一个自己的"小家庭"一样来维护[3]。

宽容是中华民族的传统美德。被宽容的直接感受是得到别人的信任和理解，获得一种亲切感，发自内心的感受较强。Luthans 等认为宽容可以处理生活中消极的一面，即宽容是一种积极向上的态度，随着宽容行为的不断增加，感激之情油然而生。令人愉快的群体氛围增强了非正式结构体育社团成员的感恩奉献精神，进而使群体呈现良好发展趋势。柯江林等[22]、魏德样[27]等的研究成果同样认为宽容的个体遇到不同风格的群体成员都能适应，使自己在群体锻炼中获得更多的地位与评价。笔者在长期跟踪一个中老年秧歌队时了解到，虽然群体成员的性格差别较大，但他们也能够在一起和睦相处，合作得很好，即使在锻炼中有不愉快的事情发生，也能很快忘记，重归于好。究其原因可能是互相抱怨都没有好的结局，大家好不容易才能够聚在一起锻炼，没有必要埋怨，抱怨的结果是一方或双方都离开队伍，这是锻炼群体都不愿意看到的。非正式结构体育社团的主要目的是在群体中锻炼，获得精神上的支持与赞许，没有太多的利害关系，彼此之间平等合作。交流中相互包容可以使个体的态度从消极转变为积极，有助于群体成员间相互合作。例如，各成员之间关于锻炼和生活的交流较多，感情较好，这样在对方出现做法、想法不同时也不会针锋相对，而是相互宽容、体谅，成员间的关系变得更加融洽。

在中国的传统文化背景下，"以恕己之心恕人""滴水之恩当涌泉相报"等传统美德在非正式结构体育社团成员交往中得到广泛渗透，感恩和宽容在非正式结构体育社团中具有很强的心理资本特征。积极心理学和临床心理学的相关研究肯定了感恩和宽容的积极作用，认为感恩和宽容有助于提升身心健康，而身心健康往往能够提升群体绩效。非正式结构体育社团多是以兴趣、爱好、情感为基础而自发形成的，情感归属较强。成员的自信、乐观等积极心理行为越多，其群体凝聚力越强，在活动中越能够体现出感恩与宽容，因为凡是帮助别人的人，都是出于同情和自愿，没有人强迫，所以被帮助者对获得的帮助心存感激，也同样会用此心态即感恩之心对待其他人，因此也就容易宽容别人在锻炼或者比赛过程中出现的错误和不足。具有宽容与感恩之心的体育锻炼群体，会对非正式结构体育社团成员滋生出一种不易显现的、附加的无形价值，这与社会普遍推崇的宽厚、谦逊、人和、感恩、奉献等价值规范有关。Luthans、Youssef 和 Avolio 对西方群体的研究（包含体育组织）试图考虑感恩与宽恕维度，这与非正式结构体育社团的维度开发有相互吻合的地方[13]。《心理资本》的翻译者中国人民大学李超平教授提出，通过群体锻炼可以提高个体的信心与乐观心态，希望、乐观、自信、感恩与宽恕是符合中国人的心理资本维度特征的。因此，感恩、宽容作为心理资本维度在体育锻炼群体中同样具有适应性。

四、小结

课题组在心理资本理论的基础上，通过问卷调查与深度访谈获取了 67 个具体测量的条目库，对 2 次调查结果进行项目分析、信度分析及效度分析，最终得到的非正式结构体育社团成员心理资本量表（简化版的 20 个条目）包括 5 个维度：自信（5 个条目）、感恩（5 个条目）、宽容（3 个条目）、希望（4 个条目）、乐观（3 个条目）。内在一致性 Cronbach's α 系数介于 0.713 至 0.825 之间，组合信度系数 CR 介于 0.663 至 0.816 之间，心理资本整体量表 Cronbach's α 系数是 0.902，该量表也具有良好的信度，5 个潜变量的拟合指标具有良好的结构效度，本土化心理资本量表效果良好，可以用来对非正式结构体育社团的心理资本存量进行测量。

本课题在研究程序与条目筛选上符合本土化心理资本构成要素的内涵与 POB 标准。本研究借助相关学科的理论基础，并且比较严密地进行了量表维度开发，使用的是自陈式量表，且变量数据来源于同一个人，因此，同源偏差问题在一定程度上不可避免，但测试后同源偏差不严重。本研究的样本来源于湘、鄂、渝、黔，对其他地区的松散性、季节性的非正式结构体育社团成员是否适合还有待于检验。未来的研究可以利用更多的样本进行检验，根据具体问题，采取合理的措施对群体的心理行为进行积极引导，促使非正式结构体育社团快速、健康、有序发展。

第二节　非正式结构体育社团成员
心理资本的性别、年龄差异分析

理论研究证实了心理资本能够对群体组织产生积极影响，让个体在群体中达到最佳状态，从而增强组织的管理绩效。以共同的观点、爱好、情感为基础而自发联结起来的非正式结构体育社团具有非正式组织管理和非正式制度约束的特性，属于非正式群体组织[2]。健康、稳定、积极向上的非正式结构体育社团是全民健身组织网络的重要节点，在我国体育事业发展中具有特殊的价值，其可持续发展离不开社团成员的积极心理资本。了解不同性别、年龄非正式结构体育社团成员的心理资本差异，对提升和开发社团成员的心理资本存量、稳定体育锻炼队伍以及促进全民健身组织网络的发展有着很强的应用价值。

一、研究思路与方法

课题研究参阅了《心理资本》《积极组织行为学》《体育组织行为学》等书籍10 余本。通过期刊网查阅有关自发性体育群体、非正式结构体育社团以及国内外关于心理资本研究的系列文献100 余篇，为撰写不同性别与年龄非正式结构体育社团成员心理资本的差异奠定了坚实的理论基础。以研制的第二版问卷（20 条）的数据为基础，将各个维度进行打包（5 个维度符合打包的前提条件：条目的单维性和同质性信度系数大于 0.6）取均值，对不同性别、不同年龄非正式结构体育社团成员的心理资本进行单因素方差分析。

二、非正式结构体育社团成员心理资本的性别差异分析

利用 SPSS 20.0 软件的单因素方差分析功能，对 5 个心理资本维度的均值进行性别的单因素方差分析，当多个均值间的差异具有显著性时，需要对多个均值进行两两比较，方差齐性用 LSD 法进行多重比较，方差不齐性用 Tamhane 法进行多重比较。

表 4-5 结果显示：不同性别非正式结构体育社团成员在心理资本特征变量自信、感恩、宽容、乐观选择上的差异不具有显著性，在希望选择上的差异具有显著性。

表 4-5　不同性别社团成员心理资本特征变量的单因素方差分析表

性别	自信			感恩			宽容			希望			乐观		
	$\bar{x}$	F 值	Sig.	$\bar{x}$	F 值	Sig.	$\bar{x}$	F 值	Sig.	$\bar{x}$	F 值	Sig.	$\bar{x}$	F 值	Sig.
男	3.63	2.309	0.129	3.86	0.055	0.814	3.54	1.215	0.271	3.80	3.934*	0.048	3.48	1.515	0.219
女	3.68			3.87			3.49			3.86			3.44		

注：Sig. 的值表示 P 值。

* $P<0.05$。

在0.05的水平上，不同性别的非正式结构体育社团成员在希望变量选择上的差异具有显著性（F=3.934，P=0.048<0.05），男性均值（3.80）低于女性（3.86）。女性对非正式结构体育社团的希望更大。女性在工作、家庭中往往处于弱势地位，而在锻炼群体中，人们之间的关系是扁平化的，个体的自主性可以随意发挥，同时可获得其他人的支持和帮助，投入的精力相对较多。相比而言，女性的精神寄托更多一些，从内心里希望与同伴一起锻炼，寻求归属感与成就感，对群体的发展充满渴望与幻想。

心理学认为群体互动能获得一种特别的归属感，并且受到周围人们的拥护，想象群体的发展前景，而这种归属感、成就感往往让锻炼群体成员对未来充满希望与幻想。受传统因素的影响，男性认为自己是一家之主，男主外、女主内的思想依然牢固。对于女性来讲，忙了一天的家务，在锻炼群体中找到的这种成就感、归属感很强，精神上的寄托让她们对未来的发展充满了希望，而男性通常认为家庭、工作、事业才是主要职责，而参与体育锻炼只是调剂生活，对群体的发展没有抱更多的希望。

可以从传统文化的角度来分析不同性别对群体锻炼的希望程度。受传统价值观念的影响，人们的心理积淀和行为方式影响到生活中的各个领域，思维方式渗透于各种实践活动中。男性认为养家糊口是大事，群体锻炼毕竟是休闲娱乐，随着现代化水平的提高，家务时间大大减少，女性从家务中节省出了很多时间，精神上的寄托及对美与健康的渴望使女性参与到锻炼群体中来，使得传统价值观在非正式结构体育社团中仍然存在性别上的差异。

三、非正式结构体育社团成员心理资本的年龄差异分析

表 4-6 显示：不同年龄非正式结构体育社团成员在心理资本的 5 个特征变量上的差异均具有显著性。由均值可知，随着年龄的增长，自信、希望的均值有逐渐递增的趋势，感恩的均值有波浪上升的趋势，宽容与乐观则呈现近似浅"U"

表 4-6　不同年龄社团成员心理资本特征变量的单因素方差分析表

年龄	自信			感恩			宽容			希望			乐观		
	$\bar{x}$	F 值	Sig.	$\bar{x}$	F 值	Sig.	$\bar{x}$	F 值	Sig.	$\bar{x}$	F 值	Sig.	$\bar{x}$	F 值	Sig.
19 岁及以下	3.52			3.71			3.51			3.70			3.62		
20～29 岁	3.58			3.76			3.50			3.72			3.50		
30～39 岁	3.59	4.733***	0.000	3.89	4.367***	0.001	3.44	3.115**	0.008	3.76	8.795***	0.000	3.39	2.928*	0.012
40～49 岁	3.63			3.86			3.45			3.84			3.37		
50～59 岁	3.74			3.91			3.52			3.88			3.49		
60 岁及以上	3.83			3.99			3.70			4.04			3.52		

注：Sig.的值表示 P 值。

* P<0.05。

** P<0.01。

*** P<0.001。

形的发展态势。

（一）非正式结构体育社团成员自信特征的年龄差异

在 0.001 的水平上，不同年龄非正式结构体育社团成员在自信变量上的差异具有非常高的显著性（F=4.733，P=0.000<0.001）。随着年龄的增长，自信程度逐渐加大，这与人生阅历有关。实际上群体是分层的，年龄大一些，相对见识多，威信较高，在组织群体锻炼时能够做到有条不紊，考虑事情相对比较周全，有较强的组织能力和影响力。

心理资本理论认为，自我效能可以引发信心和绩效的螺旋上升，对领导者及其追随者的自信开发有很大的参考价值。自我效能也可以从传统意识形态得到印证。例如，家长意识在社会生活中有着深刻的影响，逐渐形成了对年长者的服从心理，晚辈听从长辈，学生服从教师，年长者在体育活动中拥有无形的权力和地位，有信心并能付出必要的努力来获得成功。年长者也自认为"我吃的盐比你吃的饭多""我走过的桥比你走的路多"，尤其是有宗族长老在的锻炼群体，其威信更是水涨船高。年长者在群体中有一种高高在上的感觉，更能够找到自信；与年长者相比，年轻人缺乏自信也在情理之中。

（二）非正式结构体育社团成员感恩特征的年龄差异

在 0.001 的水平上，不同年龄非正式结构体育社团成员在感恩变量上的选择差异具有非常高的显著性（F=4.367，P=0.001）。由均值可知，随着年龄的增长，感恩程度逐渐加大，年龄大一些，阅历更加丰富，对事物和人的认识更加透彻，越来越清楚地知道人是群居动物，朋友间的互相帮助对于生活、工作、家庭都至关重要，感恩之情油然而生。

心理资本理论认为，感恩是那些拥有高心理资本的人愿意多付出的东西，进而就会出现螺旋上升的积极性。积极心理学认为感恩是一种道德情感，是记录了所获利益的"道德气压表"，是互惠行为的"道德发动机"，是亲社会行为的"道德强化器"。从深厚的中华民族传统文化土壤里孕育出来的传统价值观念深深地影响着非正式结构体育社团成员的心理，传承性的心理积淀也促成了非正式结构体育社团成员的思维方式和行为方式。如果一个人说他不欠任何人的恩情债，这是不可思议的，群体成员的感恩心理被烙上中华民族传统习俗的烙印。在文化大繁荣大发展背景下，非正式结构体育社团成员需要相互合作进行规范化发展，心理资本构成中感恩的重要性越来越得到体现，因此应看到传统文化的价值，需将之给予保留并在组织中善加开发与利用。

（三）非正式结构体育社团成员宽容特征的年龄差异

在 0.01 水平上，不同年龄非正式结构体育社团成员在宽容变量上的选择差异具有很高的显著性（$F=3.115$，$P=0.008<0.01$）。随着年龄的增长，宽容呈现"U"形趋势。多重比较结果（表 4-7）显示，60 岁及以上的社团成员与其他各个年龄段的社团成员在宽容变量上的差异具有显著性。说明 60 岁及以上的人，其一生的经历使其遇事宠辱不惊，更加意识到"人无完人，孰能无过"的道理，做事一般不会斤斤计较，对他们来说，健身才是自己重要的选择。对年龄较小的人而言，他们在群体中的话语权相对较弱，经验较少，本身又是晚辈，从中国传统孝道的角度来讲，出于对长辈的尊敬也不能斤斤计较了。

表 4-7　不同年龄非正式结构体育社团成员的宽容特征均值的多重比较

年龄 I	年龄 J	均值之差（I–J）	标准误	显著性	95%的置信区间	
					下限	上限
19 岁及以下	20～29 岁	0.0091	0.1044	0.931	−0.1957	0.2138
	30～39 岁	0.0721	0.1036	0.486	−0.1311	0.2753
	40～49 岁	0.0633	0.1026	0.538	−0.1381	0.2646
	50～59 岁	−0.0096	0.1024	0.926	−0.2104	0.1913
	60 岁及以上	−0.1911	0.1080	0.077	−0.4029	0.0207
20～29 岁	19 岁及以下	−0.0091	0.1044	0.931	−0.2138	0.1957
	30～39 岁	0.0630	0.0689	0.361	−0.0722	0.1982
	40～49 岁	0.0542	0.0675	0.422	−0.0783	0.1866
	50～59 岁	−0.0187	0.0671	0.781	−0.1503	0.1130
	60 岁及以上	−0.2002	0.0754	0.008	−0.3481	−0.0523
30～39 岁	19 岁及以下	−0.0721	0.1036	0.486	−0.2753	0.1311
	20～29 岁	−0.0630	0.0689	0.361	−0.1982	0.0722
	40～49 岁	−0.0088	0.0663	0.894	−0.1389	0.1212
	50～59 岁	−0.0817	0.0659	0.215	−0.2109	0.0476
	60 岁及以上	−0.2632	0.0743	0.000	−0.4089	−0.1175
40～49 岁	19 岁及以下	−0.0633	0.1026	0.538	−0.2646	0.1381
	20～29 岁	−0.0542	0.0675	0.422	−0.1866	0.0783
	30～39 岁	0.0088	0.0663	0.894	−0.1212	0.1389
	50～59 岁	−0.0728	0.0644	0.258	−0.1991	0.0535
	60 岁及以上	−0.2544	0.0730	0.001	−0.3975	−0.1112
50～59 岁	19 岁及以下	0.0096	0.1024	0.926	−0.1913	0.2104
	20～29 岁	0.0187	0.0671	0.781	−0.1130	0.1503
	30～39 岁	0.0817	0.0659	0.215	−0.0476	0.2109
	40～49 岁	0.0728	0.0644	0.258	−0.0535	0.1991
	60 岁及以上	−0.1815	0.0726	0.013	−0.3239	−0.0391

续表

年龄 I	年龄 J	均值之差（I-J）	标准误	显著性	95%的置信区间	
					下限	上限
60 岁及以上	19 岁及以下	0.1911	0.1080	0.077	-0.0207	0.4029
	20~29 岁	0.2002	0.0754	0.008	0.0523	0.3481
	30~39 岁	0.2632	0.0743	0.000	0.1175	0.4089
	40~49 岁	0.2544	0.0730	0.001	0.1112	0.3975
	50~59 岁	0.1815	0.0726	0.013	0.0391	0.3239

心理资本理论认为，随着宽恕现象的不断增多，令人愉快的人际关系和谐场景也会增多。被宽容的直接感受是得到别人的信任、原谅和理解，获得理解则满足了群体成员的心理需要，自然而然产生了肯定的情绪，有一种亲切感，即在群体中营造了一种友好、愉快、轻松的氛围。心理学家的相关研究也得出同样的结论，认为改善人际关系和身心健康最直接、最有效的方式就是适度宽容与谅解。在中国传统文化背景下，具有感恩、包容他人之心的个体，会对非正式结构体育社团产生附加的、不易显现的隐性价值，而这种心理资本与传统性相吻合。

实践表明，不宽容别人，亦会殃及自身。对自己或别人过于苛刻的人，自己也会不由自主地处于紧张的心理状态，极易导致机体内分泌失调，使应激激素的分泌量增多为平时的若干倍，引起机体内不良的生理反应，如心跳急速、血压突增、精力不济、食欲不佳、入睡困难等，进而影响身心健康。一旦原谅了别人的错误，内心里宽恕了他人，机体便犹如经历一次净化的过程，上述诸多的忧虑焦躁便可得以减缓或消除，使人际关系逐渐好转，心情变得轻松愉快，群体锻炼恰恰能达到这一效果。中国现在的社会也呈现出礼仪之邦的传统，感恩和宽容属于中国传统道德范畴。虽然感恩的对象不同，但其内涵是一致的。作为个体的人，既要学会感恩，也要学会宽容，唯有如此，才能达到崇高的精神境界。

（四）非正式结构体育社团成员希望特征的年龄差异

在 0.001 水平上，不同年龄非正式结构体育社团成员在希望变量上的选择差异具有非常高的显著性（$F=8.795$，$P=0.000<0.001$）。由均值可见，随着年龄的增长，希望的均值越来越大。说明年龄越大，社团成员在锻炼群体中投入的时间和精力越多，抱有的希望越大，愿意与社团共同成长；年龄小的社团成员在人生旅途中，始终有单位组织的依靠，因而更多时间投入到学习、工作、家庭与事业等方面，对锻炼群体的发展前景没有过多的关注和思考，希望平平，进行群体锻炼可能更多地为了调剂生活。

心理资本理论认为，组织采用扁平的结构、群体的决策、公开透明的沟通方式，可以使组织成员积极行动、承担责任、履行义务，进而使群体组织处于充满希望的文化氛围之中。受文化传统和制度背景的影响，非正式结构体育社团的行为取向是关系导向的，社团中的成员均处在密集有效的群体网络之中，私人关系和感情在群体组织中普遍存在，这种扁平的组织结构使锻炼群体的各种决策、各种责任与义务履行得更加行之有效，人际关系显现出很强的适用性和实用性。中国高度重视人际关系，并且人际关系与人们的态度与行为的认同有关，因此，在处理身边群体的人际关系时，大家普遍接受的规范与声望、威信和积极心态紧密相关，年长的群体领袖或者宗族长老需要靠声望与威信推动组织的发展，年龄小的成员对他们充满了种种希望，这也在情理之中。

（五）非正式结构体育社团成员乐观特征的年龄差异

在 0.05 的水平上，不同年龄非正式结构体育社团成员在乐观变量上的差异具有显著性（$F=2.928$，$P=0.012<0.05$）。由均值可见，19 岁及以下组乐观均值最高，对未来充满了憧憬；30～39 岁与 40～49 岁组乐观均值相对较低，这两个年龄段的人正处于奋斗期，生活和工作的压力较大，身体各项功能逐渐下降，故乐观均值相对较低；之后随着年龄的增长，又逐渐回升，也呈现浅 "U" 形趋势。多重比较结果（表 4-8）显示：40～49 岁的社团成员与其他各年龄段（30～39 岁除外）的社团成员在乐观变量上的差异均具有显著性。40～49 岁属于步入不惑的年龄，该经历的情感、家庭、事业等都经历过了，和除了 30～39 岁以外的其他年龄段群体对乐观的感觉都有较大的差异。他们经历了风风雨雨的一生，把身边的事情看得更深入一些，对锻炼群体的发展虽然也持乐观态度，但既不像年轻人那样对社团的未来充满憧憬，也不像退休的人那样执着、狂热。

表 4-8　不同年龄非正式结构体育社团成员的乐观特征均值的多重比较

年龄 I	年龄 J	均值之差（I-J）	标准误	显著性	95%的置信区间	
					下限	上限
19 岁及以下	20～29 岁	0.1188	0.0891	0.183	−0.0561	0.2936
	30～39 岁	0.2210	0.0885	0.013	0.0475	0.3946
	40～49 岁	0.2447	0.0877	0.005	0.0727	0.4167
	50～59 岁	0.1266	0.0874	0.148	−0.0449	0.2981
	60 岁及以上	0.0933	0.0922	0.312	−0.0876	0.2742
20～29 岁	19 岁及以下	−0.1188	0.0891	0.183	−0.2936	0.0561
	30～39 岁	0.1023	0.0589	0.083	−0.0132	0.2178
	40～49 岁	0.1260	0.0577	0.029	0.0128	0.2391
	50～59 岁	0.0078	0.0573	0.891	−0.1046	0.1203
	60 岁及以上	−0.0254	0.0644	0.693	−0.1517	0.1009

续表

年龄 I	年龄 J	均值之差（I−J）	标准误	显著性	95%的置信区间	
					下限	上限
30～39 岁	19 岁及以下	−0.2210	0.0885	0.013	−0.3946	−0.0475
	20～29 岁	−0.1023	0.0589	0.083	−0.2178	0.0132
	40～49 岁	0.0237	0.0566	0.676	−0.0874	0.1347
	50～59 岁	−0.0945	0.0563	0.093	−0.2048	0.0159
	60 岁及以上	−0.1277	0.0634	0.044	−0.2522	−0.0032
40～49 岁	19 岁及以下	−0.2447	0.0877	0.005	−0.4167	−0.0727
	20～29 岁	−0.1260	0.0577	0.029	−0.2391	−0.0128
	30～39 岁	−0.0237	0.0566	0.676	−0.1347	0.0874
	50～59 岁	−0.1181	0.0550	0.032	−0.2260	−0.0102
	60 岁及以上	−0.1514	0.0623	0.015	−0.2736	−0.0291
50～59 岁	19 岁及以下	−0.1266	0.0874	0.148	−0.2981	0.0449
	20～29 岁	−0.0078	0.0573	0.891	−0.1203	0.1046
	30～39 岁	0.0945	0.0563	0.093	−0.0159	0.2048
	40～49 岁	0.1181	0.0550	0.032	0.0102	0.2260
	60 岁及以上	−0.0333	0.0620	0.592	−0.1549	0.0884
60 岁及以上	19 岁及以下	−0.0933	0.0922	0.312	−0.2742	0.0876
	20～29 岁	0.0254	0.0644	0.693	−0.1009	0.1517
	30～39 岁	0.1277	0.0634	0.044	0.0032	0.2522
	40～49 岁	0.1514	0.0623	0.015	0.0291	0.2736
	50～59 岁	0.0333	0.0620	0.592	−0.0884	0.1549

心理资本理论认为，现实的乐观者能够充分享受生活所带来的乐趣，并能够体会快乐人生。可以认为，现实的乐观感觉能够鼓舞非正式结构体育社团成员接受比赛、表演等挑战，是强有力的激励工具，乐观的人能够利用群体锻炼环境中各种可能出现的机会，开发和提升自己的能力，挖掘潜能。换言之，乐观可以产生积极的自我实现预言，并激励人们取得长期的成功。心理学家研究认为，乐观心态对个人健康状况、适应和调整能力、缓减压力等正向效果显著[22]。

通过实地调研、访谈，本课题组认为当地居民都有着独特的传统习俗，影响到了生活中的各个领域，也包括锻炼群体的规律性活动。群体管理遵循的方式有的是祖辈流传下来的，也有自然形成的，具有广泛的群众基础，在当地居民内部普遍存在和共同遵守，具有相当强的约束力。非正式结构体育社团也同样依据当地的风俗习惯进行自我管理、自我教育，使传统习俗在非正式结构体育社团成员心理资本构成特征方式上呈现出独有的传统特色。

四、小结与启示

（一）小结

课题组依据心理资本理论提出的非正式结构体育社团成员心理资本量表（包含 5 个维度：自信、乐观、希望、感恩与宽容）的信效度检验结果符合社会调查的要求，可以用来测量非正式结构体育社团成员的心理资本，其构成维度具有中国的本土化特色。

不同性别非正式结构体育社团成员在希望特征上的差异具有显著性，女性高于男性。

不同年龄非正式结构体育社团成员在自信、乐观、希望、感恩与宽容各个特征上的差异均具有显著性。随着年龄的增长，非正式结构体育社团成员的自信和希望的均值有递增的趋势，感恩的均值有波浪上升的趋势，宽容和乐观呈现浅"U"形发展趋势。

（二）启示

相关管理部门应加强对非正式结构体育社团的管理，不仅要关注社团成员的锻炼技能、人际关系，还要特别关注社团成员心理资本维度的识别、开发与管理。可以通过有效的领导、定期培训、积极进行对外交流与实践等形式增强对非正式结构体育社团成员心理资本的开发，使群体心理资本能够通过自我管理、自我培训、自我干预得到提升，成为全民健身组织发展的"内在加速器"。

第三节　非正式结构体育社团成员心理资本与主观幸福感的关系

良好的心理态度和积极的健身行为不仅与体育锻炼成员的锻炼效果紧密相关，而且对其主观幸福感的影响不可忽视。但群体锻炼成员的心理状态对其主观幸福感影响如何、提高群体心理资本的哪些维度才能够提高组织成员的主观幸福感等问题值得探讨。

一、心理资本与主观幸福感关系研究进展

21 世纪以来，受积极组织行为学的影响，Luthans 系统性地提出了积极心理学。积极心理学强调人的心理优势，通过开发拓宽了心理学界的视野，心理学家不再主要关注"人出现了什么问题"，而是考虑如何才能让人获得最佳的心理状态，即怎样培养和充分开发人的主观幸福感成为积极心理学研究的前沿问题。Avey 等[48][49][50]证实了个体心理资本对其长期的主观幸福感有积极的正向影响，

并且通过个体的主观幸福感来影响群体动机和行为，如锻炼行为、群体健身等[51]。Cole 等[52]在 2009 年以同样的主题研究表明，幸福感与心理资本具有相关关系，具有部分中介作用，心理资本水平越高，主观幸福感的促进作用就越明显。上述研究结果从多层面分析显示，心理资本能帮助个体保持健康，并且对生活的满意度（乐观）较高，形成抑郁的可能性较低[53]，自我效能感较高的人更容易处于积极心理状态中，并使自己的主观幸福感提高[54]。Diener[55]连续 30 年对主观幸福感的研究认为，主观幸福感立足于积极情绪和情感体验，强调主观幸福感就是人们对生活的满意程度，个体体验到的积极情感越多，对生活满意程度越高，则幸福感越强。这些结论与心理资本有很大的相关关系。

国内学者在吸收国外相关成果的基础上也做了大量研究，研究成果合理运用干预个体心理资本来提升主观幸福感，进一步提升了组织的竞争优势[56]。同时，关注积极心理资本的测量开发、组织绩效和运用、主观幸福感的研究成果很丰富。例如，学者何瑛[57]认为自我效能感（自信）影响主观幸福感，成功的体验会使人更加相信自己的能力，建立起强大的自信，从而提高主观幸福感。吴伟炯等[58]以 2280 名教师为样本，利用本土心理资本量表（二阶因子：事务型与人际型）证明心理资本能够促进职业幸福感，并且人际型心理资本对职业幸福感的作用更大，认为心理资本与主观幸福感存在相关关系、因果关系以及心理资本作为调节变量与中介变量影响主观幸福感，验证了以往学者的研究，即心理资本通过幸福感对工作绩效影响最为强烈[59-60]，并且前者对后者各因子有显著的预测作用[61]。郭桂敏[62]、杨涛[63]、孟林和杨慧[64]借助心理资本的自信、希望、乐观、韧性与幸福感的关系，对大学生的心理资本与主观幸福感进行了探讨。本研究中的非正式结构体育社团不仅是锻炼群体，更是心理群体，群体成就感、归属感与幸福感体现得淋漓尽致，群体成员的终极目标是获得健康的身体。对幸福生活的追求与满足必须借助个体积极的心理状态，而主观幸福感对于全面了解锻炼群体成员的自身优势和积极心理状态的开发、测评具有重要借鉴价值。

二、研究思路与方法

课题组查阅了与心理资本、幸福感相关的书籍与论文 200 余部、篇。问卷设计参考了 Luthans 等[13]、邢占军和刘相[65]的相关书籍，Diener[55]、柯江林等[22]、仲理峰[14]、何瑛[57]等的系列论文的问卷条目也为本课题的研究和主观幸福感的问卷设计提供了重要的理论支持与参考。本节采用自编第二版非正式结构体育社团成员的心理资本相关数据（20 个条目），主观幸福感采用 Diener[55]等编制的主观幸福感（SWLS、PANAS-R）4 维结构的问卷，应用 SPSS 20.0 软件、LISREL 8.53 软件建立数据库，对非正式结构体育社团成员的心理资本与打包主观幸福感进行相关分析与回归分析等处理。

三、非正式结构体育社团成员心理资本与主观幸福感的相关分析

课题组依据 Kishton 和 Widaman[66]的处理方法，先对数据进行打包，采用随机法将自信、感恩、希望、宽容、乐观所包括的题目分别打成 5 个包。5 个包的 Cronbach's α 系数在 0.713 至 0.825 之间，均大于 0.6，满足打包处理的单维与同质条件，可以分别取均值进行相关的统计分析。本研究用各分量表条目的均值表示各个潜变量，利用 SPSS 20.0 软件的相关分析功能对 5 个心理资本维度的均值和主观幸福感的均值进行相关分析，见表 4-9。所有的心理资本维度和主观幸福感的双侧检验都在 0.01 的水平上相关，具有高度的显著性。通过散点图检验线性关系，发现主观幸福感和积极心理资本呈线性相关，可以进行回归分析。

表 4-9　心理资本各维度与主观幸福感的相关矩阵

变量	自信	感恩	宽容	希望	乐观	主观幸福感
自信	1					
感恩	0.512*	1				
宽容	0.445*	0.364*	1			
希望	0.613*	0.665*	0.421*	1		
乐观	0.519*	0.458*	0.457*	0.535*	1	
主观幸福感	0.313*	0.326*	0.217*	0.322*	0.181*	1

* $P<0.01$（双侧）。

四、主观幸福感与心理资本的回归分析模型及参数比较

表 4-10 显示：模型 1 是个体特征变量与主观幸福感的回归方程。个体变量性别、年龄、文化程度的回归系数是显著的，月收入水平和职业的回归系数不具有显著性。判定系数 R^2 为 0.067，调整后判定系数 R^2 为 0.063，方差检验的 F 值为 17.574，F 值显著性水平为 0.000，回归模型具有非常高的显著性。

表 4-10　主观幸福感与心理资本回归分析模型及参数比较

模型	变量	非标准化回归系数	标准化回归系数	t	Sig.	判定系数 R^2	调整后判定系数 R^2	ΔR^2 与模型 1 比较	方差检验的 F 值	F 值显著性水平
模型 1	常量	2.790		22.125	0.000	0.067	0.063		17.574*	0.000
	性别	0.089	0.071	2.427	0.015					
	年龄	0.011	0.263	7.842	0.000					
	文化程度	0.073	0.152	4.449	0.000					
	月收入水平	0.018	0.027	0.872	0.384					
	职业	-0.013	-0.046	-1.626	0.104					

模型	变量	非标准化回归系数	标准化回归系数	t	Sig.	判定系数 R^2	调整后判定系数 R^2	ΔR^2 与模型 1 比较	方差检验的 F 值	F 值显著性水平
模型 2	常量	1.377		8.462	0.000	0.191	0.184	0.124	28.700*	0.000
	性别	0.084	0.066	2.428	0.015					
	年龄	0.008	0.190	5.960	0.000					
	文化程度	0.049	0.103	3.185	0.001					
	月收入水平	0.019	0.028	0.981	0.327					
	职业	−0.006	−0.021	−0.813	0.416					
	自信	0.099	0.107	3.127	0.002					
	感恩	0.301	0.268	7.259	0.000					
	宽容	0.051	0.060	1.969	0.049					
	希望	0.028	0.026	0.723	0.470					
	乐观	−0.053	−0.055	−1.666	0.096					
模型 3	常量	1.475		9.116	0.000	0.196	0.192	0.129	40.448*	0.000
	性别	0.081	0.064	2.332	0.020					
	年龄	0.008	0.196	6.079	0.000					
	文化程度	0.049	0.103	3.158	0.002					
	月收入水平	0.017	0.025	0.870	0.384					
	职业	−0.009	−0.032	−1.210	0.226					
	心理资本	0.411	0.321	12.020	0.000					

注：Sig.的值表示 P 值。

* 在 0.001 的水平上，回归方程效果显著。

　　模型 2 是在模型 1 的自变量基础上，把心理资本各维度纳入自变量后的回归方程，其中心理资本的自信、感恩、宽容的回归系数具有显著性，希望和乐观的回归系数不具有显著性，但发现模型 2 的判定系数 R^2 为 0.191，调整后判定系数 R^2 为 0.184，ΔR^2 与模型 1 比较提高了 0.124，统计检验的 F 值明显提高，方差检验的 F 值为 28.700，F 值显著性水平为 0.000，回归模型具有非常高的显著性。

　　模型 3 是在模型 1 的自变量基础上，把心理资本 5 个维度打包后作为自变量加入的回归方程。模型 3 的判定系数 R^2 为 0.196，调整后判定系数 R^2 为 0.192，ΔR^2 与模型 1 比较提高了 0.129，比模型 2 提高了 0.005，说明打包后的心理资本对主观幸福感影响更大。

五、讨论

　　心理资本强调的是人的积极心理状态，是状态类心理综合效应，主观幸福感强调人的情感体验和积极心理情绪，是一种沉浸状态的体验过程。积极心理学认为心理资本对群体或组织成员的主观幸福感有非常重要的影响。Luthans 还认为心理资本是动态的、可以互动更新的，甚至是具有协同效应的，并且群体间的互动会提升群体成员的心理资本，这种提升并不是其成员心理资本状况的简单叠加，而是会产生 1+1>2 的效应[67]。非正式结构体育社团是一个典型的互动性群体组织，群体间的技能学习、人际交往非常频繁，没有上下级关系与利益隔阂，属于扁平化的网络型交往[3]；彼此之间的人际交往属于人情面子，付出不图回报，感恩与宽容在中华民族优秀传统文化影响下体现得淋漓尽致，就是在这种环境范围内，个体行为影响了非正式结构体育社团的氛围，使群体成员间形成了一种感恩奉献的正向风气，归属感、成就感、满足感、幸福感等油然而生。本研究心理资本的多个维度变量对主观幸福感同样具有协同效应，在模型 2、模型 3 中可见心理资本及其维度对主观幸福感的作用得到了验证。

（一）感恩（b=0.268，P<0.001）对成员主观幸福感的影响程度最大

感恩奉献是中华民族的传统美德，在非正式结构体育社团这样的群体组织中依然得到体现。感恩奉献程度高的成员对群体组织"领袖"与同伴的关心、帮助始终记忆在心，为了感激群体组织的关照，会更加关心组织的长远发展，从而从自身做起，不断利用自己的社会资源回报锻炼群体，同时自己在群体中的地位也得到了大家的认可。

Luthans 认为正向的心态就是一种心理资本，尽管环境、遗传、金钱等因素影响到了幸福感指数，且这些因素达到 60%的比例，但还是有大约 40%的因素（自信、感恩、宽容、奉献等）是可控制的，正向的积极心理效应对主观幸福感的影响甚大。访谈中发现，正向因素（包括和谐的社会关系、愉快的社交活动、身心健康等）来自群体的锻炼环境，正向的人会在生活中有更佳的表现，在事业上有更加辉煌的成就。也就是说，积极正向的心理感受、行为表现、情绪反应与主观幸福感有着正相关关系。对于个体而言，尽管个体无法直接给予群体其他成员幸福感，但是可以创造可能的幸福场景或环境，这样也能帮助群体成员走入幸福和健康的殿堂，其中的重要因素就是相互之间的感恩与奉献。

（二）自信（b=0.107，P<0.05）对成员主观幸福感的影响程度次之

非正式结构体育社团成员通过锻炼群体增强了自信，也会尽自己最大的努力有计划地提高自己的技术水平，敢于承担有挑战性的表演、交流或比赛。随着锻炼群体的发展，每个人的技能水平逐步提高，社团成员间相互鼓励、相互帮助、相互提携，自信心得以提高。由于社团成员的主观幸福感源于积极的心理状态，所以，具有"幸福图式"的人，看待周围的环境和处理身边的事情是自信的，对待未来也充满信心，这种自信心可以提升个体的主观幸福感，即越自信的人其主观幸福感越强。

（三）宽容（$b=0.060$，$P<0.05$）对主观幸福感的影响达到了显著水平

宽容也是中华民族的传统美德。人非圣贤，孰能无过，得饶人处且饶人。宽容善待每一个锻炼成员在非正式结构体育社团中体现得非常好。锻炼群体本身是一个兴趣爱好集合体，群体成员的年龄、个性、脾气均不相同，聚集的焦点是体育锻炼，如果没有高度包容的心态，在遇到矛盾、困难或挫折时总是考虑个人得失，就会削弱群体凝聚力，不利于组织的长远和谐发展，组织成员自身的幸福感也就无从谈起。

Luthans 的研究结论证实，人的内心深处最重要的是要有幸福感，有积极正向的心理状态（宽容、感恩、自信等），群体成员的幸福感在群体一旦得到呈现，就会产生辐射效应。在非正式结构体育社团中，宽容的心态使群体达到"动态平衡"。心理学家研究发现，在工作、生活中要想产生很好的绩效，需要正向与负向比例达到3∶1才能够取得积极的成果，即需要3倍积极的东西填充在这个关系网络中。在配偶、父子等亲密关系中，积极因素和消极因素比例要达到6∶1才能组成成功的婚姻或家庭。非正式结构体育社团成员之间的宽容、感恩奉献，以及自我效能在互动中得到全面提升，这就是非正式结构体育社团能够具有超强生存力的秘诀所在，也是非正式结构体育社团组织资源在未来全民健身组织网络取得优势的秘诀所在。

（四）希望（$b=0.026$，$P>0.05$）与乐观（$b=-0.055$，$P>0.05$）对主观幸福感的影响没有通过验证

可能是受到传统集体主义观念的影响，虽然希望与乐观强调个人目标的实现，但对于自发性的非正式结构体育社团来讲，其不具有正式性，有些风吹草动就可能解散，随时可能因为群体领袖的心理波动导致群体无法延续。即使非正式结构体育社团的群体领袖具有坚韧顽强的性格，在遇到挫折时韧性也会降低，更在意个人的发展，明哲保身，对不具有正式组织合法性的非正式结构体育社团而言，其韧性会大大降低[68]。过于乐观与充满希望的成员，在遇到"风波"时，反而会减弱主观幸福感，这是一种预先储备的心理状态，集体意识弱化了对主观幸福感的影响，希望与乐观没有达到统计上的显著水平是可以预见的。

感恩、自信、宽容3个心理资本维度与主观幸福感有密切关系，但心理资本由于其内在固有的结构组合，是一个"打包合作"式影响幸福感的过程，组织内部行为增加了主观幸福感恰恰符合非正式结构体育社团这一组织特点。何威风等[69]对国外心理资本的研究进展进行总结得出同样的研究结论，研究证实主观幸福感符合群体心理优势，积极、幸福的个体往往有着较好的身体状态、精神状态和行为，个体的积极心理能力必然会对群体产生影响，并且幸福感对个体和群体组织绩效有着重要作用，但心理资本对主观幸福感的影响有维度上的

差别。关于非正式结构体育社团心理资本与主观幸福感关系的研究还需要进行多方位、多层次、多维度的探讨，进一步梳理前人的研究成果，进行元分析，揭示锻炼群体心理资本与主观幸福感的关联机制，全面考察非正式结构体育社团心理资本与主观幸福感产生积极影响的预测因素、调节因素、中介因素并创建因果结构模型。

六、小结与启示

（一）小结

非正式结构体育社团成员心理资本与主观幸福感具有正相关关系。希望、乐观、自信、宽容与感恩以协同的方式对主观幸福感发挥作用，其协同的结果会大于构成它的单个积极心理能力所产生的影响之和。

（二）启示

主观幸福感能够通过非正式结构体育社团内部的自我管理、心理干预得到提升。从引导与干预社团成员心理状态的视角得到以下启示：一是干预非正式结构体育社团内部的感恩、宽容与自信行为，利用锻炼群体内部愉快的氛围逐步提高主观幸福感；二是尽量让非正式结构体育社团成员体验成功，通过体验与享受一个个小成功，提高社团成员的主观幸福感，体验成功是开发自我效能感和自信最有效的方法；三是相关部门要向非正式结构体育社团成员描述锻炼或表演比赛的目标及其实现方法，帮助他们确立切实可行的锻炼目标，增强他们积极备战的信心，使非正式结构体育社团成员的锻炼目标感增强。

第四节　非正式结构体育社团成员心理资本与群体凝聚力的关系

在国家全民健身政策倾斜和人民健身需求的双重推动下，非正式结构体育社团快速发展起来，并成为全民健身运动的重要载体，虽然其"默默无闻"的生存方式被覆盖在正式体育协会组织影响力之下，但依然很容易观察到它们的大量存在，并且在全民健身中起着非常重要的组织作用，它们和正式组织一道形成了全民健身组织网络的节点。组织要稳定发展必须有坚固的凝聚力，即组织间和谐的人际关系，而心理资本则研究如何开发人的潜能，进而让人际关系达到最佳状态。目前，管理者很难清楚地了解不同类型非正式结构体育社团群体凝聚力的深层来源，以及非正式结构体育社团成员心理资本如何影响群体凝聚力，因此，本书从非正式结构体育社团成员心理资本的视角探讨其群体凝聚力，为管理者更好地管理非正式结构体育社团，让其发挥积极的组织作用，弥补正式体育协会组织在沟通、合作、协调等方面的不足提供借鉴。

一、体育心理资本与群体凝聚力关系研究进展

2002 年，Seligman 提出心理资本概念后引发了大量的相关研究。代表性学者 Luthans 等从 2002 年到 2007 年间结合积极组织行为学和积极心理学的理论框架，提出了以强调人的积极心理为核心维度，其样本的选取涵盖了体育活动组织，认为体育锻炼可以提高群体组织成员的心理资本含量，融合组织内部关系，增强组织凝聚力。国内在引进与开发心理资本过程中也取得了丰硕的成果，大量的研究成果验证了心理资本在国内的适应性，并开发了本土化量表，例如，杨钊[24]、杨剑等[26]以大学生为例考察了大学生体育锻炼与心理资本之间的关系，认为体育活动行为能够影响大学生的态度、行为习惯和情感体验等，提出了大学生群体性的体育锻炼可以获得心理资本的竞争优势。又如，魏德样[27]借助柯江林等[22]开发的本土化心理资本量表（自信勇敢、乐观希望、奋发进取、坚韧顽强、谦虚诚稳、包容宽恕、尊敬礼让、感恩奉献）提出了提升体育教师心理资本的有效途径，认为体育锻炼可以增强心理资本并影响体育教师的积极心理状态。上述成果为拓展体育学领域关于心理资本的研究奠定了基础。

国外运动心理学界在凝聚力领域的研究一直比较活跃，涉及的范围包括运动群体凝聚力、运动队凝聚力、多维运动凝聚力、群体环境等。Martens 和 Peterson[70] 对篮球队赛前、赛中、赛后的运动成绩与凝聚力关系进行了研究，结论是运动队的群体凝聚力与成绩呈正相关关系。Shangi 和 Carron[71]、Widmeyer 和 Martens[72] 对篮球，Landers 和 Lueschen[73]对保龄球，Williams 等[74-75]、Carron[76]等对高尔夫球、曲棍球项目的研究结果也得出同样的结论，并且运动团队凝聚力的产生与运动员的积极心理状态有关。国内学者张立[77]、张忠秋[78]对排球队凝聚力的研究得出群体凝聚力与运动成绩同样呈正相关关系。马红宇和王二平[79]、马德森[80]、邓小刚[81]均对体育运动团队进行了实证研究，得出基本相同的结论。

相关研究证实运动团队凝聚力与团队成员之间关系的和谐程度具有非常大的相关性，成员彼此的吸引力越大，成员之间建立良好人际关系的可能性越大，也越能满足成员情感上的需要，产生愉快的心理体验，进而促使团体的凝聚力提高。目前，国内外凝聚力研究所涉及的运动项目主要为曲棍球、保龄球、水球、排球、篮球等集体项目，实质是反映一定群体成员在情感和行为上的整合，它体现的是个人对体育团队的认同感，包括对整个群体和群体内成员之间的认同感。上述研究均是在正式体育组织干预下对运动团队、竞赛团队凝聚力的探讨，而对非正式结构体育社团在锻炼或比赛时凝聚力的研究鲜有涉及，现实中大量自发性锻炼群体的管理与发展不能视而不见。理论研究证实凝聚力的产生与成员在群体中获得的情感满足有关，规模小的群体比规模大的群体更容易产生凝聚力，非正式结构

体育社团属于扁平化、小规模群体组织，社团成员间会彼此关注，其活动和信息交流频繁，人际关系和谐，通过群体锻炼，社团成员获得了心理归属感、成就感、友谊，体验到了被接纳、被宽容等感恩的感觉，进而使锻炼群体获得发展的动力，并能够对群体行为产生积极影响。这些研究为在实践中应用心理资本理论探讨非正式结构体育社团凝聚力提供了新的视角。

二、研究思路与方法

课题组查阅了心理资本、群体凝聚力的相关文献 150 余部、篇。问卷设计参考了 Luthans 等[13]的相关书籍，以及柯江林等[22]、冯瑾涵和惠青山[82]、仲理峰[14]、何培[83]、Dobbins 和 Zaccaro[84]、Bollen 和 Hoyle[85]、Carron[76]等的系列论文的问卷条目，为本研究提供了理论支持。心理资本问卷采用正式量表的调查数据结果，群体凝聚力问卷采用 Eisenberger[86]的做法，选取条目中因子载荷最高的 5 项作为本研究的量表，且本研究将定位于个体层面的测量调整为群体层面，采用了学界常用的 Dobbins 和 Zaccaro[84]与 Bollen 和 Hoyle[85]群体凝聚力的测量量表与何培[83]的非正式组织凝聚力量表简化版的 5 个条目（信息沟通畅通，交流频繁；强烈的归属感，人员流失少；群体意识强，人际关系和谐；群体成员彼此关心，相互尊重；群体成员责任感强，承担群体任务）。课题组融合了中西方量表，调整了问卷的问答方式，使其更符合非正式结构体育社团成员的想法，采用 5 级评分，得分越高表明凝聚力越强，以特征值大于 1 为标准进行探索性因子分析，只提取了一个主成分因子，囊括了所有 5 个条目，贡献率为 71.257%，内部一致性系数为 0.901，组合信度为 0.806，平均方差提取量 AVE 为 0.458，误差方差大于 0，符合社会调查的要求。本节对非正式结构体育社团成员的心理资本与群体凝聚力的关系进行相关分析、回归分析等。

三、非正式结构体育社团成员心理资本与群体凝聚力的相关分析

课题组依据 Kishton 和 Widaman[87]的处理方法，先对数据进行打包，5 个分量表的 Cronbach's α 系数在 0.713 至 0.825 之间，均大于 0.6，满足打包处理的单维与同质条件，可以分别取均值进行相关的统计分析。采用随机法将自信、感恩、希望、宽容、乐观所包括的条目分别打成 5 个包，用均值表示各个潜变量，利用 SPSS 20.0 软件的相关分析功能对 5 个心理资本维度的均值和凝聚力变量的均值进行相关分析，相关矩阵结果见表 4-11。人口统计学变量中除性别、学历以外，年龄、月收入水平、职业和群体凝聚力的相关具有显著性，相关系数最高的是年龄（$r=0.129$）；5 个心理资本维度和群体凝聚力相关的双侧检验都在 0.01 的水平上具有高度的显著性，相关系数前三位依次是希望（0.624）、感恩（0.617）、宽容（0.555），从相关系数的值来看，均属于中低度相关。通过散点图检验线性关系，发现群体凝聚力和心理资本的 5 个维度呈线性相关趋势，可以进行回归分析。

表 4-11　群体凝聚力与人口统计学变量、心理资本变量的 Pearson 相关矩阵结果

	凝聚力	性别	年龄	学历	月收入	职业	自信	感恩	希望	宽容	乐观
凝聚力	1.000										
性别	0.008	1.000									
年龄	0.129**	0.149**	1.000								
学历	0.009	−0.220**	−0.476**	1.000							
月收入	0.106**	−0.220**	0.134**	0.250**	1.000						
职业	−0.092**	0.057*	−0.123**	0.086**	−0.135**	1.000					
自信	0.499**	0.043	0.132**	0.040	0.026	−0.059*	1.000				
感恩	0.617**	0.007	0.121**	−0.003	0.058*	−0.056*	0.512**	1.000			
希望	0.624**	0.057*	0.177**	0.003	0.069*	−0.047	0.613**	0.665**	1.000		
宽容	0.555**	−0.034	0.088**	0.049	0.074**	−0.033	0.504**	0.438**	0.493**	1.000	
乐观	0.435**	−0.035	−0.002	0.098**	0.072*	−0.006	0.519**	0.458**	0.535**	0.494**	1.000

* $P<0.05$，相关具有显著性。

** $P<0.01$，相关具有高度的显著性。

四、非正式结构体育社团成员心理资本与群体凝聚力的回归分析

本研究采用逐步回归分析的方法，对影响群体凝聚力的人口统计学变量（性别、年龄、学历、职业、月收入）以及心理资本的 5 个维度变量（希望、乐观、宽容、自信、感恩）进行 2 次逐步回归分析，并对各模型参数进行比较，试图找到影响群体凝聚力比较适合的相关变量，建立影响群体凝聚力相对完善的回归方程。2 次逐步回归分析的结果见表 4-12。

表 4-12　非正式结构体育社团成员心理资本与群体凝聚力逐步回归分析结果

分析次数	模型	变量	非标准化回归系数	标准化回归系数	t	Sig.	判定系数 R^2	调整后的判定系数 R^2	ΔR^2（与上个模型比较）	方差检验的 F 值	F 值的显著性水平
第一次逐步回归	1	常量	3.595		72.057	0.000	0.016	0.015		19.862	0.000
		年龄	0.005	0.126	4.457	0.000					
	2	常量	3.451		51.217	0.000	0.024	0.022	0.008	15.016	0.000
		年龄	0.005	0.114	4.008	0.000					
		月收入	0.055	0.090	3.166	0.002					
	3	常量	3.560		43.702	0.000	0.028	0.026	0.004	11.935	0.000
		年龄	0.004	0.107	3.742	0.000					
		月收入	0.050	0.082	2.863	0.004					
		职业	−0.018	−0.068	−2.379	0.018					

续表

分析次数	模型	变量	非标准化回归系数	标准化回归系数	t	Sig.	判定系数 R^2	调整后的判定系数 R^2	ΔR^2（与上个模型比较）	方差检验的 F 值	F 值的显著性水平
第一次逐步回归	4	常量	3.432		33.378	0.000	0.032	0.029	0.004	10.019	0.000
		年龄	0.006	0.144	4.258	0.000					
		月收入	0.036	0.059	1.902	0.057					
		职业	−0.019	−0.073	−2.539	0.011					
		学历	0.032	0.071	2.044	0.041					
第二次逐步回归	5	常量	1.323		14.735	0.000	0.389	0.389		779.793	0.000
		希望	0.648	0.624	27.925	0.000					
	6	常量	0.959		10.926	0.000	0.470	0.469	0.081	542.708	0.000
		希望	0.480	0.463	19.334	0.000					
		宽容	0.281	0.327	13.678	0.000					
	7	常量	0.609		6.845	0.000	0.521	0.520	0.051	443.477	0.000
		希望	0.291	0.280	10.074	0.000					
		宽容	0.243	0.283	12.249	0.000					
		感恩	0.313	0.307	11.414	0.000					
	8	常量	0.686		7.347	0.000	0.524	0.522	0.003	336.014	0.000
		希望	0.290	0.279	10.068	0.000					
		宽容	0.243	0.282	12.264	0.000					
		感恩	0.311	0.305	11.353	0.000					
		职业	−0.014	−0.052	−2.654	0.008					
	9	常量	0.617		6.235	0.000	0.526	0.524	0.002	270.405	0.000
		希望	0.288	0.278	10.028	0.000					
		宽容	0.241	0.280	12.179	0.000					
		感恩	0.311	0.305	11.359	0.000					
		职业	−0.012	−0.047	−2.362	0.018					
		月收入	0.025	0.041	2.077	0.038					

注：Sig.的值表示 P 值。

第一次逐步回归分析引进的人口统计学变量有性别、年龄、学历、月收入、职业，利用 SPSS 20.0 软件的逐步回归分析功能建立了 4 个回归方程（模型 1～模型 4）。表 4-12 结果显示：除了性别以外，其他 4 个变量依次进入了回归方程，回归系数的 t 检验显示，除了月收入以外，其他变量的回归系数都具有显著性（$P<0.05$），说明用年龄、职业、学历的变化能够很好地解释群体凝聚力的变化。模型 1～模型 4 的判定系数 R^2 依次为 0.016、0.024、0.028、0.032，ΔR^2（与上个模型比较）依次为 0.008、0.004、0.004。为了消除自变量的个数及样本量的大小对判定系数的影响，计算了回归方程调整后的判定系数 R^2，结果显示：模型

1～模型 4 调整后的判定系数 R^2 分别为 0.015、0.022、0.026、0.029，说明递增了自变量后的方程拟合效果较好。同时，对各回归方程模型进行方差分析，各 F 值的显著性得到了验证，均在 0.000 的水平上，说明模型 1～模型 4 回归方程的效果具有非常高的显著性。

将人口统计学的 5 个变量（性别、年龄、学历、月收入、职业）和心理资本的 5 个维度（希望、宽容、感恩、自信、乐观）引进群体凝聚力的自变量栏，进行第二次逐步回归分析，建立了 5 个回归方程（模型 5～模型 9）。上述 10 个变量依次进入了回归分析，回归系数的 t 检验显示（表 4-12）：性别、年龄、学历 3 个人口统计学变量及自信、乐观 2 个心理资本变量没能进入方程，说明这 5 个变量无助于解释群体凝聚力的变化，其他变量的回归系数都具有显著性，说明可以用希望、宽容、感恩、职业、月收入的变化协同解释群体凝聚力的变化。回归模型 5～模型 9 的判定系数 R^2 依次为 0.389、0.470、0.521、0.524、0.526，ΔR^2（与上个模型比较）依次为 0.081、0.051、0.003、0.002。模型 5～模型 9 调整后的判定系数 R^2 分别为 0.389、0.469、0.520、0.522、0.524，说明递增了自变量后的方程拟合效果逐渐递增。同时，对各回归方程模型进行方差分析，各 F 值的显著性得到了验证，均在 0.000 的水平上，说明回归方程模型 5～模型 9 的线性回归效果具有非常高的显著性。从回归系数的大小以及有效解释因变量的结果来看，心理资本中希望、宽容、感恩变量对群体凝聚力的解释力远大于人口统计学中职业与月收入变量的解释力。

五、讨论

非正式结构体育社团是一个典型的互动性锻炼群体，没有上下级关系与利益隔阂，属于扁平化的网络型交往组织，彼此之间的人际交往属于圈子内的人情与面子[88]。群体成员的心理资本含量各不相同，在自己的职权范围内对群体成员的付出不图回报，并只是希望得到群体成员的认可，一致的行为与想法使群体凝聚力得到加强，感恩、奉献、归属感、满足感等情感因素充满其中。本研究心理资本变量中的希望、宽容、感恩对凝聚力具有协同效应，并得到了验证。

（一）非正式结构体育社团成员心理资本的希望变量与群体凝聚力的关系

在 0.001 的水平上，非正式结构体育社团成员希望变量对群体凝聚力的影响具有非常高的显著性（t=10.028，P=0.000<0.001）。在兴趣、爱好基本相同的基础上成立起来的非正式结构体育社团健身目的明确，成员之间互动多，关系密切，都希望自己的群体发展壮大，以便从中获取更多的健身需求、心理安慰和社会上的资源。同时，受传统集体主义的影响，群体成员在各个层面上都极其重视社会融入，注重关系和谐，希望非正式结构体育社团规范化，得到社会的认可，进而拥有合法的社会地位，而具有较好凝聚力的群体是获得"社会合法性"[89]的重要

条件之一。

非正式结构体育社团的凝聚力更多地来自人情导向和人际和谐，更富于情感色彩。社团成员对群体充满了希望，希望从群体中获得成就感、归属感，希望组织发展壮大，不仅是健身的目标，还是一种被社会认可的心理。心理学研究认为，群体互动能获得一种特别的归属感，并且受到周围人们的拥护与认同，而这种归属感、成就感往往让锻炼群体成员对将来充满希望与幻想[90]。平衡理论认为，成员的相似性被认为是产生人际凝聚力的最主要因素，并且人们倾向于和自己喜欢的人以及那些喜欢自己的人在一起，而群体凝聚力就是通过成员表达和体现彼此的喜爱程度形成的，成员有强烈的"我群"观念，就会产生热爱群体的感情，自觉维护群体的道德规范，心甘情愿地履行群体规定的义务。也从传统文化的角度来分析群体锻炼的希望程度。受传统价值观念的影响，人们的心理积淀和行为方式影响生活中的各个领域，思维方式渗透于各种实践活动中。虽然有些成员参与自发性非正式结构体育社团的群体锻炼是为了调剂生活，但还是对群体的发展充满了希望与想象。随着现代化水平的提高，精神上的寄托让更多人参与到锻炼群体中来，对群体寄予更多的希望，使群体凝聚力呈现阶段性的加强。

（二）非正式结构体育社团成员心理资本的宽容变量与群体凝聚力的关系

在 0.001 的水平上，非正式结构体育社团成员宽容变量对群体凝聚力的影响具有非常高的显著性（t=12.179，P=0.000<0.001）。受中国传统儒家文化的影响，"得饶人处且饶人"的美德同样体现在非正式结构体育社团成员中，宽容的心态使群体处于一种积极的状态。锻炼群体本身是一个体育爱好者组合体，群体成员的兴趣、习性相近，如果过多埋怨群体成员之间参差不齐的技术水平，或者斤斤计较、睚眦必报，就必然会使群体成员的情绪低迷，同时也会削弱群体凝聚力，锻炼群体组织的稳定也就无从谈起。

适量的宽容与认同可以有效地改善群体成员的心态，增进群体成员之间的友谊，提升群体凝聚力与管理绩效。中国是一个高度重视人际关系的社会，人际关系的建立有赖于个体态度与行为的认同，因此有效处理人际关系所需的积极心态必然与社会能够普遍接受的规范或文化紧密相关[91]。在非正式结构体育社团中，包容、奉献的人际吸引是群体持续存在和稳定的基础，它就像黏合剂，将人的关系维系得更加紧密，使群体更具有凝聚力。前人关于心理资本的研究也证实，积极正向的宽容心理一旦得到呈现，就会产出更多情感付出，宽容的心理状态使群体凝聚力达到动态平衡，"以恕己之心恕人""己所不欲，勿施于人""得饶人处且饶人"等思想在群体锻炼的磨合中得到了充分体现。群体成员之间的宽恕与奉献能够使非正式结构体育社团具有意想不到的凝聚力，也是这类组织在和谐社会背景下生存的秘诀所在。

（三）非正式结构体育社团成员心理资本的感恩变量与群体凝聚力的关系

在 0.001 的水平上，非正式结构体育社团成员感恩变量对群体凝聚力的影响具有非常高的显著性（t=11.359，P=0.000<0.001）。感恩程度高的群体组织成员始终想着回馈，为了感激群体组织的关照，从自身做起，不断利用自己的社会资源回报锻炼群体，提供力所能及的便利，感恩的溢出效应使锻炼群体成员之间的凝聚力加强，可以认为群体凝聚力的形成与感恩有直接的关系。

在中国传统文化背景下，凝聚力体现为个体与组织的关系更为密切，个体愿意担负组织契约之外的义务。"滴水之恩当涌泉相报""知恩图报"等传统美德同样渗透在群体交往之中，感恩在非正式结构体育社团中体现得更加淋漓尽致，从模型 7～模型 9 的回归系数来看，感恩略高于希望与宽容。具有凝聚力的群体除了利益上的互惠共生与互补共生关系外，更多的是一种源自自身的相似性、相近性而形成的情感依赖。心理资本理论认为，如果感恩付出得多，群体成员心理资本就会出现螺旋上升的积极性，进而增强群体的归属感。积极心理学认为，感恩行为是一种情感，是融入社会行为的"道德强化器"。感恩是中华民族的传统美德，也成为人们立身处世的道德准则和生活态度，传承性的心理积淀影响了非正式结构体育社团成员的群体行为方式，从而使群体成员的感恩行为有着凝聚力的烙印。

希望、宽容、感恩 3 个心理资本维度与凝聚力有密切关系，但心理资本由于其内在固有的结构组合以"打包合作"的形式影响着凝聚力，现实中，具有积极行为的非正式结构体育社团离不开希望、感恩、宽容等因素的影响。受传统因素影响，锻炼群体的集体主义意识较强，具有感恩、奉献、宽容与尊敬他人的人际管理方式，对非正式结构体育社团产生了附加的、不易显现的价值，说明传统价值和遵从集体主义的思维方式与行为方式能够增强群体凝聚力，也恰恰符合非正式结构体育社团这一组织特点。在文化大繁荣大发展背景下，非正式结构体育社团成员需要相互合作，使社团规范化发展。同时，研究者应看到民族传统文化的积极作用与价值，需要将之予以保留并在组织中善加开发与利用。现实中可以发现，非正式结构体育社团成员大多数能做到感恩、奉献与宽容的统一，是群体凝聚力在无形中得到加强的重要因素。心理资本存量丰富的群体能积极主动地适应社会发展，积聚更多兴趣相投的人加入群体中，扩大群体规模。本研究关于非正式结构体育社团成员心理资本与凝聚力关系的研究局限于小群体的多，对大型广场舞、俱乐部、宗族协会等较大型的锻炼群体探讨较少，后续研究还需要进行多方位、多层次、多维度的探讨，进一步梳理前人的研究成果，进行元分析，揭示锻炼群体心理资本与凝聚力的关联机制，全面考察非正式结构体育社团成员心理资本与凝聚力产生积极影响的预测因素、调节因素、中介因素并创建因果结构模型。

六、小结与启示

（一）小结

非正式结构体育社团成员的希望、感恩、宽容变量与群体凝聚力具有正相关关系，对群体凝聚力的解释力远大于人口统计学变量。希望、宽容、感恩与职业、月收入水平以协同的方式对非正式结构体育社团凝聚力发挥作用，其协同的结果大于构成它的单个积极心理能力所产生的影响之和。

（二）启示

相关部门应加强对非正式结构体育社团成员心理资本的识别、开发与管理，使群体凝聚力能够通过体育社团内部的自我管理、心理干预得到提升。从提高群体凝聚力的视角提出管理启示：一是干预非正式结构体育社团内部的希望、感恩与宽容行为，利用锻炼群体内部愉快的氛围逐步提高凝聚力；二是尽量让非正式结构体育社团成员感受到政策支持与政府的关怀，提高其群体凝聚力，情感关怀是提升群体凝聚力最有效的方法；三是相关部门可以通过有效的组织建设、技能培训来加强非正式结构体育社团群体凝聚力，开发锻炼群体的希望、宽容与感恩行为，使非正式结构体育社团发展适合全民健身组织网络建设的需要。

参 考 文 献

[1] LUTHANS F, YOUSSEF C M, AVOLIO B J. 心理资本[M]. 李超平, 译. 北京：中国轻工业出版社, 2008：9-13.

[2] 张铁明, 谭延敏, 刘志红, 等. 农村非正式结构体育社团的发展研究[J]. 体育科学, 2009, 29（11）：23-40.

[3] 谭延敏, 张铁明, 黄银华, 等. 农村非正式结构体育社团演进路径的实证研究[J]. 上海体育学院学报, 2013, 37（1）：60-66.

[4] GOLDSMITH A H, VEUM J R, DARITY W. The impact of psychological and human capital on wages[J]. Economic Inquiry, 1997, 35: 815-829.

[5] SELIGMAN M E P. Authentic Happiness[M]. New York: Free Press, 2002.

[6] LETCHER L. Psychological capital and wages: A behavioral economic approach[D]. Kansas: Kansas State University, 2003.

[7] PAGE L F, BONOHUE R. Postive psychological capital: A preliminary exploration of the construct[R]. Working Paper of department of management of Monash University, 2004: 13-15.

[8] JENSEN S M, LUTHANS F. Relationship between entrepreneurs' psychological capital and their authentic leadership[J]. Journal of Managerial Issues, 2006, 18(2): 254-273.

[9] LUTHANS F, LUTHANS K W, LUTHANS B C. Positive psychological capital: Going beyond human and social capital[J]. Business Horizons, 2004, 47(1): 45-50.

[10] LUTHANS F, YOUSSEF C M. Human, social and now positive psychological capital management:Investing in people for competitive advantage[J]. Organizational Dynamics, 2004, 33, 143-160.

[11] LUTHANS F, CHURCH A H. Positive organizational behavior: Developing and managing psychological strengths[J]. Academy of Management Executive, 2002, 16(1): 57-75.

[12] SELIGMAN M E P, CSIKSZENTMIHALYI M. Positive psychology: An introduction[J]. American Psychologist, 2000, 55(1): 5-14.

[13] LUTHANS F, YOUSSEF C M, AVOLIO B J. Psychological capital: Developing the human competitive edge [M]. Oxford: Oxford University Press, 2007.

[14] 仲理峰. 心理资本对员工的工作绩效、组织承诺及组织公民行为的影响[J]. 心理学报, 2007, 39（2）：328-334.

[15] 温磊, 七十三, 张玉柱. 心理资本问卷的初步修订[J]. 中国临床心理学杂志, 2009（2）：148-150.

[16] 惠青山. 中国职工心理资本内容结构及其与态度行为变量关系实证研究[D]. 广州：暨南大学, 2009.

[17] 田喜洲. 我国企业员工心理资本结构研究[J]. 中国地质大学学报（社会科学版）, 2009, 9（1）：96-99.

[18] 田喜洲, 谢晋宇. 企业员工心理资本结构维度的关系研究[J]. 北京理工大学学报（社会科学版）, 2010, 12（2）：56-58.

[19] 蒋苏芹. 大学生心理资本的内涵与结构研究[D]. 南昌：南昌大学, 2011.

[20] 张文. 中小学教师心理资本问卷的编制及其特征分析[D]. 重庆：西南大学, 2010.

[21] 李敏. 高校教师心理资本的内容结构及其相关研究[D]. 开封：河南大学, 2010.

[22] 柯江林, 孙健敏, 李永瑞. 心理资本：本土量表的开发及中西比较[J]. 心理学报, 2009, 41（9）：875-888.

[23] 高英. 心理资本对知识型员工工作绩效影响的实证研究[D]. 沈阳：辽宁大学, 2011.

[24] 杨钊. 高校体育对大学生"心理资本"的开发与影响[J]. 郧阳师范高等专科学校学报, 2008, 28（2）：142-144.

[25] 王加新. 优秀运动员心理资本价值分析与干预策略[J]. 成人体育教育学刊, 2010, 26（2）：56-58.

[26] 杨剑, 崔红霞, 陈福亮. 大学生心理资本、体育锻炼行为与人格发展关系研究[J]. 天津体育学院学报, 2013, 28（2）：96-100.

[27] 魏德样. 我国中学体育教师心理资本的理论与实证研究[D]. 福州：福建师范大学, 2012.

[28] 张力为, 符明秋. 借用国外自陈量表的文化陷阱[J]. 心理科学, 2000, 23（6）：731.

[29] 孙时进. 社会心理学导论[M]. 上海：复旦大学出版社, 2011：20.

[30] 罗伯特·F. 德威利斯. 量表编制：理论与应用[M]. 魏永刚, 席仲恩, 龙长权. 译. 重庆：重庆大学出版社, 2004：57.

[31] 杨振宁. 组织健康的理论构建与捍卫机制研究[M]. 北京：中国社会科学出版社, 2010：137.

[32] 孙睿诒, 陶双宾. 身体的征用：一项关于体育与现代性的研究[J]. 社会学研究, 2012（6）：125-145.

[33] 柯江林, 郑晓涛, 石金涛. 团队社会资本量表的开发及信效度检验[J]. 当代财经, 2006（12）：63-66.

[34] 金瑜. 心理测量[M]. 上海：华东师范大学出版社, 2001：268.

[35] FABRIGAR L R, WEGENER D T, MACCALLUM R C, et al. Evaluating the use of exploratory factor analysis in psychological research[J]. Psychological methods, 1999, 4:272-299.

[36] PRICE J L. Handbook of organizational measurement[J]. International Journal of Manpower, 1997, 18(4):305-558.

[37] MACCALLUM R C, WIDAMAN K F, ZHANG S, et al. Sample size in factor analysis[J]. Psychological Methods, 1999, 4:84-99.

[38] WHETTEN D A. What constitutes a theoretical contribution?[J]. Academy of Management Review, 1989, 14:490-495.

[39] 张铁明, 谭延敏, 秦更生. 农村非正式结构体育社团发展阶段量表的研制[J]. 天津体育学院学报, 2012, 27（5）：446-450.

[40] 侯杰泰, 温忠麟. 结构方程模型及其应用[M]. 北京：教育科学出版社, 2004：152-169.

[41] STEIGER J H. Structure model evaluation and modification: An interval estimation approach[J]. Multivariate Behavioral Research, 1990, 25(2):173-180.

[42] BENTLER P M, BONETT D G. Significant tests and goodness of fit in the analysis of co variance structures [J]. Psychological Bulletin, 1980, 88(3):588-606.

[43] BENTLER P M. Comparative fit indexes in structural models[J]. Psychological Bulletin 1990, 107(2):238-246.

[44] 杨振宁. 组织健康的理论构建与捍卫机制研究[M]. 北京: 中国社会科学出版社, 2010: 164.

[45] PODSAKOFF P M, MACKENZIE S B, Lee J Y, et al. Common method biases in behavioral research: A critical review of the literature and recommended remedies[J]. Journal of Applied Psychology, 2003,88(5):879-903.

[46] ASHFORD S J, TSUI A S Self-regulation for managerial effectiveness: The role of active feedback seeking[J]. Academy of Management Journal.1991, 34(2), 251-280.

[47] 谭延敏, 张铁明, 胡庆山, 等. 农村自发性体育活动群体组织识别的实证研究[J]. 体育科学, 2009, 29 (1): 14-17.

[48] AVEY J B, LUTHANS F, YOUSSEF C M. The additive value of positive psychological capital in predicting work attitudes and behaviors[J]. Journal of Management, 2010,36(2):430-452.

[49] AVEY J B, REICHARD R J, LUTHANS F, et al. Meta-analysis of the impact of positive psychological capital on employee attitudes, behavior and performance[J]. Human Resource Development Quarterly, 2011,22(2):127-152.

[50] AVEY J B, LUTHANS F, SMITH R M, et al. Impact of positive psychological capital on employee well-being over time[J]. Journal of Occupational Health Psychology, 2010,15(1):17-28.

[51] COLE K. Well-being, Psychological capital, and underemployment: an integrated theory[r]. Paper presented at the joint annual conference of the international association for research in economic psychology(IAREP) and the society for the advancement of behavioral economics(SABE), Paris, France, 2006:14-28.

[52] COLE K, DALY A, MAK A. Good for the soul: the relationship between work, well-being and psychological capital[J]. The Journal of Social-Economics, 2009,38:464-474.

[53] CHANG E C. Optimism and pessimism: Implications for theory, research, and practice[M]. Washington, D C: American Psychological Association, 2001:191.

[54] JEX S M, BLIESE P D. Efficacy beliefs as a moderator of the impact of work-related stressors: A multilevel study[J]. Journal of Applied Psychology, 1999,84(3): 349-361.

[55] DIENER E. Subjective well-being: The science of happiness and a proposal for a national index[J]. American Psychologist, 2000, 55(1): 34-43.

[56] 谭延敏, 张铁明, 龙佩林, 等. 非正式结构体育社团成员心理资本与主观幸福感关系的实证研究[J]. 武汉体育学院学报, 2014, 48 (5): 60-65.

[57] 何瑛. 主观幸福感概论[J]. 重庆师院学报 (哲学社会科学版), 1999 (4): 73-81.

[58] 吴伟炯, 刘毅, 路红, 等. 本土心理资本与职业幸福感的关系[J]. 心理学报, 2012, 44 (10): 1349-1370.

[59] 丁凤琴. 心理资本与主观幸福感的关系探讨[J]. 宁波大学学报 (教育科学版), 2010, 32 (1): 64-69.

[60] 王贤哲. 心理资本、工作幸福感与工作绩效的关系研究[D]. 石家庄: 河北经贸大学, 2013.

[61] 唐家林, 李祚山, 张小艳. 大学生积极心理资本与主观幸福感的关系[J]. 中国健康心理学杂志, 2012, 20 (7): 1105-1108.

[62] 郭桂敏. 浅析心理资本与主观幸福感的关系[J]. 人力资源管理, 2013, (8): 53.

[63] 杨涛. 基于心理资本的大学生主观幸福感影响研究[J]. 山东纺织经济, 2013, (6): 55-56, 116.

[64] 孟林, 杨慧. 心理资本对大学生学习压力的调节作用: 学习压力对大学生心理焦虑、心理抑郁和主观幸福感的影响[J]. 河南大学学报 (社会科学版), 2012, 52 (3): 142-150.

[65] 邢占军, 刘相. 城市幸福感: 来自六个省会城市的幸福指数报告[M]. 北京: 社会科学文献出版社. 2008.

[66] KISHTON J M, WIDAMAN K F. Unidimensional versus domain representative parceling of questionnaire items:An empirical example[J]. Educational and Psychological Measurement, 1994,54(3): 757-765.

[67] 甄美荣, 彭纪生. 心理资本理论及其最新研究进展[J]. 生产力研究, 2011 (7): 206-207.

[68] 张铁明, 谭延敏, 陈善平, 等. 农村非正式结构体育社团形成的群体动力效应研究[J]. 体育与科学, 2010 (4): 54-58.

[69] 何威风, 张兆国, 杨怡. 国外心理资本研究述评[J]. 国外社会科学, 2011 (4): 122-126.

[70] MARTENS R, PETERSON J. Group cohesiveness as a determinant of success and member satisfaction in team performance[J]. International Review of Sport Sociology, 1976,6:49-71.

[71] SHANGI G, CARRON A V. Group cohesion and its relationship with performance and satisfaction among high school basketball players[J]. Canadian Journal of Sport Sciences, 1987,12:20.

[72] WIDMEYER W N, MARTENS R. When cohesion predicts performance outcome in sport[J]. Research Quarterly, 1978,49(3):372-380.

[73] LANDERS D M, LUESCHEN G. Team performance outcome and cohesiveness of competitive coacting groups[J]. International Review of Sport Sociology, 1974,9:57-69.

[74] WILLIAMS J M, HACKER C M. Causal relationships among cohesion, satisfaction and performance in women's intercollegiate field hockey teams[J]. Journal of Sport Psychology, 1982,4:324-337.

[75] WILLIAMS J M, WIDMEYER W N. The cohesion-performance outcome relationship in a coacting sport[J]. Journal of Sport and Exercise Psychology, 1991,13(4):364-371.

[76] CARRON A V. Cohesiveness in sport groups: interpretations and considerations[J].Journal of Sport Psychology, 1982,4(2):123-138.

[77] 张立. 关于我国优秀女子排球队凝聚力的初步研究[J]. 中国体育科技, 1993（1）: 15-27, 48.

[78] 张忠秋. 运动群体凝聚力主要表现特征与培养方式探讨[J]. 体育科学, 1996, 16（3）: 68-72.

[79] 马红宇, 王二平. 群体凝聚力与运动成绩关系: 研究结果不一致的原因[J]. 北京体育大学学报, 2002（6）: 834-836.

[80] 马德森. 体育团队凝聚力及其多维综合评价体系的研究[D]. 曲阜: 曲阜师范大学, 2004.

[81] 邓小刚. 职业足球团队凝聚力多维综合评价体系构建[J]. 西安体育学院学报, 2010, 27（5）: 548-550, 565.

[82] 冯瑾涵, 惠青山. 企业员工心理资本开发的影响因素及建议[J]. 中国管理信息化, 2010, 13（19）: 52-54.

[83] 何培. 非正式组织网络结构对组织凝聚力的影响研究[D]. 重庆: 重庆大学, 2009.

[84] DOBBINS G H, ZACCARO S J. The effects of group cohesion and leader behavior on subordinate satisfaction[J]. Group and Organization Studies,1986,11(3):203-219.

[85] BOLLEN K A, HOYLE R H. Perceived cohesion: A conceptual and empirical examination[J]. Social Forces,1990,69(2): 479-504.

[86] EISENBERGER R, Cummings J, ARMELI S, et al. Perceived organizational support, discretionary treatment, and job satisfaction[J]. Journal of Applied Psychology,1997,82(5):812-820.

[87] KISHTON J M, WIDAMAN K F. Unidimensional versus domain representative parceling of questionnaire items:An empirical example[J]. Educational and Psychological Measurement,1994,54(3):757-765.

[88] 罗家德. 组织中的圈子分析[J]. 现代财经, 2013（10）: 8-12.

[89] 高丙中. 社会团体的合法性问题[J]. 中国社会科学, 2000（2）: 100-109.

[90] 张铁明, 秦更生, 韩斌, 等. 新农村建设中村落体育组织的发展困境与实践模式研究[J]. 西安体育学院学报, 2014, 31（1）: 45-49.

[91] 李海, 张勉. 组织凝聚力量表的构建与有效性检验[J]. 南开管理评论, 2010, 13（3）: 136-149.

第五章　非正式结构体育社团的运行机制

在国家政策的倾力支持下，我国的社会、经济、文化有了质的飞跃，在满足民众健身交往、心理归属等精神需求上，国家大力推行各种倾斜政策，对各种类型的非正式结构体育社团进行支持与帮扶。因此，了解非正式结构体育社团的运行机制对非正式结构体育社团的发展有着重要的作用，更影响到我国全民健身计划的实施。本研究从生成机制、组织结构、管理机制、约束机制、社会功能以及运行机制动力系统等角度，结合上述横向的实证研究结果、田野调查访谈情况对非正式结构体育社团的运行机制进行阐释。

第一节　非正式结构体育社团的生成机制

非正式结构组织的生成常常由特定事件而起，又随特定事件而落[1]。非正式结构体育社团是一个典型的非正式结构组织，主要因健身、表演或比赛而开展的体育活动而生成，并不像协会那样是一个既成实体。作为居民赖以健身、交往的健身组织不是规范化的、常规化的，有时甚至是随机的，解散或重组都是很常见的，因而也就意味着健身组织的生成不具有规律性或长期性。但非正式结构体育社团又是公共体育服务的宝贵社会资源，不能一概教条地加以正式组织化，采用非正式制度的约束与管理才是非正式结构体育社团生成的基础，是组织存在与开展活动的必要条件与要素，对于经济社会发展相对落后的地区而言尤其如此。传统习俗社会中的习惯法同样影响着非正式结构体育社团的生成，其惯性的管理方式来自非正式制度，并且这种非正式制度具有持续的生命力，构成了非正式结构体育社团维系的根基。它囊括了非正式结构体育社团中的风俗习惯、价值观、道德观、行为规范等因素[2]。由于非正式结构体育社团的业缘、血缘、趣缘、族缘与地缘性特点，共享与共识的群体形式作为一套行为规范体系已经渗透到组织管理当中，可以说非正式结构体育社团深深嵌入公共体育服务当中，其组织活动目标、内容及形式也都是公共体育服务体系的产物，是中华传统体育载体的化身。当然，非正式结构体育社团也非独立存在，它是基于体育健身互动而自发演变成的，多以内在自发的方式存在，而较少以外在强制性的方式存在，因而非正式结构体育社团存在方式是一种节约成本的管理，不失为非正式结构体育社团生成机制的基础。本部分主要针对非正式结构体育社团的成因以及正式制度对它的影响进行详细阐释。

一、从自组织理论角度分析非正式结构体育社团的生成缘由

自组织理论阐释了复杂的组织系统是如何形成、如何发展的，如何从无序状态走向有序状态、从初级有序状态走向中级、高级有序状态的机制问题，这一理论观点为进一步解释非正式结构体育社团的生成提供了理论基础。自组织理论认为，非正式结构体育社团是在日常生活中不受任何外部力量强行驱使的情况下形成的，其之所以存在，是因为每个社团成员不仅是承担组织角色的"组织人"，也是其自身的活动不受组织制度约束的"自由人"和具有多元化健身娱乐需求和丰富情感及特性的"社会人"。这些丰富的心理和社会需求在正式体育组织（体育协会、文体站等）中是不能得到完全满足的，甚至不存在这一正式组织，有的即使存在也形同虚设。通过对非正式结构体育社团的调查与分析得知，由个别人发起组织的占 54.3%（见图 3-5），并且人员构成是从朋友圈、邻居圈、同学圈、亲戚圈开始蔓延逐渐发展壮大。正如一位非正式结构体育社团成员（沈女士，摆手舞，政府广场）描述的那样："摆手舞开始是几个人一商量自发形成的，后来在邻居、朋友、同事的参与下，队伍变得越来越大，影响力也越来越大。因为随便来随便走，管理就有点乱，后来就分出去了几个队，什么机关的、街道的、社区的、大杂烩的，谁觉得关系不错就到一块儿去了，分别找别的地方活动了。现在其他摆手舞队也不错，我们经常串联，并且都在街道办备案了，准备加入摆手舞协会呢。"从访谈中可以看出非正式结构体育社团从无序状态走向有序状态，从自发组织状态到备案状态、协会状态的发展过程。本研究认为，在居民层面影响和促成非正式结构体育社团的因素有 4 个：一是相似的社会背景；二是相似的个人经历和地位以及相近的性格、兴趣、情感和志向；三是某一健身或交往等方面相同的利益以及成员之间在一个开放的环境中近距离地频繁接触；四是在交往和沟通中获得较多的一致性等。也就是说，自组织形式是非正式结构体育社团生成的一个缘由。

二、从需求层次理论角度分析非正式结构体育社团的生成缘由

按照马斯洛的需求层次理论（生理—安全—社交—尊重—自我实现），人的需求是一个递进的过程，在安全保障后，需要与同事、同伴保持良好的关系，希望得到友谊、忠诚，希望通过有组织的锻炼提高自己的技术技能水平和健康水平，同时得到别人的尊重。这样的递进需求对大多数人来说是非常重要的，如果得不到满足就可能影响人的心理健康。随着经济社会的快速发展，在物质生活水平逐渐提高的同时，人们精神层面上的需求急剧提升，可供选择的休闲活动内容很多，参与体育群体锻炼只是其中之一。伴随着人们健康意识的提升，参与自发性体育群体锻炼的人逐渐增多。由于有了共同的兴趣和爱好，人们互相之间的交流就会不自觉地增多，人们的交往逐渐密切，彼此间的情感逐渐升温，久而久之，人们

在锻炼群体中体会到社会交往的快乐，体育锻炼技术技能方面的特长在锻炼群体中得到展现或发挥，收获了健康、快乐、友谊、成就感……访谈土桥坝国标舞锻炼群体成员时也印证了这一观点："几年前加入群体时是为了锻炼身体，没有想到交了这么多朋友，大家平等相处，互相尊重，现在身体比以前更好了，我离不开这个队了，并且我也成了队伍的骨干了，一些朋友、亲戚什么的也陆陆续续来了，我也成老师了。哈哈，感觉蛮好的。"所以口碑宣传、现身说法使团队增添了更多来自业缘圈、朋友圈、血缘圈、邻居圈等的锻炼成员，兴趣爱好相同的人获取了锻炼群体的信息后申请加入社团，使得非正式结构体育社团逐渐发展壮大。恩施州巴东县的公安篮球队，根据水平与对外交流的需要划分甲队和乙队来满足不同层次篮球爱好者的需求，形成了一个开放式的篮球锻炼群体。第三章的问卷调查结果显示：体育群体的人际环境选择依次为朋友、家人、邻居、同事等，选择率分别为58.08%、32.87%、29.69%、29.28%（见表3-6）。可想而知，在非正式结构体育团队中成员的交往与友谊逐步加深，满足了人们的社交与尊重以及自我实现的需要。可以认为，人们多种多样的精神层次需求才是催生非正式结构体育社团的根本缘由。

三、从传统文化角度分析非正式结构体育社团的生成缘由

传统社会"礼"的思想丰富了人们精神需求中体育文化活动的内涵，这种文化活动内涵来自人们长期以来的体育生活实践所自然形成的体育文化理念和意识，以及在大脑中形成的相对固化的思维模式，而相对固化的体育文化意识一旦形成且转化为群体的共同体育意识，就会在非正式结构体育社团的运行中表现出较强的稳定性，形成独特的组织运行方式。有了共同的生活习俗、行为方式、价值观，也就有了共同的体育意识，人们会在这种共同体育意识下运行非正式结构体育社团，在体育社团内部形成独特的民俗情结。人与人之间的体育活动交往是一种"礼节"，以人格品质做担保的行为和思维方式，持续影响着体育群体的发展导向。很多人没有享受到体育协会、文体站等正式组织结构的健身福利（第三章的调查数据显示：由体育协会发起的组织仅占12.7%）。由于人们长期以来受到随遇而安的思想影响，所以，非正式结构体育社团成员不适应正式体育社团中的正式组织与正式体育制度约束的事实显而易见，发展的形势是非正式结构体育社团占主流，在这样的原生态体育活动环境状态下，传统文化习俗可以使非正式结构体育社团有效地减少道德风险和机会主义的倾向，是我国全民健身活动开展的润滑剂。传统文化因素是非正式结构体育社团生成的观念基础。

四、从社会空间角度分析非正式结构体育社团的生成缘由

非正式结构体育社团是自愿组成的非营利性的社会体育中介组织，是群体结合的一种特殊形式。这种特殊形式是在特定、必要的条件下形成的，具体表现在

以下两个方面。一是活动空间的临近，如生活居住的地理位置上的接近。从第三章调查结果可以看出，非正式结构体育社团的锻炼场所离家的距离越近，参与人数越多，76.1%的居民选择距家2千米以内的锻炼场所（见图3-15）。例如，街坊邻居或文体活动爱好者，由于活动空间临近，便于相互接触与了解，彼此间容易变得熟悉，也容易引为知己。另外，距离近可以节约时间，人们没有特殊的原因一般不会舍近求远。人际均衡理论也说明了这一点。最近这些年，各个城市和乡镇兴建了不少广场、公园、健身步道等，为非正式结构体育社团的发起提供了重要的物质要素——锻炼场所，大大缓解了附近居民锻炼空间紧张、距离太远等矛盾。所以，活动空间的临近是非正式结构体育社团形成和存在的重要条件。二是交往空间的临近。在非正式结构体育社团中，无论是邻居、家人、同事还是朋友圈子，都是在地缘、血缘、业缘或共同兴趣、共同爱好的基础上，自然而然形成和存在的，相互交往比较自由，没有过多的约束、限制。在恩施州的访谈中，一位朋友说道："我家就住在文化中心附近，原来跳舞去土桥坝，需要坐公交车，现在这儿也有广场舞跳了，很快姊妹们就熟悉了，一年多了关系都蛮好的，也方便了。"可以看出锻炼人群从一个空间转移到另一个空间，需要具有经常性、持久性的交往。面对面的互动只有经常、持续进行，才有可能使彼此全面熟悉、了解，才可能形成具有浓厚感情色彩的非正式结构体育社团，而且只有这种面对面的互动能持久进行下去，非正式结构体育社团才能得以维持，并且这种面对面的互动持续时间越长，形成的关系越深，非正式结构体育社团内部越吻合、越团结、越巩固。锻炼空间及距离临近是非正式结构体育社团生成的重要物质保障。

五、从组织归属角度分析非正式结构体育社团的生成缘由

非正式结构体育社团是建立在居民共同兴趣爱好基础之上的非正式体育组织，它是原有正式体育组织的补缺群体。实践证明，高度集中的组织体制阻碍了锻炼群体的积极性、主动性和发展的自由。一些在长期集中统一的组织号令下发展的正式结构体育社团，降低甚至失去了群体自主发展的能力。因此，在相应的公共体育服务体系尚未建立或健全的情况下，居民开始寻求新的体育组织来实现自身组织归属需求是一个无可奈何的选择。按照心理学家的说法，社会上每一个人的内心深处都是孤独的，人如果除了工作和家庭以外没有加入任何一个组织就意味着被边缘化了，故人们有着强烈的除了工作和家庭以外的归属需求。正是在这种组织重构过程和人的组织需求特殊背景下，非正式结构体育社团在广大区域内应运而生，当居民发现非正式结构体育社团这样一种组织形式提供了安全的、自由的乃至快乐的活动氛围时，非正式结构体育社团便有了强大的吸引力，居民参与这种社团的体育锻炼就能够体会到除了工作单位和家庭之外的组织所带来的心理归属感，所以，非正式结构体育社团的存在在一定程度上填补了公共体育服务体系转换过程中出现的组织空缺，发挥了广大人民群众希望拥有组织归属的部分功能。从组织属性可以理解居民加入非正式结构体育社团的动机，大量非正式结构体育社团的存在源于居民的组织归属需求。

第二节　非正式结构体育社团的组织结构

组织结构是任何群体都具有的特征。组织结构包括群体为实现群体目标而形成的具体责任、分工协作与权威领导。尽管非正式结构体育社团也有分工协作与健身领袖，但是群体规模小，组织结构比较松散，发展规划是通过协商与约定形成的，缺乏中长期发展目标，内部协商式组织结构缺乏制度化管理，群体发展目标可随时调整、随时变化。与正式组织相比，非正式结构体育社团是属于非制度化管理的组织，群体的"制度"都是人情化的、口头上的，没有正式成文的制度或章程，这种非制度化特征鲜明地体现了非正式结构体育社团的非正式性。可以说，从群体规范到权威管理机制转型都体现了非正式结构体育社团组织结构的行为约束、成员地位、角色等级及特殊的运行方式。

一、非正式结构体育社团的群体规范

从群体规范角度可以了解非正式结构体育社团的组织结构。非正式结构体育社团是在共同的体育兴趣基础上形成的，不仅需要内部的分工与协作，也需要群体规范，成员之间的合作机制直接影响着组织结构的稳定。正式组织通常以契约形式预先加以约定，对于非正式结构体育社团成员来说，加入社团是根据自己的兴趣爱好自愿参与群体组织，其加入或退出都没有严格的规定或者限制，比较随意，通常是口头约定或某些面子上的担保等。正是这种非正式制度导致了非正式结构体育社团的组织结构运行不稳定，往往会因为性格、关系、面子、利益或者阶层不平衡而随时解散、随时重组。问卷调查得知，1~3 年内成立的非正式结构体育社团的比例高达 62.8%（22.8%+18.9%+21.1%，见图 3-3），而半年内新加入非正式结构体育社团的比例为 22.5%，1 年内新加入的比例为 17.6%（见图 3-4）。数据显示，新成立社团与重新组合为新社团的现象并存。

非正式结构体育社团成员由于权威、氛围、关系、便利、阶层等多种因素选择离开或解散或重新组合社团是常有的事情，群体成员的规范不是以制度的形式进行约束，而是用传统的习惯法来管理，如面子大小、圈子远近、关系疏密等。此外，非正式结构体育社团成员通常因关系纽带不强而缺乏归属感与主观幸福感。如果非正式结构体育社团成员缺乏积极心理资本（自信、希望、感恩、宽容等）或者积极心理资本的存量不足，那么，非正式结构体育社团的组织结构就会是松散的，人员也会不稳定，这样组织凝聚力就得不到保障，组织的长期稳定发展就落不到实处。

二、非正式结构体育社团中权威与平等合作共存

从权威与平等合作角度可以了解非正式结构体育社团的组织结构。马克斯·韦伯把权威划分为三种类型，即法理型权威、传统型权威与魅力型权威。三种权威的合法性体现形式不同。法理型权威体现理性化的现代社会特征，是合乎法律程序的；传统型权威体现非理性化的传统社会特征，是合乎习惯法的、世袭性的；而魅力型权威体现的是中间型人格特征，是精神型的、认同型的[3]。以个人能力和品格为基础的权威认同在各种自发性的非正式结构体育社团中普遍存在，并且能够达到权威与平等合作共存。

非正式结构体育社团魅力型权威的产生是建立在人格魅力、组织管理能力、健身技能、社会资本的认同基础上的，通常一个社团至少有一个魅力型领袖或者权威，这不仅是组织的要素，也是组织结构的核心。对于非正式结构体育社团而言，权威领袖也是必然存在的，但非正式结构体育社团成员在组织结构中的地位、角色及等级都是有差异的，其他成员也会基于某些因素（年龄、性别、技术、品德、社会资本等）在社团中的地位不尽相同，但是通常他们之间的合作是平等协商的。调查得知，多数的体育社团权威具有明显的公益倾向，没人发补助或者津贴，甚至上级组织未必知道有这样一个体育社团，但是这些权威都是凭着个人的偏好、执着、勤奋与无私奉献精神，兢兢业业地为广大体育社团成员的健身发展义务服务。

不同社会场域有不同的内在逻辑与规则。简单来说，在非正式结构体育社团这样的群体组织中，在体育健身技术、技能上具有较高的水平是获得群体成员认同的基础。另外，品德是人们对权威个人尊敬与好感的人格基础，正如贺雪峰所描述的"好人"与"能人"之间相互循环、相互关联的社会现象，两者都是得到权威认同与平等合作的基础。不过，当前非正式结构体育社团的权威，略体现出一种对于技术能力素质的偏好，在非正式结构体育社团中，谁的技术水平高，谁就是权威的现象非常普遍。访谈调查了解到，在很多小型锻炼群体中，体育技术水平高的成员自然被认为是魅力型权威。

三、组织结构呈现出魅力型权威向法理型权威的转型

从权威转型的角度可以了解群体的组织结构。现代的法理型权威主要存在于国家基层设立的正式组织中。在各类非正式结构体育社团的发展中，权威主要是建立在非正式结构体育社团内部成员对于权威本人的组织管理能力或品德方面自发的认同与赞许基础上的。权威的不同特点与类型又会影响组织内在的秩序或管理模式，魅力型权威与传统型权威具有相似的管理背景，通常遵循家族式、宗族式管理范式，而正式结构体育社团基本上是依赖于法律条文的规定，权威的来源具有法理性。在非正式结构体育社团中，由于群体规模相对较小，组织结构简单，

基本上是扁平化结构，这种结构的权威类型多属于魅力型，其管理方式主要呈现出家长制和权威主义的色彩。在一些互助合作的社团中，成员地位相对平等，经常进行信息沟通与决策的方式是共同协商，传统型权威与魅力型权威反映了平等协商特点，这也是当前非正式结构体育社团的普遍特点。

从群体发展的角度看，非正式结构体育社团组织结构的变化既有必然性与合理性，同时也有过渡性特点。现实中非正式结构体育社团发展规模需要扩大时必然要发生权威类型的转型。非正式结构体育社团的群体规模越大，魅力型权威的管控能力越弱，依靠魅力基础的管理形式逐步向具有法律契约的法理型权威管理形式转变。例如，贵州省铜仁市印江土家族苗族自治县和湖北省恩施州咸丰县在社区执行的备案制管理形式是权威转型的典型案例。可以认为，从组织结构的权威角度进行群体剖析有助于非正式结构体育社团的正常运行与管理。

第三节　非正式结构体育社团的管理机制

任何一个群体组织都有不同的管理机制，尤其是自发形成的非正式结构体育社团更是别具一格，但它却能够适合自发性群体的管理方式。鉴于经济发展是相当一段时期内发展的主题，所以重中之重便是如何伴随经济、文化、社会的快速发展对非正式结构体育社团进行有效管理，提高体育组织网络化建设程度。在国家提供基本的宪政框架和法律环境情境下，非正式结构体育社团的管理事务由乡镇政府（街道办）、村委会（居委会）和其他类型的自组织来承担，居民也因为有了非正式结构体育社团而能够更好地维护和实现自身的健身、交往、群体归属等需求。全民健身运动的蓬勃发展与国家治理体系现代化也对非正式结构体育社团管理提出了新的要求。本研究通过"过渡性"的视角对非正式结构体育社团进行定位，来探讨精英型、领导型、宗族型等不同类型非正式结构体育社团的管理机制。

一、非正式结构体育社团的精英型管理

从体育活动项目精英角度可以了解群体组织的管理机制。纵观非正式结构体育社团参与的活动内容，大致属于现代项目与传统项目的交叉、融合以及共存，而这些活动项目的普遍开展均与健身精英有关。从群体特点来看，这些活动均以一种自在自发的方式围绕在健身精英周围。在健身精英的领导下，非正式结构体育社团的活动内容都依据各自的兴趣，来源于现实生活，群体活动形式更多地表现为群体自发组建、自我管理、自我约束的自觉行为。这些健身精英是非正式结构体育社团的发起者、管理者，也是各种项目技能的传播者。现代体育组织的管理方式，离不开与风俗习惯的紧密联系，不管是从事现代健身项目还是传统的民俗项目，都是在健身精英的领导下，在公益性场域中进行。虽然组织结构松散、群体规范来自传统习俗，但形式灵活多样的特征在这类团体活动上体现得最为彻

底，群体的管理方式以精英型为主。例如，摆手舞队、羽毛球队、篮球队、太极拳队等基本是在健身精英的领导下进行有效的管理与运作。这类活动不存在专门专业的管理组织和机构对其进行规划和设计，也不存在轰轰烈烈的动员与号召，而是在健身精英的影响下，人们以一种潜移默化、随波逐流的"盲从形式"参与到非正式结构体育社团活动之中，并以一种生活化的管理方式影响着非正式结构体育社团的发展。

从访谈中得知，许多非正式结构体育社团是在健身精英的带领下进行的，并且健身精英的奉献精神在群体内部蔓延，使自信、乐观、感恩等积极心理资本储备增强（详见第四章）。如果非正式结构体育社团健身精英的影响力大一些，其所在社团的组织规模、持续时间、锻炼频率就会相对稳定；如果健身精英不能继续参加活动，社团管理就容易混乱，很快会有新的健身精英出现。同伴理论认为，个体享乐需要同伴之间的互动才能够得到。非正式结构体育社团之所以大量存在，也是因为同伴之间的大量互动维系。尽管非正式结构体育社团比较松散，但都是围绕着同伴的健身需求而成立的，这对解决初级群体组织归属与管理问题有明显的作用[3]。非正式结构体育社团成员之间虽然互动内容简单、互动范围狭小，但互动双方仍然要建立信任关系，取得相互之间的认同，认同使得非正式结构体育社团的群体活动管理更有效，建立认同关系时最廉价、最确定的信息莫过于血缘和地缘方面的信息。正常情况下，非正式结构体育社团成员总是靠汲取社团的各种"营养"得以成长，健身精英要在技术层面或者组织领导层面有比其他成员更高的影响力，才容易获取其他成员的认同。维持这类团队的发展，关键条件是要有一个或多个精英骨干，靠着这些热心精英骨干的无私奉献精神，非正式结构体育社团的群体凝聚力、成员的主观幸福感日渐增强。

二、非正式结构体育社团的领导型管理

从领导参与体育活动角度可以了解群体组织的管理机制。在非正式结构体育社团中，领导的参与会使群体呈现核心化管理模式。虽然健身精英的技能方面很突出，但领导的影响力更大，获取社会认可、资源利用更便捷。这类核心精英人物的意志和行为对非正式结构体育社团的目标和规范均具有决定性的影响，可使管理方式更加规范化。非正式结构体育社团的领导型特征越明显，成员的归属感就越强，群体的凝聚力和感召力也越强，非正式结构体育社团也就越稳定，越不易分裂。领导是非正式结构体育社团成员心理服从的集中代表者，其言行对非正式结构体育社团管理形式具有巨大的渗透力。领导就像维系感情的纽带，把非正式结构体育社团成员吸引在自己周围。在某些单位，如果一些领导喜欢体育活动，就会以领导为核心自发成立非正式结构体育社团，或者领导退居二线后加入某个健身群体，逐渐成为该群体的领导核心。这些社团均属于领导型非正式结构体育社团，其运作方式、管理方式具有双重性，同时兼顾单位与社会非正式组织的协

调。非正式结构体育社团能够有效运转更多的是运用同事、同学、同乡之间的信任关系，为非正式结构体育社团贴补社会资源，所以领导型的基层体育社团周围同时汇聚了大量的社会资本。在组织活动过程中，领导往往利用各种正式的、非形式的社会关系资源，积极进行上下沟通、横向联络，借助政府的权力支持实现良性循环。因为领导的正式权力、权威等的影响，其管理效果要远远好于精英型的非正式结构体育社团。

非正式结构体育社团与政府的互动主要是基于相互之间的信任、情感联结等机制来实现的。从访谈中可以看出，领导参与健身组织具有无形的管理与监控优势。首先是领导的融入提高了领导在群众中的地位和公信力，为群众参与体育锻炼树立了榜样；其次是领导的融入能够适时地把控非正式结构体育社团的发展动向，避免社团在不知不觉中演变成邪教组织；最后是领导的融入为非正式结构体育社团带来了大量的社会资源，专业人才聚集效果更明显，更易受到人们的关注与青睐，通过群体活动达到聚集、辐射和宣传效应，领导会运用自己正式或非正式的权力、人脉等社会资源为全民健身组织网络建设服务。非正式结构体育社团就像是一个个自然形成的体育文化的博览会和大众健身活动的展示会，随时随地的体育团队活动就像活体广告一样冲击着人们的感官。理论上是从众心理促使单个的个体聚集在一起形成团队，又因为发展需要促使单个的团队经常联络，汇聚成气势磅礴的健身组织网络，领导型非正式结构体育社团的管理方式能把控群体健身行为的方向性和发展的稳定性。

三、非正式结构体育社团的宗族型管理

从宗族角度可以了解传统体育组织的管理机制。调查的辖区内同宗同族现象普遍，在传统习俗的影响下，各种文体活动都是在宗族长老的带领下开展的，参与人员都为同宗族、同地区的人员。宗族型非正式结构体育社团的核心人物是宗族的长老或者传统项目的传承人，他们在整个社团中的威望极高，设计与规划了很多体育展演活动，带领大家在指定时间排练、演出、节庆巡演等，所以参加非正式结构体育社团活动的成员多是从心底里拜服，也强烈认同宗族型的管理方式。另外，非正式结构体育社团的宗族型管理在传统体育传承发展方面比较突出，并且与传统节庆紧密相连，形成了非正式结构体育社团宗族型品牌效应的整体发展态势。例如，摆手舞成立之初就是为了祭祀，在后来的发展过程中不断与传统习俗融合，逐渐演变成节庆活动（牛王节、跳花节、摆手舞节等）。在宗族领袖带领下，展现族群生活面貌，不仅让宗族领袖获得尊重与权威，还对非正式结构体育社团成员的心理状态起着积极的调节作用，唤起人们对宗族健身领袖的崇拜与认同，达到调整非正式结构体育社团成员社会心理平衡的效果，培养了社会情感，维系了社会和谐。

宗族型管理机制主要是靠长老的感召力和影响力，它与精英型、领导型管理

机制做到了功能互补。从访谈中可以看出，非正式结构体育社团的宗族型管理实质上就是族群互动行为，人们在互动中寻求活动成本较低的制度安排，认为宗族领袖的活动安排就是最合理的制度安排。因此，在实现公众广泛参与的同时，系列化与品牌化是宗族型体育活动深入发展要考虑的问题。宗族型管理机制要依据本地区的特点，以形成不同规模等级的群体活动，达到活动类型多样化和活动时间规律化相得益彰，形成宗族型非正式结构体育社团群体活动的品牌化效应，辐射其他地区。宗族领袖型非正式结构体育社团具有很好的示范效果。

第四节　非正式结构体育社团的约束机制

在全民健身运动蓬勃发展的背景下，非正式结构体育社团迎来了发展的春天，备案登记门槛已经成为当前地方社区非正式结构体育社团培育政策实践的基本动作[4]，部分非正式结构体育社团事实上已经超越了靠定型的日常关系来维持有效的互相来往和合作阶段[5]。政府失灵与市场失灵为非正式结构体育社团提供了合理性与合法性的理由，市场与政府的"不完美"为非正式结构体育社团"完美登场"创造了条件与空间。在双重失灵背景影响下，非正式结构体育社团有了巨大的发展空间，但其运行还是面临着来自各个方面的约束。

一、非正式结构体育社团的法律约束

任何组织都会在一定的环境中按照特定的方式运作[6]，形成组织是为了实现组织成员的共同意愿。非正式结构体育社团参与人员各行各业都有，人数很多，但是由于正式注册的社团门槛较高，多数非正式结构体育社团游离于正式监管之外。简单归纳起来，可以认为非正式结构体育社团存在于法律的边缘地带，这是一个少有人问津的群体组织，法律正式的监管体系对其基本不起作用。但是通过非正式的渠道，政府与这些非正式结构体育社团依然有着千丝万缕的联系，一种"无形"的法律之手约束着非正式结构体育社团，甚至可以影响其生存。

法律的力量约束着非正式结构体育社团的存续空间。当然，对于非正式结构体育社团的快速发展，要及时洞察其发展动向，实施归属就近的村委会、居委会进行备案式管理是目前可行之策，也算是从法律上进行了松绑。

二、非正式结构体育社团的习俗约束

一切组织和一切协调行为都是传统的绵续性结果，并且在不同的民俗文化中，都有其不同的形式[7]。在全民健身运动影响下，迅速崛起的非正式结构体育社团遍布城乡社区的每个角落，由于传统习俗的惯性影响，正式制度管理对非正式结构体育社团的影响不大，而传统习俗却对其有相当大的约束力，这主要源于中华民族的习惯法。实践者长期的社会实践活动经过时间的累积，形成的经验信息就

会转化为实践者的意识，去左右实践者的行为，成为实践者生存与社会行为有力的支撑机制。从这个意义上说，非正式结构体育社团成员的锻炼、交往、关心、互助等惯习使社团成员产生了"在场"的约束力，而"在场"的约束力又形成群体实践调适，逐步形成群体内化规范，而内化的结果来自传统的习俗[8]。

这类非正式结构体育社团的约束机制来源于传统习俗式管理，主要是来自惯习，这种惯习来自长期实践经验的内化，内化的结果是非正式结构体育社团成员的社会行为、生存方式、生活模式、行为策略等都受传统习俗的约束。对于一个依附于传统习俗进行有效管理的非正式结构体育社团来说，良好的传统习俗文化会约束其成员的不良行为，激励成员之间的信任与合作。

三、非正式结构体育社团的自主约束

密集而稳定的人际关系构成了群体组织，既存的群体组织实际上就是人际关系的一种固化表现形式[9]。非正式结构体育社团就是一个松散的既存组织，其成立基于共同的兴趣、爱好，其人际关系属于同类相聚式。群体组织约束主要是依靠群体领袖与成员之间的自觉行为，没有法定程序设置的规范性要求或标准，群体组织的有效、有序运转主要来自成员之间的自主约束。

群体组织约束来自内部的自觉行为。从组织层面来看，非正式结构体育社团是扁平化组织，但却是一个基于信任的人际关系体系，体系内的非正式规则有助于群体的正常运转，成员之间的高度信任允许非正式约束的存在，用内化制度指挥和调动非正式结构社团成员的行为，逐步形成普遍的组织行为规范[10]。换句话说，内隐性的非正式规则使非正式结构体育社团执行自主式约束更有效[11]。

第五节　非正式结构体育社团的社会功能

非正式结构体育社团的外显功能是健身和娱乐，内显功能是整个社会和谐稳定的润滑剂。在非正式结构体育社团开展体育活动的过程中，成员之间、精英领袖与成员之间互相尊重、理解、宽容、感恩的现象随时发生，群体成员之间的氛围和谐，他们充满了自信与希望，在共同参与体育活动中获得积极的心理资本（自信、乐观、希望、感恩与宽容等）积累，这进一步激发了其锻炼的积极性，培养了群体成员的主观幸福感。非正式结构体育社团的活动行为不仅是众人参与的群体性活动，而且是维系社会公共秩序和社会公共利益的工具，社团良好的人际关系又极大地增强了群体凝聚力，使非正式结构体育社团的群体活动更加协调有效地进行，并影响成员参与锻炼的持续性，这在一定程度上使社会更加和谐稳定。可以说，非正式结构体育社团起到了安全阀、解压阀、缓解器的作用，相对来说，人们参与黄、赌、毒以及迷信、邪教等活动的机会会大大减少，这对整个社会的和谐稳定和健康发展起着至关重要的作用。因此，非正式结构体育社团具有不可替代的社会功能。

一、非正式结构体育社团提升了社团成员的健康水平

健康的维度中不仅有身体健康、心理健康、社会适应良好，还有道德健康。非正式结构体育社团虽说是非正式的，但是由于有了魅力型领袖，开展活动的经常性保持得很好，还是值得表扬的，这也符合大多数体育社团成员的基本需求。通过有规律的体育锻炼，人们的身体状况逐步得到改善，强健了体魄，提高了身体各器官的健康水平；在运动中，自身能够产生使人心情愉悦的体验，有利于缓解家庭、生活、工作、情感等压力，排泄苦闷，起到心理保健的功能。例如，通过群体锻炼，成员的自信、希望、乐观、感恩等正能量因素得到提高，心理资本存量得到提升。非正式结构体育社团成员经常面对面地进行活动，这为他们的信息交流和感情沟通创造了有利的时机和条件，而通过非正式结构体育社团活动的人际交往，人们可以逐步掌握正确处理人际关系的技巧，以便更好地适应非正式结构体育社团这个小社会，体现了社团成员良好的社会适应能力。

从访谈中了解到，每个社团成员的群体心理归属感都很强，需要群体来维系其积极的心理状态。在共同的健身活动中，人们通过互相认识和了解，逐渐产生了感情，成为志趣相投的朋友。所以说，非正式结构体育社团中的人际交往也能折射出社会中的人际交往，人们在相互交往中实现对自身的矫正与调节，满足自身健康、心理归属、自我价值实现等方面的需要，同时在交往中建立各种非正式的人际社会关系，增加个人社会资本的存量。非正式结构体育社团作为一种自发性的社会组织，其成员之间往往具有互帮互助、互相宽容、互相理解的惯习，多数成员会关心、支持其他成员，形成了良好的道德规范，提升了成员的道德健康水平。因此，非正式结构体育社团不仅对身体、心理有积极的影响，而且对人的社会适应能力和道德规范产生了有益的影响，久而久之，就从整体上提升了非正式结构体育社团成员的健康水平。本研究认为应该充分利用非正式结构体育社团的群体心理特点，最大限度地发挥群体的自信、希望与乐观的积极心理作用，继承感恩与奉献的传统美德，为社会和谐稳定奠定基础。

二、非正式结构体育社团提升了公共体育服务资源配置的合理性

著名社会学家马丁·阿尔布劳（Martin Albrow）认为资源配置是以特殊的非正式关系网络为基础的社会交换，并以满足个人多元化的需求为目的而进行的，在特殊的非正式人际关系中，普遍存在的非正式制度在社会交换中起着重要作用。非正式结构体育社团的资源配置是以特殊关系网络为基础的，资源获取是多方面的。为了能够达到社会资源的合理配置，非正式结构体育社团主动承担了政府为开展全民健身运动而转移出来的一部分社会体育管理职能，成为政府联系社会的桥梁与纽带，以"购买"公共体育服务的方式让政府从微观的体育管理中解脱出

来。可以认为，非正式结构体育社团是全民健身运动开展中的有效替补，达到拾遗补阙的作用，因为政府无力解决众多有组织的健身服务，而非正式结构体育社团恰恰可以帮助政府解决组织建设问题，达到公共体育服务资源的合理配置。

访谈中了解到，非正式结构体育社团的生长基点是能够弥补组织资源的短缺，具有促进政府职能转换的替补优势，能够弥补政府的职能缺位。随着国家对社会体育组织建设的进一步深化和政府职能的转换，在政府和社会主体之间出现的中断也急需一个承上启下的"桥梁"，用以协调政府与社会主体间的关系，对上可以向政府反映社会主体的愿望与需求，对下可以向社会主体传达政府的意图。发展非正式结构体育社团是深化改革和政府部门转换职能的客观需要，也是公共体育资源合理配置的需要。

三、非正式结构体育社团有利于形成自律性的社会秩序

社会秩序的形成需要依靠社会的自律来实现。随着全民健身运动的蓬勃发展，非正式结构体育社团逐渐壮大，其社会自律行为也越发显得重要。非正式结构体育社团作为新的组织体系和制度框架，在维护社会秩序、提供健身服务、满足群体健身需求等方面发挥作用的机制，与政府组织的正式结构体育社团的机制不同，它通过自愿、自律服务等机制来实现非正式结构体育社团的组织体系和制度框架，反映了非正式结构体育社团的自律性，这种自律性有利于维护社会秩序。

在社会转型期，市场与政府双失灵的背景下，发展非正式结构体育社团能有效促使政府与社会相对分离，通过非正式结构体育社团可形成全民健身组织建设与管理的新格局。在新的管理格局下，非正式结构体育社团的发展有利于社会各有机组成部分相互配合、相互协调，形成自律性的社会秩序。

四、非正式结构体育社团具有传承传统体育文化的潜在功能

体育活动能改变人们生活的精神取向，同时构建传统体育文化的特色。由于社会环境、文化背景、经济发展水平的不同，每个地方都有自己代表性的特色和传统习俗流传下来，而本课题实证研究中的湖北省恩施州来凤县的几个摆手舞队个案，不论是群体组织构成还是群体表现形式，都是对当地民风特殊风格的提炼，具有当地浓厚的文化内涵，同时也承载着厚重的传统体育文化与价值观，尤其是来凤舍米湖的习俗型体育社团，诸多摆手舞事件的宗族记忆形成了摆手舞的文化传统，这是被研究者长期忽略却可以挖掘并极具潜力的文化功能。原生态摆手舞队的骨干曾经是文艺爱好者或文艺骨干，他们曾经的记忆还可以在某种环境中重新焕发生机。

访谈中了解到，非正式结构体育社团无形之中传承了传统体育文化，并且体育健身的潜功能也得到彰显，问卷调查也证实 63.1%的非正式结构体育社团成员认同传统体育项目（见图 3-18）。非正式结构体育社团不仅是传承的载体，也是全

民健身组织网络的节点。可以认为，来凤县摆手舞队在各种比赛或表演活动中的出色表现，使当地居民的劳动生活场景在电视节目、网络等多种媒体中再现，也使更多的人知晓、了解并认可中华传统体育文化。非正式结构体育社团无形中成为中华传统体育文化传承的载体，其队长及成员成了传承人，而且传承效果良好，成为展现来凤县经济社会发展的一张亮丽的名片。

第六节　非正式结构体育社团的运行机制动力系统

非正式结构体育社团是一个自发性组织，没有正式的制度做支撑，人们加入这类组织是为了满足各自的健身、交友、娱乐、休闲、心理归属等需要。由于各类非正式结构体育社团的生成机制不尽相同，目标不尽一致，因此其在运行中极易出现结构松散、人员不固定、频繁加入和退出现象，管理上以传统习俗式约束为主。即使是宗族型、领导型或精英型体育社团，由于不是正式组织，其魅力型领袖也不便强制性地像对待企事业单位员工或者科研团队一样去硬性管理，全靠锻炼成员的自觉，有的精英型社团由于领袖的魅力或能力不够大，社团组织纪律散漫，甚至最终导致社团解散；也可能是精英型社团领袖由于个人原因（生病、旅游、随儿女迁移等），没有办法继续带领社团进行正常活动，导致社团分裂或解散；抑或领导型社团中前一任领导爱好体育运动，成立了非正式结构体育社团，而后一任领导对体育运动没有偏好，或者和前一任领导的体育爱好不同，那么，"一朝天子一朝臣"现象的出现就不足为奇了，存在"取消"原来的非正式结构体育社团，成立新非正式结构体育社团的可能性；有的非正式结构体育社团的制度管理、约束、健身需求等各个方面不能满足社团成员需求，社团成员也有可能退出原有的体育社团，而重新加入其他的体育社团；如果成员人数太多或者有矛盾，社团成员就会重新自立门户或者寻找新的社团加入，这样就自然分成了若干小的体育社团。在第三章实证研究部分中，一年前成立的体育社团有 22.8%（见图 3-3），超过了 1/5，成员加入体育社团半年时间的有 22.5%（见图 3-4），也超过了 1/5。

访谈中了解到，非正式结构体育社团从成立、管理到群体约束都是在一种自然状态下进行的，其社会功能看起来较弱，容易被忽视，但非正式结构体育社团作为社区建设中和谐稳定的细胞作用不容忽视。非正式结构体育社团自发形成的非正式制度的管理导致其只有口头上的、软性的约束，没有成文的、硬性的约束章程。非正式结构体育社团的发展虽然显而易见，但其不确定的组织形式使其运行机制具有灵活性、多样性与松散性。另外，非正式结构体育社团免费的锻炼场所居多，没有正式的锻炼场所，"打游击"的现象极大地挫伤了其成员健身的热情，加上没有正式的法律保护，一旦发生场所纠纷或者居民有异议，多数非正式结构体育社团就会难以为继。非正式结构体育社团成立没多久就因为场地、环境以及人为等矛盾而夭折的现象时有发生，所以调查中不时有新的体育社团成立，不断有新成员加入，而这样的组织所能实现的社会功能就会相对较差。由于没有法律认可，没有正式管理制度的约束，加上缺少场地和活动经费，这样不稳定的非正式结构体育社团严重影响了其社会服务功能的正常发挥。非正式结构体育社团超过一半（54.3%）是由个别人发起的，这就可以说明其非正式结构的特点，管理与约束的主体都来自社团精英或习惯法。

非正式结构体育社团的自发性生成机制决定了其管理机制和约束机制只能采取"软"而非"硬"的方式。没有政府的法律支持，游走于法律之外的非正式结构体育社团，其资金、场地等无法得到保障，自然在满足社团成员多元化与个性化需求（缓解各种压力）上就会大打折扣；在发挥转换政府职能、传承传统体育文化等功能上要受到极大的影响；整体运行机制出现了抵制或消减，影响到全民健身运动的发展，进而影响到社会的和谐与稳定。因此，只有非正式结构体育社团的存在被立法，有强大的政府支持或者在政府相关的机构备案，有相应的物质和经济保障，有充裕的活动场地，才能够将其责任和功能发挥得淋漓尽致，所以各个机制间的关系是层层递进、互为关联的。随着经济、社会、文化的发展，多方力量集合形成了对非正式结构体育社团的重要动力系统。健康压力、社会支撑力、政府推动力、城镇化发展拉力共同构成动力系统，各级政府、相关部门可以对非正式结构体育社团的发展与管理提供各种政策、发展规划等建议，也可以为协会及非正式结构体育社团的管理和运作提供理论指导。动力系统渗入非正式结构体育社团的管理、教育、运行及群体活动等各个方面，成为全民健身快速发展不可或缺的有力工具，在物力、人力和智力等方面进行支持，促进社会形成健康文明的组织方式。无论是各级政府宏观调控政策的制定，还是非正式结构体育社团或协会桥梁纽带作用的发挥，抑或是非正式结构体育社团的相关理论研究和决策的制定，都离不开充分的、可靠的、及时的相关动力系统。动力系统已成为非正式结构体育社团健康、快速、持续发展不可或缺的重要资源，为非正式结构体育社团的科学管理提供了重要支持，非正式结构体育社团的生成机制、管理机制、约束机制以及社会功能都是在和谐社会发展背景下形成的（图5-1）。

促进民间体育组织与国家伙伴关系的方法之一是确保非正式结构体育社团在所谓的"公共空间"上有一个稳定的位置[12]。因此，在转换政府职能、实现资源配置以及传承传统体育文化等方面，政府宏观掌控非正式结构体育社团的运行轨迹至关重要。应尽快出台上升至法律的管理性文件，尽力为非正式结构体育社团提供发展的场地、经费以及管理方面的需求，保障大多数社团成员的利益，维护已经成立的非正式结构体育社团的良性运转，对新成立的非正式结构体育社团进行有针对性的帮扶，通过政府相关教育、体育、文化、旅游、广电等管理部门的共同努力，充分发挥非正式结构体育社团的各项功能。在社会转型期，非正式结构体育社团的运行机制也是建立在市场机制基础上的，需要从国家、社会、家庭、个人四个方面进行全方位的改革。非正式结构体育社团的运行如何运用市场机制解决合法性问题、如何吸纳社会资源、如何通过市场开拓新的生存渠道却是难以解决的新问题，也是非正式结构体育社团持续发展存在的现实困境。

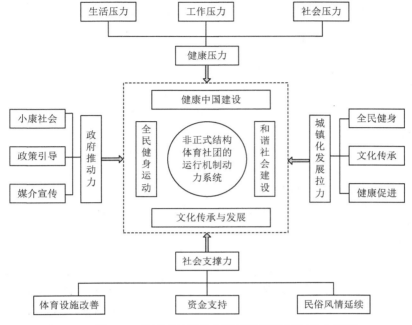

图 5-1 非正式结构体育社团的运行机制动力系统

参 考 文 献

[1] 费菲. 农民自组织行为研究：以徐村为个案[D]. 合肥：安徽大学，2004.

[2] 段晓锋. 非正式制度对中国经济制度变迁方式的影响[M]. 北京：经济科学出版社，1998：9-10.

[3] 张铁明，谭延敏，刘志红，等. 农村非正式结构体育社团的发展研究[J]. 体育科学，2009，29（11）：23-40.

[4] 王名. 社会组织与社会治理[M]. 北京：社会科学文献出版社，2014：171.

[5] 费孝通. 费孝通译文集（下册）[M]. 北京：群言出版社，2002：24.

[6] 芮明杰. 管理学：现代的观点[M]. 2版. 上海：上海人民出版社，2005：189.

[7] 马林诺夫斯基. 文化论[M]. 费孝通，等译. 北京：中国民间文艺出版社，1987：90.

[8] 宫留记. 布迪厄的社会实践理论[M]. 郑州：河南大学出版社，2009：3.

[9] 王询. 文化传统与经济组织[M]. 大连：东北财经大学出版社，2007.

[10] 燕继荣. 投资社会资本：政治发展的一种新维度[M]. 北京：北京大学出版社，2006：111.

[11] 曼弗雷德·凯茨·德·弗里斯. 悬崖边的能人组织[M]. 丁丹，译. 北京：东方出版社，2011：49.

[12] 莱斯特·M.萨拉蒙，等. 全球公民社会：非营利部门视界[M]. 贾西津，魏玉，等译. 北京：社会科学文献出版社，2007：32.

第六章　案例研究：三个摆手舞队的运行机制分析

本章通过横断面了解非正式结构体育社团运行状况，以三种不同类型的摆手舞队阐释非正式结构体育社团存在的价值与行动取向，为进一步探讨非正式结构体育社团的运行机制、引导策略及发展模式提供事实依据。

第一节　研究方法的选择

案例研究可以对不同类型的非正式结构体育社团进行诊断，选择合理的管理方法，提出切实可行的建议和实际操作办法，为非正式结构体育社团的改革和发展提供借鉴和参考。案例研究部分主要采用质的研究方法，同时也把问卷调查中的一些结论穿插应用到案例研究过程中，使个体发生的事件与问卷调查数据相吻合，从整体视角阐释非正式结构体育社团的运行机制。本章采用实证主义和解释主义两种研究方法，以解释主义为主，实证主义为辅。实证主义的方法在现阶段应当成为体育科学研究的基本范式之一，其特点在于追求精确性、客观性、因果性、演绎性、定量性、概括性以及普遍性[1]。研究者在运用这种方法时，尽量保持价值观的中立，尽量不包含个人对研究结果产生的影响，即人们常说的定量研究，如抽样、实验设计、问卷设计、量表设计、数据统计等，但是得出的结果未必适合每一个个案，甚至不能深入揭示和解释研究对象的本质属性。这种方法适合从宏观层面上对事物进行大样本的调查和预测研究。解释主义认为：世界上除了存在客观而明确的实证研究以外，还有着多种特定关系（群体关系、人际关系）、行为（健身行为、交往行为）、情景（锻炼情景、群体氛围）、心理（归属感、成就感）等有机事件的联系。事件的存在并不是为了能够演绎出事物发展的一般规律，而是对个案进行解释与描述。解释主义的范式体现了其主观性、参与性、特例性的特点，是从特殊到一般的归纳法，通过诠释和移情来解释和理解现实社会中的各种体育现象及其内部意义。这种方法的研究是与一定的价值观相联系的，一般适合从微观层面上对个别事物进行细致、纵向动态的描述，遵循现象学（指面对某事件时的即时感觉、感情、幻觉、意识、意象、知识等）的研究模式[2]。

一、质的研究方法

质的研究方法最早源于人种学、民俗学、现象学、解释学等的研究思想和方法。质的研究方法尚无一个确切的、公认的定论，与实地问卷调查的形式有所不同。我国权威学者陈向明[2]对质的理解如下：第一，在研究工具上，该方法的研究工具不是问卷或仪器，而是研究者本人；第二，在调查情境上，研究者是在自然情境进行的，亲自体验这个调查过程，必须是本人在场的情境式活动，采用的方式是开放型、参与型观察；第三，在资料收集方法上，采用多方面资料收集方法，文献分析与实地调研材料归纳并用，从整体角度探究所发生的社会现象并进行整理；第四，在扎根理论形成上，通过与调查对象的各种互动来获得解释、理解、认同、推广，对调查对象的行为和产生的意义进行理论性建构。通过陈向明的系列文献研究结果可以得出这样的解释：质的研究工具是研究者本人或者是研究小组，在"原生态"环境下与被调查者接触和交往，使自己融入被调查者的生活中，通过自己的亲身体验来解释或建构被调查者的行为事件。当然，在质的研究过程中必须先了解一些相关背景，如研究者本人的经历以及被研究者的社会、经济、文化、家庭背景等，因为这些因素将对研究介入、深度访谈、长期跟踪调查产生巨大影响，所以个案研究的整个过程是相对流动、演进的，个案的事件发生过程就是研究结果，主要是对事件过程进行详细的描述与细致的报道。然后采用自下而上的方法，以换位思考的方式理解当事人对事物的看法、感受及其行为的意义，既关注结果，也关注过程，在强调情境性的基础上进行理论构建，展现出来的是文字或场景图片，这些文字或场景图片能够再现事件发生的真实性、亲和性。质的研究重视调查中被研究者的感受与情感，虽然研究结论不能推论到样本以外，但研究方法的平民性往往对同类事件产生触动。正如法国社会学家布迪厄（Bourdieu）对社会调查现象的理解所描述的那样："好好地写写那些平庸无奇的世事人情吧。"

质的研究的表现形式有个案研究、叙事研究、行动研究等，本研究采用多个个案的案例研究。

二、案例研究方法

在体育社团的研究领域中，研究者一般会将非正式结构体育社团与正式结构体育社团笼统地看作一个整体对象——锻炼群体，而较少考虑各地区不同性质体育锻炼群体的具体活动状况，因此针对锻炼群体的研究仅仅用问卷作为获取数据的手段，调查的深度还远远不够。另外，研究者大都被现代体育文化所左右，以现代体育组织体系的视角看待自发性体育活动群体，结论是城市社区、农村没什么体育组织，即使有也是发育不全的体育组织，从而丧失了研究兴趣。其实，自发性体育组织有着自身的规律与特色，而要深入展现自发性体育组织活动场景，就必须将着眼点放在其"生于斯，长于斯"的生活空间[3]。因为社区社会分化程度低，非正式结构体育社团与体育协会、俱乐部类型的体育社团多有不同，表现出与习俗整合为一体、与传统的民俗生活混同在一起的特点，其活动的形态特征是相对固定的，其展现的活动特征是自发的和自由自在的。本研究尝试以个案研究为手段，综合多学科的方法，将体育活动的考察纳入居民的生活之中，来讨论和解释丰富多彩的传统体育组织的活动形式。

从理论回到现实生活，以非正式结构体育社团的经历、系列故事和当事人的理解为基础建构的从下而上的"扎根理论"[4]，较之从上而下的"宏观理论"更具说服力，因此，个案研究所具有的丰富性、真实性与活力能够深深唤醒体育研究者与管理者对非正式结构体育社团这群被遗忘的社会动感细胞的记忆。

本研究希望通过个体的实践经历去弥补和充实官方话语的不足，为非正式结构体育社团理论的拓展奠定基础；还希望能通过访谈、非参与性观察、参与性观察等个案研究的具体方法，以研究者本人为感知工具，较为主观地还原事件的本质和内涵，用群体中鲜活的系列故事去充实和弥补单调的数据和抽象的理论。本研究对象是非正式结构体育社团的成员，这是一群个性鲜明，情感丰富，大胆追求健康、休闲、娱乐的"弱势群体"。以往量的研究虽然通过测量获取了大量数据，并结合数理统计的方法揭示了居民参与有组织健身的一些带有共性的特征和规律，但是在调查研究（量的研究）中，被调查者只能在某一个特定的时间阅读指导语后，面对问卷或量表选择"参加"、"偶尔参加"或"不参加"，或者选择"是"或"否"，但"是"与"否"的原因是什么？"参加"或"不参加"的深层次影响因素是什么？在访谈的现实情境下，调查对象的观点和态度里面蕴含了什么意义？掺杂了什么提示或提醒？研究者的理解程度不同，探讨问题的深度也会不同，这些问题在问卷调查中是得不到合理解释的，而质的研究方法采用了一个新的思路去解释社会现象质的借鉴。其实，把某种群体作为一个小社会现象进行整体的调研和探讨，是我国民族学、人类学以及社会学家们一直以来进行研究并取得重大成果的一项工作。选定"非正式结构体育社团"作为研究对象，就含有对前辈成果的一种借鉴，但对某个个案进行纵向考察，还面临着个案的代表性如何、共性的意义何在等问题。本研究试图将三个典型的摆手舞队作为研究背景，探析非正式结构体育社团的运行机制，并赋予其更多的理论意义和价值，通过类型比较，走出个案解释力局限性的困局。在下文中，我们会对摆手舞队选择、研究思路的转换以及研究主题的最后确定有一个比较详细的说明。

第二节　案例研究中对象的选取、融入与背景

一、个案的选择与融入

本研究借鉴费孝通、折晓叶、陈俊杰、陈向明等社会学家和人类学家的个案调查样本选取的方法，以方便调查为依据。课题组负责人及主要成员隶属国家民族事务委员会主管下的高校，课题组成员常年深入湘、鄂、渝、黔进行调研，每年利用寒暑假期的机会，长期跟踪关注来凤县的三个摆手舞队，与其部分成员已经成为朋友式关系，具有方便调查的有利条件。通过访谈了解和感受到摆手舞队

的发展历程，可以直接进行访谈调查与研究（在研究方法部分已经详细介绍多个时间段的访谈）。按照人类学的研究方法与原则，要求调查者既要换位思考，在个案所处的文化环境中来理解个案的思想与行为，又要用科学的研究方法，站在理论阵地的前沿，结合个案的实际，归纳出更为科学的认识。相对于摆手舞队的调查研究而言，方法论上面的困境相对容易解决，原因是课题组成员的学缘关系可以得到部分缓解，课题组成员已经和摆手舞队进行了多次交往，积累了长期合作关系。课题组的第一主研人前后4年多全程参与摆手舞队的调查，并将自身体操专业的优势融入摆手舞的创编中，结合专业理论知识对摆手舞队成员进行指点，尤以其鲜活的体育锻炼与营养供给理论知识给予摆手舞队成员丰富的体育见闻和对体育生活的真实感受。由于短暂的"师生"关系，课题组成员很快以熟人、朋友的身份融入其中。在访谈调查过程中，课题组进行分工协作：第一主研人往往以闲聊的方式切入主题，并利用交谈的技巧，逐渐引导被调查者对研究主题有感而发，以保证调查资料的真实性；课题组的其他成员在被调查者视线之外做好录像（经过同意，只为研究，不涉及隐私）或详细的笔录，并记录调查场景、群体氛围与个体状态（身体语言、表情等）等（许多有关摆手舞队的发展历程方面的重要信息是在"闲聊"中追问获得的）。这些访谈结果对问卷调查是一个非常重要的补充，能够深入了解居民对体育健身认识的广度和深度。访谈结束后课题组成员展开讨论，交流各自的看法，并把各自访谈中还需要追问的问题记录下来，以便下次跟踪访谈时解除心中的疑惑，以此来探讨摆手舞队的运行机制与社会变迁之间的关系。

　　依据长时间的跟踪调查，本研究想探讨的问题是：是什么原因促使这些人加入摆手舞队的？他们如何看待自己的健身行为？集体行为如何表现？集体行为如何管理？锻炼的动力源在哪里？对摆手舞健身价值的认识如何？在参与活动前后他们有怎样的感受？亲人和队友对他们的活动采取怎样的态度？等等。本研究不是为了探求摆手舞队存在的表面原因，而是为了了解摆手舞队成员的心理感受，以及这种心理感受产生的真正根源。实证部分的相关研究多采用档案分析和问卷调查，但从这些已有的成果中，看到的只是书面材料，而且多是从体育工作者和管理者的角度加以总结的。通过问卷调查，可以总结出非正式结构体育社团产生的种种原因，但这些原因的真实性如何、是不是主要原因，无法得知。此外，从问卷中获得的信息因其非即时性，不能就调查者感兴趣的问题及时追问，也不能通过其他方式验证这些信息的可靠性，这使得研究结果的效度难以得到充分保障。正是基于以上原因，课题组决定采用质的研究方法，从摆手舞队成员的角度来探讨非正式结构体育社团的运行机制、发展困境等问题，挖掘问卷调查获得信息以外的鲜为人知的一些事情。

二、案例的背景介绍

　　本研究的三个个案都来源于来凤县。来凤县属于湖北省恩施州，位于酉水上游，是鄂、渝、湘三省（市）交界之地，西邻重庆市酉阳土家族苗族自治县，南接湖南省湘西土家族苗族自治州龙山县，东北与湖北省恩施州宣恩县、咸丰县相连，有湖北"西大门"之称。来凤县以凤凰飞临的传说得名，境内武陵山绵延，酉水河纵贯，雍正十三年（1735 年）改土归流。乾隆元年（1736 年）建立来凤县，属湖北布政使司施南府，居住着土家、苗、瑶、汉等 17 个民族，总面积为 1342 平方千米，全县总人口为 28.33 万（第七次人口普查数据），其中以土家族为主的少数民族人口占 56%。土家族属本地世居民族，自称"毕兹卡"，是古代巴人后裔，有着悠久的历史。土家族有语言，无文字，是开化较早的民族之一。

摆手舞是古老的传统舞蹈，土家语叫"舍巴"或"舍巴巴"，它集舞蹈艺术与体育健身于一体，有"东方迪斯科"之称，列入中国第一批国家级非物质文化遗产名录。图 6-1 是摆手舞表演时用到的服装和各种道具。

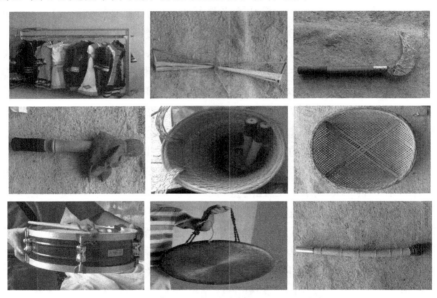

图 6-1　来凤县用于摆手舞的服装和道具

摆手舞主要流传在重庆、湖南、湖北交界的酉水河流域，以来凤（湖北）、永顺（湖南）、龙山（湖南）、酉阳（重庆）为主要发源地。在这一地区，凡是达到百户以上的乡镇，有的甚至是村，都建有摆手堂，经济条件好的乡镇还建有戏楼、排楼或露天戏台等，来凤县百福司镇舍米湖村、酉阳等地还有摆手堂的院落或戏楼、戏台等历史遗迹。有的地方摆手舞的活动场所就是一块平地，也叫摆手坪。这一地区的摆手活动均在正月初三至十七之间在"摆手堂"、"摆手坪"或"土王庙"举行，且大多在夜晚，短的三天，长的可达七天。摆手舞动作在各地不尽相同，但动作特征基本相同，即手脚顺拐、通过屈膝颤动带动上肢摆动，粗犷、豪迈、婉转，鼓声节奏鲜明，主要是对村民们薅草、挖土、纺棉花、织布、插秧、种苞谷、推磨、挑水、拉弓射箭、采茶等生产生活场景的描绘，再现了当地广大人民从事劳动和社会实践的传统行为，表现了其勤劳朴实、乐观豪放的传统特质，其服装和道具也蕴含着特有的文化元素。

第三节　摆手舞队发展的行动取向——依附式生存

非正式结构体育社团是目前广场、公园等空地最常见的一种未注册的全民健身组织，满足了附近居民在群体中健身、交友、娱乐及休闲的需求。非正式结构体育社团存在着合法性、资金与场地缺乏的困境，但相比正式结构体育社团，非正式结构体育社团也有自己的独特优势，这种优势恰恰与政府推广公共体育服务功能不足达到互补，两者的不同优势为其合作提供了前提。政府利用各种资源优势推动公共体育服务体系建设，非正式结构体育社团通过依附式合作来弥补自身发展的不足，两者有机地合作为实现全民健身组织网络化建设的发展目标提供了动力源。那么，两者是如何实现有效合作与互动的？这种有效的合作机制又是如何运行的？这种运行机制如何有效地运转？这种运转又如何实现可持续发展？恰巧资源依赖理论为这些环环相扣的问题提供了一个相对吻合的解释路径。资源依赖理论认为，政府与非正式结构体育社团存在着资源相互依赖的关系，正是这种依赖关系促成了摆手舞队与政府部门之间的合作。从本质上说，非正式结构体育社团与政府的互动过程就是资源（合法性、设施拥有、资金来源等）的相互依赖过程。基于此，本研究依据资源依赖理论，来为政府部门（各种协会组织：体育社团、体育俱乐部、老年体育协会、单位体育协会等）与非正式结构体育社团的互动合作搭建一个理论分析框架，然后通过对来凤县三个摆手舞队的实践考察，阐述来凤县政府部门与非正式结构体育社团是如何相互促进、相互作用的，从而为政府与非正式结构体育社团的互动合作提供框架性的分析路径。

一、资源依赖理论的解释功能

（一）资源依赖理论概述

资源依赖理论是研究组织变迁、组织关系、组织环境、组织适应的重要理论，其代表性作品是杰弗里·菲佛与萨兰基克的《组织的外部控制：对组织资源依赖的分析》。在这一基础上，关于组织生存与适应环境而获得合法性的研究层出不穷，众多学者研究所得结论如下：一是不同的组织类型需要获取不同的合法性与不同的资源来保证其生存和发展；二是组织需要与其当前所处社会结构的需求和期望一致的行为事件，即与社会大环境需求相适应的行为事件[5]；三是组织需要在变迁的环境中采用新的策略获得合法性，并具备一定的主动权来实施外部环境中的选择性行为[6]；四是组织获得环境和社会资源后，其生存能力和合法性能够得以可持续发展等[7]。上述研究得到了国内外学术界的广泛关注。资源依赖理论揭示了组织与环境的关系，各类组织为了生存采用各种策略来获取资源、改变自己、选择和适应环境，在自主生存环境下选择权衡发展。

国内外学者关于组织理论的研究成果较多，其研究范式和研究结论基本在杰弗里·菲佛与萨兰基克的设计范围之内，即资源依赖理论提出的 4 个重要维度：生存、资源、能力、环境。其中最重要的是生存，组织为了生存，需要获得外部资源的支持，外部资源的支持需要建立一个控制它并与其他组织产生关系的能力互动平台，因组织自身不能生产这些资源，组织生存必须与它所依赖的社会大环境相匹配。资源依赖理论认为组织的生存能力越强，意味着组织拥有越多的生存和运作所需的重要资源，越需要社会大环境，但是社会大环境是群体组织的管理者采用各种生存方式，通过自我选择、自我设定、自我适应、主动渗透、主动合作创造出来的，是群体组织和社会大环境交互的阶段性结果[5]。面对同一外部环境，不同的组织，或者同一组织的不同管理者会有不同的理解、选择、参与和依赖方式。例如，萨德尔（Sadr）对民间社会组织与政府关系的理解方式有所不同，认为民间组织并不是单方面地顺从和服从于政府部门，而是与政府部门之间形成依赖关系，这是因为民间社会组织"掌握"着某些重要的社会资源，而这种社会资源恰恰是政府的短板。就民间社会组织与政府部门之间的关系而言，民间组织（包括非正式结构体育社团）不仅是一种被影响和被控制的对象，而且其本身也可发挥出对社会的实际影响力，并且这种影响力与其生存能力是呈正相关的。康晓光[8]、唐文玉和马西恒[9]、罗家德和孙瑜[10]、王锦军[11]认为我国民间组织是在政府主导的社会环境下，成为公共服务体系构建过程中的重要节点，在越来越多的公共服务资源被民间组织"掌握"条件下，政府的主导方式逐渐向引导方向转变，这一转变就是培育和支持民间组织社会公共服务的能力，从而对政府推行的公共（体育）服务需求产生影响。这进一步说明民间组织（非正式结构体育社团）必须在政府主导的社会大环境中，获取自身生存和发展所依赖的各种资源，同时减少对其他相关组织（政府、企事业单位、私营组织）的依赖程度，提升自己的公共（体育）服务能力。资源依赖理论揭示了组织为了生存、为了获取外部资源，采用各种策略来改变自己、选择环境和适应环境，这为分析非正式结构体育社团在发展过程中的资源依赖和利用策略提供了理论依据。

（二）资源依赖理论视角下的非正式结构体育社团

随着文化大繁荣大发展的不断推进与全民健身活动的蓬勃发展，越来越多的非正式结构体育社团应运而生。对这种草根的非正式结构体育社团而言，究竟采用一种什么样的生存策略来适应现行的制度环境并持续性地获取社会资源，是当前学术研究的薄弱之处。相关学者认为草根性的非正式结构体育社团才是中国真正的社会体育组织研究重点，不应该把研究的聚焦点集中于体育协会、联合会、俱乐部等在民政部门注册的体育社团，它们虽然具有代表性，但并不是中国体育社团的全部。非正式结构体育社团以服务社区和活跃社区业余生活为目的，在整合社区体育资源，拓宽社区公共体育服务，丰富社区体育、文化、生活等方面起到了积极的作用，它们能够为全民健身组织网络建设与发展提供动力之源。但是，由于这些非正式结构体育社团是社区居民自发组成的，在社区范围内开展体育健身活动，并且数目繁多、形式多样、结构松散、各自为政，公共体育服务的作用发挥乏力，亟须加强引导和规范[12]。目前，非正式结构体育社团在整体规模上、社会影响上、组织架构上还非常薄弱，缺乏自主性与合法性，并且存在组织结构与社会功能的矫治，其生存被社会大环境所掌握，决定社团可持续发展的各种条件尚不具备，社团目前基本属于依附式发展阶段，这些是当前非正式结构体育社团的主要特征。因为非正式结构体育社团是依附于外部强大的社会环境而生存的，所以，本书用"依附式发展"概括当前非正式结构体育社团的依附特征：①当前非正式结构体育社团还无法掌控自己的将来，其生存掌握在外部力量手中；②非正式结构体育社团无论在数量上还是发育水平与功能上，都明显受到社会大环境的强烈影响；③在社会大环境中，非正式结构体育社团的合法性生存方式各异；④在政府强大的控制下，非正式结构体育社团资源获取依附于社会。

从资源依赖理论视角分析，非正式结构体育社团的资源依附不仅包括物质层面上的资源（如场地设施、健身服装、道具等），也包括许多非物质性的资源需求（如合法性、技术指导、信息分享等）。这是因为人的本性是有多种需求的，不仅需要满足基本的生存权、生活权、社交权，还需要认同、情感、归属等非物质的资源补充。当然，资源的依附方式也不只有物质和精神两种，类似于非正式结构体育社团这样的特殊网络发挥着显著的资源配置功能，即替政府分担公共体育服务的责任。非正式结构体育社团的服务能力是政府部门认可的，可以获取政府的物质资源与政策资源的倾斜。阿尔布劳研究认为，在社会交往过程中，大量的物质性与非物质性的资源配置是以特殊的非正式人际关系网络来实现的，因为人际关系网络的特殊性，所以日常互动中的社会交换较少依赖正式组织管理与正式制度约束，而是依靠在社会交往中所形成的特殊的人际关系，以共同认可的非正式组织与非正式制度来维系生存，这种现象在当今社会普遍存在。就非正式结构体育社团而言，其特殊人际关系网络与非正式性资源的有效利用就属于资源依附。本书以来凤县的三个摆手舞队作为案例进行分析，从资源依赖理论视角考察政府与非正式结构体育社团的合作关系，以便为全民健身组织网络建设提供借鉴。

二、案例：三种不同依附类型的摆手舞队

来凤县的摆手舞是当地居民传统文化的代表性作品，具有显著的族群特质和浓厚的民俗风情，舞蹈动作的韵味充分展现了当地居民的生产劳动、休闲娱乐等价值取向的民俗特征，在历史变迁与现代生活习俗的影响下，摆手舞的表演形式

和内容经历了祭祀、娱乐、健身、传承等多元功能的演变。来凤县在制定中长期社会发展规划时，把摆手舞的保护、传承和发展纳入全县规划蓝图，以满足人民群众精神文化需求为出发点和落脚点，培养全县各族人民的文化自觉和文化自信，努力建设文化强县，按照把来凤县建设成为"武陵山区增长极、民俗文化集成区、湖北形象窗口县"的总体目标，把摆手舞的传承发展纳入总体目标之内，要求全县城乡各机关、厂矿、学校、社区、企事业单位普及摆手舞，并将其作为传承民俗文化和全民健身的主要内容来抓。摆手舞传承不是简单的传统元素传递，而是作为一个"精神"要素传承下来。课题组考察了来凤县三种不同依附类型的摆手舞健身队，详情如下。

（一）案例 1：来凤县原生态摆手舞队

2006 年 11 月 26 日，湖北省恩施州来凤县原生态摆手舞队在县委、县政府、县委宣传部、机关工委、文体局、民宗局、广电局、人社局、南剧团、文化馆等有关单位（部门）的大力支持下成立了。原生态摆手舞队自成立以来，在队长李萍的带领下，广泛招贤纳士，从最初的 19 人发展到 60 多人，涉及来凤县多个政府机关单位，包括队长的家人（丈夫、儿子、媳妇）及好友。原生态摆手舞队在政府的扶持下，取得了骄人的成绩：2007 年，参赛的《舍巴，舍巴》在湖北省第一届非职业舞蹈大赛中获得二等奖，在湖北省电视台举办的"全省中老年人健身舞大赛"表演的《舍巴，舍巴》获得梅花金奖；2008 年 9 月应邀参加中国武汉国际旅游节，同巴西、俄罗斯等 7 个国家的艺术家同台演出；2009 年摆手舞队队长李萍被县政府命名为摆手舞优秀传承人，同年在利川举办的"龙船调艺术节"舞蹈比赛中，《舍巴，舍巴》获得一等奖；2009 年 5 月在来凤县举办的"摆手舞文化艺术节"与劳动系统摆手舞比赛中获二等奖；2010 年 9 月在湖北省第七届民族运动会中获得一等奖；2011 年 9 月在全国第九届民族体育运动会摆手舞健身操比赛中获得三等奖。后来，原生态摆手舞队参加了"神话恩施"、"走进恩施"、"多彩中华"以及州庆"锦绣恩施"、西安"世界园艺博览会"表演等多场摆手舞演出，为发展传统体育事业、传承传统体育文化做出了杰出的贡献。2013 年，原生态摆手舞队参加恩施州 30 年州庆，通过积极筹备，获得 2014 年湖北省民运会的摆手舞表演赛亚军。原生态摆手舞队每年演出多次，影响面很大，运行中得到了政府在信息、奖金、场地设施方面的大力支持，政府一旦需要对外交流演出，就由他们进行组队排练，所需资金、场地设施等统一协调，集中力量抓好演出工作。原生态摆手舞队是来凤县对外形象的窗口，其主要目的是展示传统体育项目的魅力，为经济建设发展搭台，在政府的引导和扶持下传承摆手舞传统文化。来凤县原生态摆手舞队的影响力非常大，近几年，在来凤县的广场、社区如雨后春笋般成立了大量的摆手舞健身队。来凤县原生态摆手舞队集中排练或演出结束后，大部分成员散落在民间，成为其他摆手舞锻炼群体的骨干力量。本案例的摆手舞队依附于政府生存，在来凤县具有明显的行政性色彩。

1. 合法性分析

社会组织只有符合社会正当性才能赢得人们的承认，但是不一定合法。社会组织的合法性主要源于社会对国家维持的统治秩序的认可或同意，而这种认可或同意不是以某种预先确定的习俗、观念、惯习为积淀，而是以国家层面的相关制度机制为基点，它来自公共领域或公共舆论[13]。虽然组织之间能够自由沟通、相互交涉，但群体组织是否具有合法性，主要取决于它是否经受了制度与规则的检验，即某种合法程序、合法秩序所包含的有效规则的检验。组织结构与组织运转是否符合相关程序，从组织理论上说，群体行为及群体行为事件是一种正常的社会现象，社会组织现象虽然得到承认，但不一定都具有正式合法性。从社会学研究领域来看，很多社会组织合情合理不合法，同样得到了大众的承认，见证了它具有合法性存在的理由。社会合法性有时不受有效规则的检验，组织结构不一定符合相关程序，只是得到社会的承认，如习俗、惯例、习惯法等。这种以承认、默许、同意为标准的认可方式也符合有效规则的检验范畴，对理解非正式结构体育社团的合法性具有借鉴意义。在方法论上，学者高丙中[14]将民间组织的合法性划分为法律合法性、行政合法性、社会合法性和政治合法性四个子类。在实际生活中，我国存在着大量的被官方默许的非正式结构体育社团，这些组织可以不经民政部门注册登记或备案，也不需要挂靠单位，但却不能缺少来自政府部门的默许或认可，因为这些非正式结构体育社团在全民健身组织网络建设与公共体育服务上发挥着独特的作用。

来凤县原生态摆手舞队是得到了县政府相关部门的承认与同意，并授权开展体育活动的社团，其生存是得到政府承认，并和其他部门提供资源密不可分的，是典型的行政合法性非正式结构体育社团，政府部门与摆手舞队之间是合作关系，属于政府吸纳的群体组织，从合法性角度讲属于行政合法性非正式结构体育社团。

2. 经费来源与场地设施

由于原生态摆手舞队是政府对外宣传与交流的旗帜，所以政府从经费来源、场地设施、排练演出上都全力支持原生态摆手舞队，原生态摆手舞队和政府关系密切，不存在竞争关系，有稳定的资金来源，依靠政府资金或申请专项资金，和政府是"一家亲"的关系。原生态摆手舞队负责人由政府相关部门在职人员担任，经费来源与场地设施的协调工作采用行政式手段进行。

3. 优点与不足

优点：从政府的角度讲，原生态摆手舞队可信度比较高，采用行政手段能够快速形成合作，在场地设施配备、人员构成、资金来源等方面衔接顺畅，能够高起点、高效益地提供政府所需的对外文化宣传服务，同时也弥补了公共体育服务的不足。

不足之处：原生态摆手舞队缺乏独立性，社会化程度不高，这种依附式的生存模式完全依赖于政府，虽能体现了政府与原生态摆手舞队之间的有效合作，但不利于原生态摆手舞队外部资源的获取与优化。

（二）案例 2：来凤县政府广场摆手舞队

来凤县政府广场摆手舞队成立于 10 多年前，人员在 30 至 50 人之间徘徊，它不同于来凤县原生态摆手舞队，没有政府的直接参与，完全属于自给自足型的民间自发性摆手舞群体，年龄段偏大，半数为退休人员，女性较多，除了天气的原因，几乎每天都出来活动，活动的主要目的是健身、培养兴趣、休闲和交友。活动时间在一个半小时左右，活动的内容（原始摆手舞、新版摆手舞、广场舞等）丰富多彩，所用道具（扇子、大鼓、小鼓、莲香、手绢等）种类繁多，活动场地曾经在四斗种桥广场、夏威夷广场，现在暂时在政府广场侧面的空地活动。为了参加表演和比赛（节假日的庆典活动或者恩施州的舞蹈比赛等），自费制作统一的服装，队里的活动都是由几个组织精英从网上学习新的舞蹈，再教给其他队员，队员互相之间都比较熟悉，关系也很好，家里离锻炼点很近，走路 10 分钟左右即可到达。这类群体在社会上非常容易得到大家的认可，也是目前大多数自发性锻炼群体的主要活动形式。政府广场摆手舞队的发展历程与积淀影响着群体的生存方式和思维方式，至少在某种规模上成员要服从群体的约束与规范。政府广场摆手舞队的生存方式是通过模仿另一些群体组织的生存途径来实现的。本案例中的政府广场摆手舞队依附于几个多年来一直坚持锻炼的组织精英得以生存，在来凤县具有广泛的社会普遍性。

1. 合法性分析

与原生态摆手舞队相比，政府广场摆手舞队较为独立，在这种生存模式中，非正式结构体育社团与政府的关系较为疏远，属于远离行政干预的锻炼群体，也属于被政府认可和社会认同的和谐载体。首先，政府广场摆手舞队未在民政部门注册，但被街道办认可，政府部门的认可是与同意授权组织开展活动联系在一起的，是一种合乎组织程序的活动，这是开展摆手舞健身活动的合法性基础；其次，群体活动被社会承认和支持，也包括"上对下"的承认。这类锻炼群体不存在介入困难，与居民亲和力较强，政府广场摆手舞队由于自身的因素，无法正式注册，暂被登记为社区备案组织，但得到社会与摆手舞队内部成员的承认与支持，这是政府广场摆手舞队合法性的基础，也是其存在的基础。利用政府提供的公共场地设施自发组成的摆手舞锻炼群体，在社会上得到"合法性"承认。从合法性角度讲，本案例的政府广场摆手舞队属于社会合法性非正式结构体育社团。

2. 经费来源与场地设施

政府广场摆手舞队与政府部门由于资源不对等而存在一种较为自由和不确定的合作模式，自主性较大，其发展过程处于不断变化之中，10多年来，不停地转换场地，也几次更换队伍名称（曾经叫四斗种摆手队、夏威夷摆手舞队等），场地设施以街道或社区的公共场所为主。在经费来源上，街道社区、单位工会有过小额资金支持，在课题组调研期间，队伍使用的音响设备也是单位工会赞助的。摆手舞队的资金来源呈现多元化趋势，包括会员会费、个人捐赠、外出表演所得等，从政府部门获取的资源较少（目前仅限于场地）。组织精英是政府广场摆手舞队的枢纽，对该队的长期稳定发展起着决定性的作用。虽然已经登记备案，但依靠政府少，拥有的话语权也少，参与恩施州的大型全民健身活动或表演往往由政府部门与摆手舞队共同努力完成，有时候依赖摆手舞队几个组织精英自己的社会关系资源介入。

3. 优点与不足

优点：政府广场摆手舞队与社区、居委会关系密切，与政府维稳目标一致，能促进社会的和谐稳定、化解不和谐因素，容易得到政府认可，摆手舞锻炼群体自我服务、自我管理、自我筹资的生存方式减少了政府的"管控"。

不足之处：发展动力不足，组织结构不完善，活动范围小，影响力小，虽然已经成为备案制非正式结构体育社团，但受组织精英个人状况的影响较大。

（三）案例3：舍米湖摆手舞队

湖北省恩施州来凤县百福司镇舍米湖村是具有民俗特色的村寨，位于鄂、渝、湘三省交界处，是渝东、湘西、鄂西摆手舞的发祥地，被誉为摆手舞之乡。舍米湖村的标志性建筑是摆手堂，占地500余平方米，四周用青石板筑了一道围墙。摆手堂是当地居民祭祀祖先、祈求平安、驱邪消灾的场所。摆手舞是当地居民世代相传的民俗传统舞蹈，在每年的正月初三到十五之间举行祭祀活动时，由专人敲锣击鼓，大家合着锣鼓的节拍跳摆手舞，并连续进行三个夜晚，年年如此。2006年，土家族摆手舞列入国家级非物质文化遗产保护名录，经常会有电视台到此地进行拍摄和录制节目，当地的第三代传人会带领村民集体着统一服装在摆手堂跳摆手舞，场面壮观。摆手舞属于民俗文化传承的代表，必要时传承人或村领导会召集大家排练。摆手舞是当地民俗文化定时定点活动的代表之一，为了庆祝节庆时娱乐，大多数民众会参与其中。实际上，长期的惯性及其文化力量都在影响摆手舞活动群体的发展，与自然群体组织演进类似，处于一种循环往复过程中，与群体环境、民俗民风发展相适应地生存下来，摆手舞的生存是一代又一代舍米湖村村民通过"保存、复制"[15]传承下来的，摆手舞的传承形式得到舍米湖村村民的普遍认可。本案例的摆手舞队依附于习俗生存，具有明显的习俗特征。

1. 合法性分析

我国法律规定村委会属于自我管理、自我教育、自我服务的基层群众性的自治组织，舍米湖村在武陵山深处，传统的宗族制、家族制的影响力较大。摆手舞队成立、发展、成熟等各个阶段都与传统习俗有关，在传统习俗的伴随下生存、延续，有时候不依赖政府，但需要来自政府的默许来开展活动，政府借助传统习俗与摆手舞队保持合作关系。可以说，传统习俗、社会惯例和共同利益一起构成了舍米湖摆手舞队合法性的基础。高丙中认为，传统节日以习俗的力量让民众自动在同一个时间经历相同的活动，在相同的仪式中体验相同的价值，一个共同的社会现象就这么让人们高兴地延续下来，这就使传统的习俗具有了普遍认同的合法性[16]。在我国，非正式结构体育社团合法性不仅包括行政合法性（原生态摆手舞队）、社会合法性（政府广场摆手舞队）两种类型，而且包括以传统习俗（花会、庙会等）为代表的习俗合法性，舍米湖摆手舞队具有习俗合法性。

2. 经费来源与场地设施

与传统习俗有着密切关系的舍米湖摆手舞队往往能够较为顺利地聚集资源，资金来源于自筹或捐助，由村委会共同实施、自我管理、自我监督。受文化大繁荣大发展与非物质文化遗产保护的影响，摆手堂得以保留，经费陆续得到资助。虽然舍米湖摆手舞队在生活中自然地传习，但在市场经济影响下，经费筹集与场地规划在发展中较为困难，舍米湖摆手舞队与村委会的关系不是固定不变的，极易受外界大环境的影响，外界的诱惑使群体的思维方式发生渐进式的变化，习俗式的凝聚力固然存在，但舍米湖摆手舞队在传统与现代之间发生诱惑性碰撞是在所难免的。除了政府的资助，舍米湖摆手舞队主要依附于牛王节、端午节、中秋节、重阳节、春节等习俗节日的力量得以维系。

3. 优点与不足

优点：舍米湖摆手舞队成员之间各方面的相似度很高，所以信任度也很高，极具号召力，说明该传统体育运动习俗的影响力根深蒂固，节日期间能为村民提供便捷的传统体育文化娱乐服务；舍米湖摆手舞队的运作方式是传统体育文化中最经济、最有效的传承手段，即高丙中认为的传统习俗节日具有生活文化再生产、再延续、再传承的功能。

不足之处：发展动力不足，与政府开展合作处于随机状态，与市场经济运作方式不对等，这种不对等关系下的运作模式在市场经济的影响下是否能够稳定发展下去，需要国家的高度关注，否则习俗的传承与发展将是未知数。

三类非正式结构体育社团是在社会大环境下生存和发展的，其影响力与生存能力成正比。环境因素的变迁为非正式结构体育社团的发育创造了供需条件，一系列新的政策和新的规范为非正式结构体育社团的产生提供了合法性基础，市场经济体制为非正式结构体育社团的发展提供了自由资源。为了适应非正式结构体育社团的发展，政府不断调整行政框架，改变管理的策略和手段，逐渐认识并认可非正式结构体育社团的发展理念、价值和所作所为，政府部门也从管理上成功实施了"只帮忙"的行动策略[17]，这为非正式结构体育社团的各种生存模式提供了发展空间。

三、非正式结构体育社团的依附式生存模式分析

具备合法性的组织方能稳定存在。虽然合法性被认为是非正式结构体育社团的生存基础，但其生存必须与社会大环境相适应，否则被取缔、被干预的可能性就会大大增加。非正式结构体育社团的合法性只是具有了被承认、被认可、被接受的资格，证明或宣称是适当的或正当的，即合情合理的合法性。可以认为，当前我国非正式结构体育社团的合法秩序是，处在社会边缘性的组织具有多元性、多样性、复合性并存的生存形式。行政合法性、社会合法性、习俗合法性在社会转型期对非正式结构体育社团提出了新的要求，在国家与社会的治理框架体系中，非正式结构体育社团的合法性降为有限空间内的合法性存在，社团也只能在相对有限的领域、有限的空间、有限的组织形式下进行群体健身活动，现代社会秩序只给予社会组织相对的独立性与自治性。本书从资源依赖（生存、环境、资源、能力）的视角对非正式结构体育社团的合法性、场地设施、资金来源、组织管理、对外影响、环境适应能力、主导方式、生存方式进行分析，得出三种依附式生存模式，即行政吸纳依附、组织精英依附、传统习俗依附（表6-1）。

表 6-1　三类非正式结构体育社团的依附式生存模式

来凤县案例	合法性	场地设施	资金来源	组织管理	对外影响	环境适应能力	生存方式
原生态摆手舞队	行政合法性	政府协调	政府部门	协调管理	大	较适应	行政吸纳依附
政府广场摆手舞队	社会合法性	公共场所	自身	自我管理	小	较适应	组织精英依附
舍米湖摆手舞队	习俗合法性	公共场所	村委会自筹	习俗管理	较大	适应	传统习俗依附

（一）行政吸纳依附

行政吸纳使原生态摆手舞队具有了行政合法性，对于普遍缺乏合法性的非正式结构体育社团而言具有实际意义。原生态摆手舞队因为拥有来自政府部门认可的合法性，所以能在县、州、省乃至全国范围内进行经济文化宣传活动，各级行政部门统筹合作，借助摆手舞的文化力量塑造县域文化品牌，客观上帮助了原生态摆手舞队超越基层社会的局限，使其依靠行政手段走上了更大的舞台，作为来

凤县对外展示的窗口到全国各地参演。同样，原生态摆手舞队为了能够持续生存，也在想方设法寻求各类资源服务于政府，并倾向于采用与现行社会、经济、文化环境相适应的行动策略。因此，原生态摆手舞队为了维系其合法性的基础，需要培养其与政府之间的良好合作关系，在政府推广的各项社会活动中进行联袂合作，采用主动承担、主动合作的形式是其获取政府资源（合法性、资金、设施等）供应、得以延续的理性选择。原生态摆手舞队可以在寻求资源供应的同时让自己镶嵌在政府资源获取的制度环境中，达到伴随性成长的目的，通过政府机构来满足资源供应、消解合法性不足的需求。政府对原生态摆手舞队实施的是行政式管理，其规划、方案都被纳入行政程序，通过行政机制获得合法性后才能实施，并且对行政合法性的依赖程度更高。可以认为，行政吸纳是原生态摆手舞队生存的关键。

　　资源依赖理论认为组织获得社会资源的程度不同，可以形成不同的影响力。由于原生态摆手舞队的成员主要来自政府机关部门，上下统筹的部门联系畅通，对原生态摆手舞队这一社会阶层的群体而言，政府是其坚实的资源提供者，和其他类型的摆手舞队相比具有更大的影响力，对政府的依赖性很强，因而，政府能够要求这一类型的组织执行很多演出和展示任务，使其成为政府对外交流的一个窗口、一张名片。通过访谈了解到，原生态摆手舞队的群体结构是被个体成员行为所保护的，并且个体成员会采取行动来维持它的存在，因而由这些连锁行为所产生的群体收益便得到了政府的资助保证，并且这种收益会有规律地产生。这种过度依赖政府生存的体育组织是典型的吸纳依附。因此，这种资金与场地资源的支持很难定义为政府对原生态摆手舞队的依赖，更多时候，依然是原生态摆手舞队对政府的各种资源依赖，原生态摆手舞队的组织生存模式可以称为行政吸纳依附。

（二）组织精英依附

　　随着全民健身组织网络建设的普遍实施，在各个公园、广场、社区空地随处可见具有合法身份的政府行政式主推的锻炼群体，同样，以组织精英依附为主的政府广场摆手舞队具有社会合法性。因为任何一个团体进行长期活动的行为背后都会有一个或几个组织精英，他们往往扮演着组织动员者的角色[12]，当位于群体关系网的中心位置时，便更容易通过私人关系动员其他成员参与群体性的体育锻炼（集体行动）。政府广场摆手舞队的特征是依靠非正式结构体育社团的骨干，带领其他成员形成一种组织精英模式。调查发现，依赖于组织精英的依附模式，可以对某一领域内非正式结构体育社团的发展起到积极作用，政府也需要这样的组织精英承担公共体育服务的领头人，并通过筛选方式选择一定数量可能从事这一领域工作或已经从事但未注册的非正式结构体育社团，通过资金项目支持、登记注册支持等多种方式促进其发展，并形成一定的社会影响力。可以认为，组织精英是政府广场摆手舞队生存的基础。

资源依赖理论认为群体组织的生存除了与环境有关外，与群体领袖同样有直接关系，群体领袖为了组织的生存会不断获取外部资源、协调组织关系、吸引新成员等来维系组织的正常运转。因为组织成员既是个别的，也是具有社会化的部分，群体结构一旦形成，人们会自觉采取行动来维持它的存在，这是源于人们对稳定性的渴望，愿意将自己更多地整合到组织中去，由此来维持群体结构的存在[18]。政府广场摆手舞队也是断断续续地发展、逐渐成熟起来的，并进行了备案，但整个发展过程还是一种依附式的生存模式。任何群体组织的发展，在其发展前期都会呈现出某种依附性，但是越过幼稚发展期之后，群体组织进入稳定期、成熟期，其独立性和自主性日益增强。非正式结构体育社团可以通过组织精英的中介作用从政府或其他社会组织中获得自身发展所需的外部资源，组织精英的社会资本和奉献精神是非正式结构体育社团获得资源供给的源头[10]，政府广场摆手舞队的生存模式更趋向于组织精英依附。

（三）传统习俗依附

一个族群在一个相对稳定的生存环境下，会普遍受本族群流行价值观念的支配，并在各种社会实践活动中传承下来，其心理积淀和行为方式会影响到生活中的各个领域[19]。民俗传统的依附使舍米湖摆手舞队具有了习俗合法性。来凤县舍米湖村的村民在长期的生产生活实践中形成了本族群独有的民俗习惯，该习惯具有相当强的约束力。有的是群众共同制定的"条例"，有的是祖辈流传下来的习俗，也有的是自然形成的"规范"，具有广泛的群众影响力、号召力。舍米湖摆手舞队也同样依据本族群的风俗习惯进行自我规范、自我发展、自觉矫正。尤其是人们对本族群习惯法的熟悉，使得传统习俗在舍米湖摆手舞队的管理方式中仍然顽强地生存着[20]。舍米湖摆手舞追根溯源是一种当地村民特有的传统习俗，在维护社会秩序、满足社会需求、增强宗族凝聚力、丰富族群内部的精神生活等方面发挥着重要的载体作用。舍米湖摆手舞队的运行机制与依附政府而存在的组织的运行机制不同，它是通过习俗传承、群体自律、自愿服务、自我管理等机制来实现的，反映的是一种传统社会遗存下来的自治型的运行机制。可以认为，舍米湖摆手舞队的发展与习俗紧密相连，是人类习俗活动的有效合作，并不需要某个政府部门"下达命令"进行刻意的组织[21]，传统习俗是舍米湖摆手舞队生存的根基。

资源依赖理论认为群体组织的生存与环境高度相关。舍米湖摆手舞队的生存与传统习俗密切相关，而传统习俗的传承与演变是适应环境的结果，即适者生存。受传统文化和制度背景的影响，人们的行为取向也是关系导向性的。由于个体处在密集有效的群体网络之中，个体行为更多地受到传统习俗的指导和约束，即使到了法制相对完备的今天，政府也无法为所有非正式结构体育社团提供足够的合法性保障（指注册）。摆手舞习俗作为一种自发的社会秩序，不仅是维系社会稳定的润滑剂，也是现代社会管理中非常重要的抓手，是族群习惯法维系着该地区的和谐与稳定，摆手舞队自发的力量可以自生自发秩序[22]。这正如卢梭所说："习惯法铭刻在人们的内心里，而且可以不知不觉地以习惯的力量来代替权威的力量（复活法律或代替法律），这就是所谓的风尚、风俗、习俗、惯习等。"[23]传统习俗的情结纽带作用使舍米湖摆手舞队的组织生存模式更趋向于传统习俗依附。

　　上述三个非正式结构体育社团的依附式生存模式各异，但政府与非正式结构体育社团的互动如同资源依赖理论所分析的那样，都是不平等的相互依赖关系。虽然政府在各个方面均占据"指挥权"，但非正式结构体育社团无处不在，使政府的"指挥权"无法全面落实，资源依赖互补保证两者均有提供公共体育服务的资源优势。政府是基于公共体育服务的目标，依赖于非正式结构体育社团的组织资源来满足大众健身的需求。已有的实践已经表明，非正式结构体育社团具有提供公共体育服务的资源优势，政府在公共体育服务方面吸纳了各种类型的非正式结构体育社团力量参与全民健身组织网络建设，进一步提高公共体育服务水平，全面深入地开展全民健身运动。政府未来的行动选择应该是加强与非正式结构体育社团的合作，并将其引导、纳入公共体育服务体系框架中，并为这一纳入提供合理的制度安排，提高非正式结构体育社团的公共体育服务能力；国家从制度安排上的行动取向是让非正式结构体育社团充满生机和活力，同时不失去国家的主导地位。社会资本理论研究也同样发现国家介入公共服务的积极作用，认为国家介入所提供的组织资源及其环境制度保障，可以为社会组织的网络化发展创造条件。三类摆手舞队的依附式生存模式符合现实社会发展的实际情况，依附式生存是目前非正式结构体育社团的生存密钥。

四、非正式结构体育社团的行动取向

　　资源依赖理论为本研究提供了政府与非正式结构体育社团关系的解释途径，但构建一个政府与非正式结构体育社团互动合作的框架需要一个合理的行动取向做保障。由于强国家的存在，国家的权力具有主导性，对非正式结构体育社团的形态与活动构成了较强限制，但非正式结构体育社团依然拥有能动的空间，在有限的场域内造就了非正式结构体育社团的现实结构类型和行为特质。目前政府也是通过各种方式吸纳非正式结构体育社团，而这些非正式结构体育社团最终会被纳入国家的统筹之中，以获得社会合法性、行政合法性及习俗合法性，并形成一种"协会式"的网络化运作方式[24]。随着全民健身的蓬勃发展，客观上也需要政府与大众之间建立一个中间的连接层，非正式结构体育社团恰恰承担起了政府为适应市场经济体制而转移出来的一部分全民健身组织的职能，成为政府联系社会的桥梁与纽带，但政府与非正式结构体育社团各有不同的行动取向。

（一）基于公共体育服务的视角

在文化大繁荣大发展背景下，非正式结构体育社团数量急剧增加，给政府的管理带来了诸多挑战。对于一个社区层面普遍存在的非正式结构体育社团而言，政府除了允许其备案注册之外，并没有给予太多物质性的支持，对其发展前景持一种观望的态度。随着非正式结构体育社团在全民健身运动中的作用逐渐凸显，并产生了越来越大的社会反响，政府部门逐渐意识到非正式结构体育社团在公共体育服务上的强大补缺功能，其自发自在散落型的运行模式逐渐被政府部门所接受，并认可其拾遗补阙的作用。于是，政府部门在法律层面上开始了创新性的注册、登记改革方案，制定地方性政策法规，有意识地推广非正式结构体育社团的运行模式，并通过提供合法身份、健身场所、社会指导、经费支持、社会体育指导员培训等形式给予实质性的帮助，经常是"政府搭台，体育组织唱戏"，多层次、多方位宣传优秀的传统体育文化，以体育文化的品牌效应推动地方经济的快速发展，双方的合作领域甚至超越了公共体育服务的范畴，不断地深入和拓展。这说明政府对非正式结构体育社团的依赖是它提供的公共体育服务，扮演的是一种为政府排忧解难或拾遗补阙的角色。

本研究深入考察了政府依赖非正式结构体育社团的成因，发现非正式结构体育社团是提供公共体育服务的健身组织，非正式结构体育社团在公共体育服务方面的功能越强大，意味着政府越轻松，越能够进行宏观掌控，这是政府依赖非正式结构体育社团的深层原因。根据资源依赖理论，政府对非正式结构体育社团的资源依赖主要是其所提供的公共体育中的组织服务。因为非正式结构体育社团具有开展有组织健身活动的独特优势，这种优势比选择政府部门来提供公共体育服务更能够节约管理成本，增强全民健身绩效。因此，在公共体育服务领域，政府的角色是选择有代表性的、影响力大的非正式结构体育社团，通过"委托"或"以奖代补"的方式，满足人们的公共体育服务需求。目前政府对非正式结构体育社团的资源依赖态度明朗，默认其合法性，给予资金、场地或者技术指导方面的支持，使其获得更大的生存空间。非正式结构体育社团要发展，不能坐等相关制度与环境的改善，而要在保持自主发展的同时，与当地政府发展点相契合，主动弥补政府社会体育公共服务能力的不足，通过依附式生存提高与地方政府之间的关联度，逐步提高自身在公共体育服务中的能力和地位[25]。政府则有必要改变之前对待非正式结构体育社团的态度，由放任其发展逐步转向推动、鼓励、规范与疏导，将非正式结构体育社团的发展放在增强政府公共体育服务能力的关键位置。鉴于地方政府行为的自主性，应通过创新制度、改主权型政府为服务型政府等措施来拓展非正式结构体育社团的生存空间。目前，政府对非正式结构体育社团的关注主要是其公共体育服务能力方面。

（二）基于资源依赖的视角

非正式结构体育社团蓬勃发展到今天，政府扮演着极其重要的导向角色，促使非正式结构体育社团的行为上升到政府关注的层面，各种政策溪流的汇聚增强了非正式结构体育社团的发展动力。政府也认识到非正式结构体育社团只有在民间才能极具生命力，政府慢慢从群体活动的主角中退出，放手交给体育协会和群体精英去组织，只担当宏观调控的配角。但不同类型社团的资源依赖程度是不同的，完全依赖、部分依赖与完全不依赖的状态会随时间、环境的变化而不断转换，并且这种依赖也是不平衡、不平等的，不平等的资源依赖可能会导致部分非正式结构体育社团被淹没在崛起的发展洪流之中。在政府与非正式结构体育社团的依附关系中，非正式结构体育社团的自主性显得非常重要，从而确定了非正式结构体育社团不同的行动取向。

1. 非正式结构体育社团的协会型行动取向

提出协会型行动取向是基于非正式结构体育社团与政府部分职能对接的角度来进行探讨的。在社会转型期，政府与非正式结构体育社团的关系逐渐从政府主导型合作关系向互补型合作关系转变。虽然政府仍然在社会管理的各个领域占主导地位，但是对社区层面的非正式结构体育社团管理力不从心，找不到落脚点，而与政府进行合作的非正式结构体育社团能够承担起这一重任，有效地减少政府运作成本，并承担部分政府职能。非正式结构体育社团也同样采取各种方式与政府进行合作，以弥补政府职能缺位的管理空当，逐步形成互补式发展新局面。例如，来凤县原生态摆手舞队发展成熟时，各个主力队员分散到机关单位、广场社区，以自身的成长经历引导非正式结构体育社团的发展，在主力队员或健身精英的带领下，各个分散的摆手舞队经历自我管理、自我服务、自我协调地整合后，逐步由散落式发展状态朝着协会式发展方向迈进[26]，即非正式结构体育社团的协会型行动取向（图6-2）。

根据资源依赖理论，非正式结构体育社团的最大功能是公共体育服务的供给，而这一供给恰恰填补了政府部门对公共体育服务资源依赖的缺口，承担了部分政府职能。所以，政府需要非正式结构体育社团的存在，并允许其发挥更大的体育服务功能。非正式结构体育社团也需要不断地得到资源供应以维持自身的持续发展，所以采用了与现行制度环境相适应的行动策略，向协会组织靠拢，寻找自身发展的靠山，并逐步形成了垂直管理与网络管理相结合的格局；通过与政府合作，扩大非正式结构体育社团在公共体育服务方面的社会影响力，而利用这一影响力又可以从政府部门获取资源供应来维系和拓展自身的生存空间，在相互获取资源供应的同时，也化解了非正式结构体育社团的"合法性"危机。例如，原生态摆手舞队选择"协会式依附"的生存策略能够获得更大的生存空间，这是其主动适应社会大环境的必然选择，政府为了提升地方传统民俗文化与社会发展的影响力，需要树立部分对外展示的窗口，而原生态摆手舞队恰恰是反映人们精神面貌的一个极好的载体。因此，地方政府的大力支持拓展了非正式结构体育社团公共体育服务的深度和广度，扩大了其生存空间，政府的协会型管理是一个双方互利合作的有效方式。

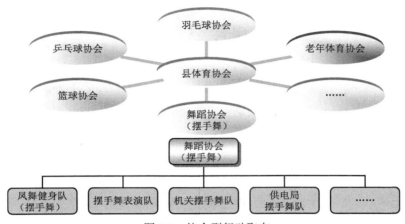

图 6-2　协会型行动取向

事实上，政府采取体育协会型管理方式也符合非正式结构体育社团的行动取向。对于非正式结构体育社团而言，需要得到合法性的认同与社会资源的支持。对于政府而言，只是采取了现行制度空间上的供给，即政府给予非正式结构体育社团在公共体育服务领域中的相对合法权、自主权。政府采取购买公共体育服务的方式，与协会型非正式结构体育社团进行选择性的合作，这为非正式结构体育社团的协会型行动取向提供了动力源。与此同时，非正式结构体育社团为了可持续性地获取社会资源，就必须通过不断提升自身公共体育的服务功能，弥补政府公共体育服务资源的短缺，政府反过来为其提供物质资源与制度空间，两者相互补充，协调发展。可以说，依附于各类体育协会发展是行政吸纳依附型非正式结构体育社团持续生存的基础。

2. 非正式结构体育社团的备案型行动取向

提出备案型行动取向是基于非正式结构体育社团在社区建设中的作用来进行探讨的。在社会转型期，大量的公共体育事务被非正式结构体育社团所承担。事实上，非正式结构体育社团的蓬勃发展为社区体育发展注入了活力，但这类锻炼群体自生自灭、大起大落的现象非常普遍，对非正式结构体育社团采用备案制行动取向有了来自政策法规的保护，使非正式结构体育社团获得广阔的生存空间（图 6-3）。备案制的实行，主要是针对在社区层面上自发产生而又不具备注册条件的非正式结构体育社团来说的。但不管是登记注册还是备案的非正式结构体育社团，由于其具有共同的属性（非营利性、非政府性），因而对同一属性的非正式结构体育社团采取备案制度管理显然是合适的。在相对成熟的社会组织管理系统下，非正式结构体育社团作为政府与社会之间的桥梁与纽带，其成立具有"合法性"程序即可，享有相对范围内的自由权与自主权。从社区组织管理的角度来看，逐步转换为登记备案制度进行管理较为合适，如果没有备案制方案的实施，非正式结构体育社团便失去了合法性的社会基础[27]。

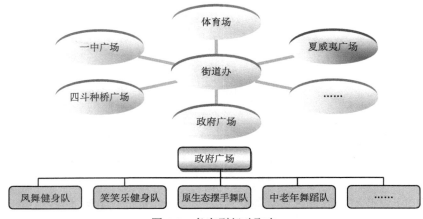

图 6-3　备案型行动取向

登记备案制度意味着锻炼群体能够在合法性基础上进行自我管理、自我约束、自主发展，这样既能保证非正式结构体育社团稳定发展，又能加强对非正式结构体育社团的有序管理，增强非正式结构体育社团活力与效能的发挥，进一步保障非正式结构体育社团有序参与公共体育服务网络建设。

从资源依赖视角分析可以看出，非正式结构体育社团对政府的依赖有多种渠道，依赖形式也是多方位的，这种多方位的依赖形式为政府与非正式结构体育社团之间的互动合作提供了新的发展空间。当然，对于类似于广场社区的非正式结构体育社团而言，登记备案并不意味着对锻炼群体不加任何限制。我国在逐步取消基层社会服务类组织的准入制、实行登记备案制的同时，也加大了监管力度，鼓励合法竞争，相互监督。实践证明，以健身精英为核心进行公共体育服务网络化建设工作，让其扮演好分担部分政府职能转换过程中的"领导"角色，带领群体成员承担起政府没有落脚点的公共体育服务事项，解决部分政府需要提供的公共体育服务问题是可行的。在政府与非正式结构体育社团合作过程中，政府可以充分利用非正式结构体育社团这些多元力量参与公共体育事务服务建设，以节约公共体育管理成本，提高管理绩效。可以认为，这类似熟人之间组成的锻炼群体已经具有社会化基础，正像费孝通、黄光国、翟学伟等的研究指出，组织化的社会基础在于典型的熟人关系，血缘和地缘的高度结合使得小群体内部有着密集的社会关联、高度的信任和强烈的认同感，各类非正式结构体育社团已经具备了相应的登记备案条件，备案制的实行使这些社会组织细胞有了来自政府的认同。可以认为，备案型发展是组织精英依附型非正式结构体育社团生存的保障。

3. 非正式结构体育社团的习俗型行动取向

提出习俗型行动取向是基于非正式结构体育社团在传统习俗传承中的作用来进行探讨的。传统习俗传承与自我完善需要群体来实现，摆手舞传承不是简单的传统元素传递，而是精神要素的积累，而这一切都要靠群体（族群、长老、精英）的传承来实现，并在这一传承过程中形成一个习俗传承的主轴，把族群内的生产生活习俗有机地连接起来，形成居民的共同习俗，使摆手舞作为一个传统文化要素得以传承下来。正如列维-布留尔（Levy-Bruhl）所述，习俗"在该集体中的每个成员身上留下深刻烙印，同时，根据不同情况，引起该集体中每个成员对有关客体产生尊敬、恐惧、崇拜等感情"[28]。舍米湖摆手舞已经成为一种习俗，这种自发的社会秩序让人们不自觉地遵守，并且形成一套模式代代相传，具有不成文法的强制性和约束性。舍米湖摆手舞队没有明确的管理部门和有形的制度约束，以体育活动（摆手舞、莲香舞、撒叶儿嗬、舞龙舞狮等）群体传承的方式在历史文化的长河中生息，具有了文化持恒功能[29]。

资源依赖理论认为，群体组织的生存与生活环境有很大的关系，环境的变化影响着群体组织的变迁。摆手舞的生存是以习俗的形式传承的，这种传承性的习俗为摆手舞提供了发展空间。舍米湖摆手舞有其固有的表达方式，是一种根植于中国传统社会的文化土壤，并与图腾崇拜、祭祀仪式、族群迁徙、节庆活动、风俗习惯等联系在一起的传统民俗民风的表达形式，可以从中发现社会秩序维系中的常规性网络结构（图6-4）。舍米湖摆手舞始于习俗，在锻炼群体中，人际关系显现出很强的适用性和实用性。习俗性群体的研究将会形成体育社团研究的一个新领域，成为具有鲜明的群体特质并能与正式结构体育社团相呼应的另一发展极[30]。舍米湖摆手舞只有生长在习俗之中才更有生命力。政府也对舍米湖摆手舞队成功运用了"只帮忙"的策略[8]。正如复旦大学胡守钧所说，民间传统最重要的社会功能就是它提供了微观秩序张力，如果民间传统有所缺失，就会影响到社会微观秩序的维护。因此，让摆手舞特有的习俗型组织形式在该族群居住地区长期存在，并试图找到影响习俗型组织秩序维护的因素，是舍米湖摆手舞需要明确的基本立场。从现实角度来看，非正式结构体育社团所呈现的"习俗式生存"还将在较长时期内续存。可以认为，习俗型发展是传统习俗依附型非正式结构体育社团生存的根基。

上述案例研究的基本命题是：①非正式结构体育社团的生成原因是什么？②非正式结构体育社团的组织结构怎样？③非正式结构体育社团是如何管理成员

的？④非正式结构体育社团具有哪些社会功能？目前的生存状态如何？表 6-2 是对三个案例进行的跨案例分析和比较，从中可以看出三个非正式结构体育社团在运行机制中的差异，各运行机制的表现有所不同。

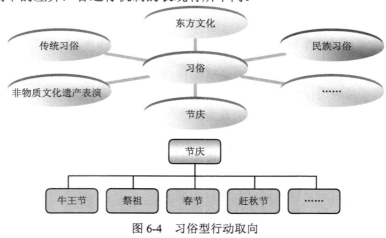

图 6-4　习俗型行动取向

表 6-2　跨案例分析

比较项目	原生态摆手舞队	政府广场摆手舞队	舍米湖摆手舞队
生成机制	政府牵头组建	健身精英组建	传承人牵头组建
组织结构	上下级结构、法理型权威	扁平结构、魅力型权威	扁平结构、传统型权威
管理机制	领导型管理	精英型管理	宗族型管理
约束机制	法律约束	自主约束	习俗约束
社会功能	政府对外宣传的窗口和名片、传承传统体育文化	满足百姓有组织健身、休闲娱乐、交友等社会需求，传承传统体育文化	形成自律性社会秩序、传承传统体育文化
生存状态	准备注册正式结构体育社团	备案型	松散型

注：本表为笔者整理。

五、非正式结构体育社团依附式生存的相关建议

尽管非正式结构体育社团与政府之间的合作以资源交换的形式经历了广泛的社会实践，但还是缺乏制度化的渠道来保障非正式结构体育社团稳步发展，这种合作是阶段性的、随机性的和非常态化的。国家应该充分发挥现阶段拥有的主导与服务功能，创设有利于各种组织运行的制度条件，逐步转变现阶段过于细腻、过于新颖与过于匹配的社会组织制度监管体系，防止不利于非正式结构体育社团健康发展的运行制度成为主导制度。所以，良性的组织运行需要政府与非正式结构体育社团的合作。目前，非正式结构体育社团的主要发展模式是依附式生存，是符合现阶段实际社会制度下的一种过渡模式。这种依附式生存模式随着非正式结构体育社团的逐渐强大，将会形成登记备案—协会注册—社团网络化格局，即

体育社团的网络化生存模式[31]，从目前的发展态势看，还得从政府与非正式结构体育社团两个层面进行动态式管理。

（一）从政府层面看——应促进与非正式结构体育社团的平等合作

1. 政府应以信任的态度促进与非正式结构体育社团合作

在社会转型期，政府需要加强互补合作，增进互信程度，珍视非正式结构体育社团存在的多元价值，以积极主动的态度和行为进行引导与配合，降低准入门槛、拓宽合作领域，以服务的姿态促进非正式结构体育社团的健康发展。

2. 政府应建立完善的合作制度和政策

目前，政府与非正式结构体育社团尚未能形成稳定的合作态势，更是缺乏法律层面的规范，政府应广泛采纳各地区的实践经验与相关学者的调研成果，进一步完善登记备案制度与监督管理和考核方面的政策，使政府与非正式结构体育社团的合作走上常态化、规范化、制度化的发展道路。

3. 政府应承担公共体育服务的主体责任

政府是各类资源供应的主体，是全民健身组织网络建设领域的“领头羊”“主导者”。政府作为主体资源的供应部门应尽量避免出现“越位”或“缺位”现象，采取“有所为，有所不为”的合作管理模式，将更多的公共体育服务交给非正式结构体育社团去执行，政府只需尽到引导、扶持、监管等主体责任，多措并举推进非正式结构体育社团与政府的合作。

（二）从非正式结构体育社团层面看——应适应社会发展大环境

1. 保持非正式结构体育社团的独立性

在非正式结构体育社团依附式生存基础上，适当增强其自主性、独立性。在政府主导的全民健身组织建设过程中，非正式结构体育社团需要相对自由的活动空间，独立性是非正式结构体育社团存在与发展的基础。

2. 增强非正式结构体育社团的社会公信力

在非正式结构体育社团发展的初级阶段，存在鱼目混珠、良莠不齐的现象，社会公信力相对缺乏。只有逐渐提高非正式结构体育社团的社会公信力和社会认可度，非正式结构体育社团才能获得更多的社会资源支持，才能在社会大环境里发展壮大。

3. 提高非正式结构体育社团的服务能力

非正式结构体育社团要想获得更广阔的生存空间，获取更多的资源支持，就需要从自身做起，提高自身的公共体育服务供给能力，在全民健身组织网络建设中凸显自己的体育服务水平，这样才能使政府意识到其存在的社会价值及不可替代性，从而进一步促进非正式结构体育社团的稳定发展。

第四节　非正式结构体育社团运行的价值揭示

一、非正式结构体育社团的运行功能

（一）非正式结构体育社团强化了"生命在于运动"的价值观

纵观美国、德国、英国、澳大利亚、日本等发达国家群众体育发展历程，其核心价值观是"生命不息，运动不止"，并且这一价值观已经深入所有阶层群体。在这样的观念引领下，这些国家实现了体育的平民化与普及化，"生命在于运动"的价值观得到全面普及[32]。1995年《全民健身计划纲要》的实施与2008年北京奥运会的胜利召开，激发了全民参与健身的热潮，全国群众体育迅速发展，全民健身的号角吹遍城乡社区的每一个角落，"生命在于运动"的意识逐渐在人们的脑海里萌发，人们开始成群结队地参与体育锻炼，涌现了大量的非正式结构体育社团。"生命在于运动"的价值观主要表现在以下两个方面。

1. 非正式结构体育社团的形成强化了"生命在于运动"的价值观

非正式结构体育社团是社会大环境关系网中衍生出来的社会小环境，其生存的环境符合自身发展的逻辑要求。可以认为，非正式结构体育社团的出现，正是"生命在于运动"体育价值观在人们心中的重塑，对全民健身的普及和深化起着极大的推动作用，因为非正式结构体育社团成员所选择的健身项目基本相同，健身项目的偏好使群体目标和群体行为具有一致性特点，高度认同的群体意志和行为无形之中强化了"生命在于运动"的价值观。

2. 非正式结构体育社团成为"生命在于运动"价值观向社会扩散的辐射中心

在全民健身热潮的引领下，非正式结构体育社团不仅遍地开花，而且自身附带的"生命在于运动"价值观不断得到强化，不断地被周围人所认同，非正式结构体育社团所携带的"群体健身能量"明显高于周边非参与体育锻炼人群。例如，恩施州来凤县原生态摆手舞队成员的健身意识、健身理念不仅影响到了家庭，也扩散到了家庭以外的熟人群体之中，并不断向四周扩散，得到亲友圈、业缘圈、同学圈的认同。正像该队伍的一名老成员所说的那样："当我体验到大家一块儿锻炼的好处之后，我就把我的姊妹、我的朋友、我的邻居、我的什么什么的都拉进来健身。经过一段时间，现在他们也不用拉了，能够主动来了，他们又带来了一大帮我都不认识的朋友，现在也成好朋友了，队伍越来越大。大家都知道健身对自己的身体有好处，也知道了'现在不养生，将来养医生'的道理。"根据能量辐射传导规律，在非正式结构体育社团内部高度强化"生命在于运动"价值观的同时，非正式结构体育社团也成为"生命在于运动"价值观面向全社会扩散的辐射中心，认同范围呈现以非正式结构体育社团为中心的波浪式、叠加式扩散，所以非正式结构体育社团还成为"生命在于运动"价值观的传播中心。

（二）非正式结构体育社团增强了健身行为的吸引力

人的本能是群体生活。麦独孤认为"合群"是人的一种生存本能[33]，达尔文[34]认为独自一人的禁闭是最为严厉的刑罚。邓伟志[35]认为一个人没有加入任何一个社团，就意味着被边缘化。在文化大繁荣大发展背景下，非正式结构体育社团的大量涌现与形成，不仅满足了人们"组团""合群""组群"的生存需要，也满足了人们日益增长的体育健身需求。非正式结构体育社团所展现的综合功能与影响力，增强了全民健身行为的外部吸引力，主要表现在以下三个方面。

1. 非正式结构体育社团的群体结构吸引

从非正式结构体育社团人数构成特征上看，非正式结构体育社团一般是由几人、十几人、几十人、上百人组成的健身群体，以社团成员都喜欢的健身项目为纽带，使大家集聚到一起参与健身，群体结构是松散的、无边际的，各种关系网络、关系资源隐含于群体之中。这一群体结构不仅满足了人们的健身需求，同时也搭建了一个情感交流的平台，起到了人们追求"乐群""合群""组群"的桥梁作用，满足了非正式结构体育社团成员的多元化精神需求，增强了非正式结构体育社团健身行为的外部吸引力。例如，访谈中了解到摆手舞表演队一部分成员本来对体育健身并无强烈的需求，但出于"乐群""合群"的驱使加入进来，在非正式结构体育社团发展过程中逐渐认识到群体健身行为不仅满足了自己的归属感、成就感，同时也找到了自信（生活、社交、健身等），于是全身心投入健身群体中，希望群体发展越来越好。感恩奉献的精神在群体内部蔓延扩张，健身的潜意识逐渐被"开发"出来，"生命在于运动"的价值观也逐渐得到强化、认同、传播。正如一位非正式结构体育社团成员（沈女士，摆手舞，来凤政府广场）所描述的那样："刚刚开始有广场舞的时候就是来凑热闹，没有想着健身锻炼什么的，经过一段时间后，认识了各行各业的很多人，大家都很友好，还经常互相问候，来了就是朋友，没有人员限制。在跳摆手舞的时候经常打打招呼，有的都成好朋友了，不来还互相惦记着。谁有几次不来，一旦有学不会的动作，大家伙就一块儿教，我感觉我还挺有成就感的，我也成老师了，哈哈。还有就是我发现我的身体比以前好多了，有劲了，精神了，也乐观了，看什么事情也顺眼了。现在啊，天天盼着到晚上。我们的摆手舞队已经有 40 多人了，非常热闹，很愿意一直这样办下去，将来我也准备领舞呢。只要愿意来、愿意学、愿意跳，我就无偿地教大家跳舞，人数没有限制。"实际上，原生态摆手舞队刚刚成立时只有 19 人，就是受"乐群""合群"的驱使，又有几十人陆续加入进来，队伍日渐壮大，这种群体结构增强了非正式结构体育社团的健身行为吸引力。从根源上讲，群体健身吸引的内在动力来源于非正式结构体育社团成员在群体锻炼时获取的自信、希望、乐观、感恩、宽容等心理资本。实证研究也证明，当非正式结构体育社团成员的自信、希望、乐观、宽容、感恩等因素形成打包的心理资本时，其群体动力、群体凝聚力、主观幸福感更加凸显。积极心理状态下溢出的外显行为增加了非正式结构体育社团的群体吸引力。

2. 非正式结构体育社团的群体行为吸引

在文化大繁荣大发展背景下，非正式结构体育社团大量涌现，遍地开花，群体健身的锻炼形式被认可，健身吸引力越来越大，社会影响逐渐增强，在公众视野下"标新立异"的群体行为取向得到认同，不断满足非正式结构体育社团成员的个性化需求。互联网时代传播媒介的普及，使得整个世界的距离在缩小，即使在最偏远的山区公园、广场、空地，也可以看到用现代的流行音乐伴奏的摆手舞、广场舞、健身操、排舞等以群体锻炼的形式呈现于广大群众面前的场景，现代音乐伴奏背景下的群体健身行为吸引了众多路人观看，社会性吸引效应日益凸显，这一开放性的非正式结构体育社团群体行为使得更多的人产生了体育健身的愿望和冲动，并且波浪式地向外快速传播。非正式结构体育社团群体健身行为的吸引力越来越大，人们的体育健身需求日益高涨，社会性价值凸显。正如一位非正式结构体育社团成员（刘女士，机关干部，原生态摆手舞队成员）描述的那样："我是个很传统的人，在公众面前不愿意乱显摆自己，感觉有失身份，身边也缺乏这样的氛围，对于我这样喜欢玩儿的人而言，体育健身的想法经常被传统思想悄然阻断或被扼杀在萌芽状态。自从县里要求成立了摆手舞队，我就尝试着加入玩玩，县里面把摆手舞作为对外宣传的窗口，我有了理所当然的、理直气壮的理由就参加进来了。现在呀，我特别感激这个群体，感谢这个群体给我带来了健康和快乐，每天在这里的时间是我一天中最自由、放松的时候，所以这个群体对我来说太重要了。感谢领舞者无私的奉献，感谢大家每天都来捧场，我们才能在这个群体里获得快乐和健康，呵呵……我现在每天充满希望和信心，感觉特别有力量，不知道累，也敢说了，经常劝我身边的家人、同事、朋友什么的来锻炼。我的行为吸引了一大批我身边的人，比我的年龄大一些的、小一些的，都叫大姐或姐妹儿什么的，有事情大家一起商量，关系都非常好，不见面还想呢，希望我一直能带她们活动。"从对话中可以看出，非正式结构体育社团运行的价值取向揭开了个体参与群体健身行为的灰色面纱，彻底消除了锻炼者的心理障碍，这使得各种各样的健身行为在公众视野下变得顺理成章或理所当然，原有的隐含着的愿望与冲动得到实现与满足，人际传播的效应又让后来的非正式结构体育社团成员受到潜移默化的群体健身影响，成为体育健身吸引的发源地、传播源。随着健身行为受益效应的彰显，每个非正式结构体育社团成员获得了大量的心理资本储备，主观幸福感油然而生。从个案研究中也可以看出，聚群锻炼对非正式结构体育社团成员的主观幸福感、群体凝聚力有更大、更深远的影响。

3. 非正式结构体育社团的绩效吸引

非正式结构体育社团健身行为的溢出效应是维系了社会和谐与稳定，这种绩效又恰恰与政府所需要的公共体育服务供给相吻合，政府部门开始意识到非正式结构体育社团所产生的群体绩效，采用以奖代补、有偿补贴的方式购买公共体育服务，使非正式结构体育社团获得了发展所需的社会资源。外部资源的获取极大地增强了非正式结构体育社团的吸引力，通过对来凤县政府广场、夏威夷广场、四斗种桥广场、来凤一中等地的非正式结构体育社团进行观察和比较分析发现，在原生态摆手舞队骨干的带动下，这些地方先后成立了若干非正式结构体育社团，体育健身参与的人数比例与人均参与的次数均有大幅度提高。正如一位非正式结构体育社团成员（王先生，摆手舞，政府广场）所描述的那样："这帮人定期来活动，心特别齐，大家都能在一起乐和乐和。我们这儿的表演、比赛挺多的，我也偶尔联系个赞助什么的，排练好了政府还出资让我们出去演出，宣传我们的传统文化。主要是我愿意奉献，只要她们来就行，不怕学不会，就怕她们不来。对不同的基础给出不同的要求，小目标一点儿一点儿地实现，现在都成功了，队伍也大了，大家每天都高兴着呢，都学会了几十套舞蹈动作啦。"从访谈中可以看出，非正式结构体育社团的健身绩效以现身说法的形式传递给亲朋好友、街坊邻居，因为腼腆害羞、担心讥笑、不懂方法等因素都将因非正式结构体育社团的存在而被逐渐削弱甚至消除，群体健身不仅让每个人提升了自信、乐观、感恩等心理资本，提升了主观幸福感，还使非正式结构体育社团的队伍逐渐发展壮大，有了来自政府的支持与认同。

（三）非正式结构体育社团缩减了全民健身运动的成本

全民健身运动的开展是我国社会转型期提出的一项重大国策，也是一项"功在当代，利在千秋"的全民健身工程，工程的全面展开涉及运行成本问题。非正式结构体育社团的大量涌现解决了部分全民健身运动的成本问题，使国家投入、社会投入成本得到有效缩减。缩减全民健身运动的成本主要表现在以下三个方面。

1. 非正式结构体育社团缩减了全民健身运动组织的生成成本

非正式结构体育社团是自发形成的群体组织，组织结构边界模糊，从成立之初群体结构维系依靠的就是自我规范管理，没有挂靠单位、没有法人代表、没有注册登记、没有成立大会、没有条文章程等烦琐的事项干预，而是以活动项目为载体进行自我组织、自我管理、自我监督。非正式结构体育社团对活动场地要求不高，一般在小型公园、文化广场、街头巷尾即可，大多数以摆手舞、健身操、广场舞、清江舞、巴山舞、排舞、太极拳（剑）、木兰拳、交谊舞等为健身项目，成为全民健身组织网络建设的一个节点，大大缩减了"正式社团或正式协会"的成立成本。从这一角度分析，非正式结构体育社团的生成降低了"协会成立"成本，也降低了全民健身运动组织的生成成本。

2. 非正式结构体育社团缩减了全民健身运动的管理成本

数量庞大的非正式结构体育社团在全民健身运动中承担了重要角色，但不需要投入更多的管理成本，即使有的非正式结构体育社团达到了登记备案的要求，政府也基本上是离场管理、离场监控，国家投入的管理成本是对影响力大的非正式结构体育社团进行以奖代补或购买其公共体育服务。正如一位非正式结构体育社团成员（谭先生，摆手舞，政府广场）所描述的那样："我们的摆手舞队成立好几年了，没有人管理，运转都是我们自己的事情。后来摆手舞队的规模变大了，影响力也大了，就代表街区进行宣传表演，就是为经济发展搭台，然后街道办给点儿奖励（T恤衫、表演服、道具），街道办登记备案，说以后有类似的活动会通知我们。"从访谈中可以了解到摆手舞队的生存状态与管理现状，大量类似的非正式结构体育社团大大缩减了全民健身运动的管理成本。

3. 非正式结构体育社团缩减了全民健身运动的运行成本

非正式结构体育社团的存在形式及其扁平化的场群效应，使全民健身宣传信息流呈现叠加式的传播，各类信息传递是相互的、网状的、立体的。非正式结构体育社团成为普及宣传全民健身运动的连接点，这些连接点恰好承载了全民健身运动开展的运行成本，缩减了政府人、财、物的投入，从健身方法传播上降低了传播成本。正如一位非正式结构体育社团成员（岳女士，摆手舞，政府官员）所描述的那样："来凤摆手舞在武陵山区是非常出名的，以摆手舞为载体开展全民健身运动可以直接深入到群众中，并且不用投入大量资金进行宣传，就能够依靠传统习俗自我运转。现在部分摆手舞队已经登记备案，政府只需定期要求街道办或社区进行审核就行了。活动开展好的可进行表扬奖励，这样有利于让各种摆手舞队、健身队之间互相学习，我们也可以减少扶持成本。"从访谈中可以了解到摆手舞队的客观存在，既达到了全民健身运动宣传的目的，又达到了降低运行成本的效果，缩减了推动全民健身可持续发展的运行成本。

（四）非正式结构体育社团承载了传统体育文化

文化是依群体而存在的[36]。非正式结构体育社团的群体形式可以承载传统体育文化。在偏远山区人们的日常生活中，需要群体活动来填充精神空间，以增强生活的意义和乐趣。传统体育成为人们补充生活空间的首选，而承载传统体育文化的就是非正式结构体育社团。在传统习俗熏陶下，传统体育文化与传统礼俗、宗族管理、风俗活动、民族信仰一起构成了传统社会的日常生活骨架。非正式结构体育社团不仅是传统体育项目的活性载体，也是传统体育文化传承的载体。

1. 非正式结构体育社团是传统体育文化构建的载体

非正式结构体育社团的群体活动形式具有文化构建的功能。传统体育活动的彰显与盛行构建了族群烙印、宗族记忆与家族记忆，这些记忆奠定了人们日常活动形式的基础。人们以群体的形式唱歌跳舞、抒发情感。例如，原生态摆手舞队的骨干成员均土生土长于来凤县，从小就了解节日期间摆手舞的开展情况，接受过传统体育文化的洗礼，他们的文化记忆在某种环境中可以重新焕发生机，而体育活动带来的肌肉记忆远比说教更有效。原生态摆手舞的传承与后来改编的摆手操，在很大程度上有助于传统体育文化的建构和维持。正如一位非正式结构体育社团成员（田先生，摆手舞，政府广场）所描述的那样："摆手舞不能失传，这是我们祖祖辈辈文化的象征，只要一跳摆手舞，就代表着我们是一家人，大家一起跳，既健身又娱乐。前一段时间结束的少数民族传统体育运动会上表演的摆手操就是在摆手舞基础上创编的，不但创新，还传承了传统体育文化。现在的广场上跳操的人很多了，都是一群一群地练，一群一群地跳，关系好着呢。"从访谈中可以看出，非正式结构体育社团不仅成为构建传统体育文化的载体，也成为人们沟通情感、加强群体交流的有效途径。摆手操的运动方式、技术规则等汲取了摆手舞的优点和特点，以非正式结构体育社团为载体的传承形式赋予了传统体育文化构建的新内涵。

2. 非正式结构体育社团是传统体育文化传承的载体

由非正式结构体育社团承载的传统体育事件最容易成为族群记忆、宗族记忆和家族记忆。非正式结构体育社团具有维系传统体育文化建构、维持与传承的功能，成为以族群领袖或精英为代表的传统体育文化传承的载体。例如，对摆手舞的记忆不同时期有不同的代表人物，新中国成立后湖北省恩施州来凤县摆手舞的第一代传人是民间艺术大师彭昌松，第二代传人是彭大楚，第三代传人是"土家鼓王"彭成金，原生态摆手舞队的队长李萍（政府机关工作人员）及其成员成为新中国成立后摆手舞第四代传人，在舍米湖村摆手堂举行了拜彭成金为师的正式仪式，为表示诚意，师徒还在拜师收徒协议上签名盖章。李萍（摆手舞第四代传人的代表）在后期的活动中被评为来凤县摆手舞优秀传人。以群体的形式展现的摆手舞活动无论是从内容提炼还是表现形式上都是以集体操练的形式呈现的，以群体形式维持摆手舞集体行动能力的非正式结构体育社团是传统体育文化的传承载体。

3. 非正式结构体育社团是传统体育文化创新的载体

文化是依群体而存在的，同时也随着群体的演变而发生变化，说明文化发展是不断传承与创新的。2014 年在来凤县举行了湖北省第八届少数民族传统体育运动会，会上展示的摆手操是在摆手舞的基础上演化而来的新节目，原生态摆手舞队代表来凤县参加了此次表演。特有的音乐旋律的震撼性和艺术性表现激发了锻炼成员的灵感，动作选取和编排反映了浓郁的生活气息，表演服装风情各异，赋予摆手操极强的民俗性和观赏性[37]。摆手操的表演形式同样深刻反映了当地居民的民俗风情与生活情趣。非正式结构体育社团扎实的群众基础为摆手操的生存与发展提供了更广阔的舞台和更具潜力的传承空间，使摆手舞、摆手操无论是在本地的节庆会演上还是在外出竞赛表演上都极其引人注目。正如一位非正式结构体育社团成员（张女士，摆手舞，政府广场）所描述的那样："我们跳摆手舞除了原来的音乐，现在也可以用《套马杆》《小苹果》《伤不起》等现代音乐了，大家一起跳起来感觉非常好，蛮时尚的，一边跳一边哼着歌词，不仅锻炼了身体，还响应政府号召宣传传统文化。各个锻炼群体都积极报名参加县里举办的摆手舞比赛。"从访谈中可以看出，摆手舞的发展模式因其能体现传统体育文化内涵而得到广泛认可，同样能够表现当地特有的文化元素及思想感情，非正式结构体育社团起到了传承与创新传统体育文化的作用。

二、摆手舞队个案研究推广度问题

推广度问题一般来源于定量研究范式，利用抽取样本的研究结果推论总体现象。本课题实证研究同样关注推广度问题，案例研究中的三个摆手舞个案的存在是全民健身发展过程中的普遍现象，其运行机制是否能够"复制"到其他类似的摆手舞队或非正式结构体育社团中去呢？这是在课题进行前就已经考虑的问题。本课题采取了个案跟踪访谈与问卷调查相融合的方式获取、汇总和分析资料，课题组长期跟踪接触摆手舞队成员，对部分成员进行了深入访谈，访谈时考虑到了摆手舞队的精神领袖、骨干和一般成员的差别，甚至考虑到性别、年龄、职业等客观因素。由于案例研究的特殊性决定了样本量较少，运用个案得出的研究结果不能按照定量研究中的推广度标准进行检验，所以，在问卷调查时摆手舞队的成员也是被调查对象，从访谈中获得深入挖掘的信息也被加入问卷条目之中，问卷调查的结论被穿插引用到个案中，使框架数据与鲜活的个体感受相融合。个案研究的过程可能与类似的团队产生共鸣，共鸣的部分可以"套搬"到其他类似的非正式结构体育社团中去，达到借鉴或推广的目的。因此，本研究采用结合个案与普遍调查相结合的形式讨论推广度的问题。

本课题个案研究揭示了摆手舞队本身的认识和理解，从访谈中可以看出，对于非正式结构体育社团而言，其生存状态与积极心理资本的获得有很大关系，访谈对话中的自信、希望、感恩等积极心理状态通过共鸣或认同来达到借鉴的目的，所以说，本课题的个案推广度问题实际上是一种认同性推广，并且对摆手舞队成员的感受和成员家庭的认识、所属单位同事和领导的看法一一进行了研究探讨，对摆手舞队的生存环境、成长路径有比较深刻的把握，对从中反映出来的全民健身活动组织问题有一种方法学上的新认识。本课题研究在深入个案调查和普遍分析的基础上揭示出一些共性和个性的问题，通过对共性问题的共鸣或认同来达到推广的目的。

我们在仔细整理非正式结构体育社团众多材料所传递的信息时，感觉进入了一种灰色的芜杂之中，进而触摸到强大的矛盾，因为我们看到了非正式结构体育社团在体育领域中的巨大作用和价值，看到了锻炼群体对所能享受到何种体育健身活动的某种决定性，看到了非正式结构体育社团在体育活动开展中的那种捉襟见肘的窘迫、情感归属的表达、对正式组织的渴望，还看到了群体坚忍不拔的"发展历程"以及对社团发展的希望……窘迫、矛盾、冲突是非正式结构体育社团发展天然的软肋，非正式结构体育社团的发展壮大为什么格外困难？是因为有正式结构体育社团这个参照物，是因为非正式结构体育社团这个问题普遍地存在于全国各个角落，这也是非正式结构体育社团较之于正式结构体育社团特殊的关键所在。

参 考 文 献

[1] 郑旗. 体育科学研究方法[M]. 2版. 北京：人民体育出版社，2007：319.

[2] 陈向明. 在行动中学作质的研究[M]. 北京：教育科学出版社，2003：173，178.

[3] 罗湘林. 对一个村落体育的考察与分析[J]. 体育科学，2006，26（4）：86-95.

[4] 艾尔·巴比. 社会研究方法[M]. 邱泽奇，译. 10版. 北京：华夏出版社，2005：285.

[5] 杰弗里·菲佛，杰勒尔德·R. 萨兰基克. 组织的外部控制：对组织资源依赖的分析[M]. 北京：东方出版社，2006：5-16.

[6] 杨震宁. 组织健康的理论构建与捍卫机制研究[M]. 北京：中国社会科学出版社，2010：4.

[7] HINNINGS C R. GREENWOOD R. The normative prescriptions of organizations[M]//ZuckerL G. Institutional patterns and organizations. Cambridge: Balling Pub. Co., 1988:53-70.

[8] 康晓光. 依附式发展的第三部门[M]. 北京：社会科学文献出版社，2011：69-97.

[9] 唐文玉，马西恒. 去政治的自主性：民办社会组织的生存策略——以恩派（NPI）公益组织发展中心为例[J]. 浙江社会科学，2011（10）：58-68.

[10] 罗家德，孙瑜. 自组织运作过程中的能人现象[J]. 中国社会科学，2013（10）：90.

[11] 王锦军. 浙江政府与民间组织的互动机制：资源依赖理论的分析[J]. 浙江社会科学，2008（9）：31-36.

[12] 谭延敏，张铁明，胡庆山，等. 农村自发性体育活动群体组织识别的实证研究[J]. 体育科学，2009，29（1）：

14-24.

[13] 张清，武艳. 社会组织的软法治理研究[M]. 北京：法律出版社，2015：244.

[14] 高丙中. 社会团体的合法性问题[J]. 中国社会科学，2000（2）：102，105.

[15] HANNAN M T, FREEMAN J H. The population ecology of organization[J]. The America Economics Review, 1982, 3: 929-946.

[16] 高丙中. 传统节日与社会文化再生产[N]. 学习时报，2006-02-20（6）.

[17] 康晓光，冯利. 中国民间组织观察报告[M]. 北京：社会科学文献出版社，2011：6-7.

[18] 卡尔·维克. 组织社会心理学：如何理解和鉴赏组织[M]. 贾柠瑞，高隽，译. 北京：中国人民大学出版社，2009：91.

[19] 谢应波，颜雷，檀吓俤，等. 微探土家族习惯法[EB/OL].（2010-03-10）[2025-03-22]. http://www.law-lib.com/lw/lw_view.asp?no=11158.

[20] 覃美洲. 湖北民族地区农村"厌诉"根源的多维透视[J]. 贵州民族研究，2011（2）：64.

[21] 哈耶克. 自由秩序原理[M]. 邓正来，译. 北京：生活·读书·新知三联书店，1997：199.

[22] 黄永军. 自组织管理理论：通往秩序与活力之路[M]. 北京：新华出版社，2006：28.

[23] 卢梭. 社会契约论[M]. 何兆武，译. 北京：商务印书馆，2003：124.

[24] 王诗宗，宋程成. 独立抑或自主：中国社会组织特征问题重思[J]. 中国社会科学，2013：62-64.

[25] 冯欣欣，曹继红. 资源依赖视角下我国体育社团与政府的关系及其优化路径研究[J]. 天津体育学院学报，2013，28（5）：382-386.

[26] 张铁明，谭延敏，秦更生. 农村非正式结构体育社团发展阶段量表的研制[J]. 天津体育学院学报，2012，27（5）：446-450.

[27] 王名，刘培峰. 民间组织通论[M]. 北京：时事出版社，2004：237.

[28] 列维-布留尔. 原始思维[M]. 丁由，译. 北京：商务印书馆，1981：48.

[29] 罗锐韧，曾繁正，组织行为学[M]. 北京：红旗出版社，1997：184.

[30] 李延超. 民族民间体育赛事研究的社会使命与学术追求[J]. 上海体育学院学报，2012，36（5）：11-13.

[31] 谭延敏，张铁明，黄银华，等. 农村非正式结构体育社团演进路径的实证研究[J]. 上海体育学院学报，2013，37（1）：60-66.

[32] 张红坚. 健身场：全民健身可持续发展的无形资源[J]. 中国体育科技，2006，42（5）：31-33.

[33] 郑杭生. 社会学概论[M]. 3版. 北京：中国人民大学出版社，2003.

[34] 达尔文. 人类的由来[M]. 潘光旦，胡寿文，译. 北京：商务印书馆，1983：12.

[35] 邓伟志. 中国社团的现状及发展趋势[J]. 上海行政学院学报，2004（6）：81.

[36] 王询. 文化传统与经济组织[D]. 大连：东北财经大学出版社，2007.

[37] 许爱梅. 民族健身操的价值与应用前景[J]. 体育学刊，2007，14（8）：65-66.

第七章 非正式结构体育社团的发展困境

非正式结构体育社团为了满足居民的健身、交往、休闲、娱乐等需求应运而生，并呈现出井喷态势。但是由于绝大多数非正式结构体育社团是自发性的，无正式组织管理，处于松散、自生自灭的状态，通过前面横向与纵向的调研总结可以看出，非正式结构体育社团发展存在认识制约、制度制约、能力制约、人才制约的困境。

第一节 认识制约：非正式结构体育社团发展速度滞缓

一、社会认识制约

2013 年，《国务院办公厅关于政府向社会力量购买服务的指导意见》出台，明确提出要进一步转变政府职能，改善公共服务，要求在公共服务领域更多利用社会力量，加大购买服务力度。2015 年，文化部、财政部、新闻出版广电总局、体育总局联合发布《关于做好政府向社会力量购买公共文化服务工作的意见》，再次强调要规范和引导各类社会组织健康发展，逐步构建多层次、多方式的公共文化服务供给体系，建立"自下而上、以需定供"的互动式、菜单式服务方式，推动公共文化服务供给与人民群众文化需求有效对接。尽管发展非正式结构体育社团逐渐成为社会各界的共识，社团的参与人员遍及国家职业分类标准中的国家机关、企事业单位等负责人、专业技术人员、商业、服务业人员等，但是，很多人对发展非正式结构体育社团的认识还不够深入或存在偏差；有的地方政府对发展非正式结构体育社团的认识还不到位，还没有正式把发展非正式结构体育社团作为本地公共体育服务改革的一个重要环节来抓，还没有认识到居民存在强大的"有组织健身"的需求，还在担心非正式结构体育社团的发展壮大会影响其工作的开展，甚至认为体育协会完全可以代表非正式结构体育社团的利益，发展非正式结构体育社团没有必要。政府定期举办的体育赛事与居民的期望之间出现了脱节，街道办或居委会将体育协会、老年体育协会、俱乐部等作为重要的群体活动的组织载体，在特殊的日子需要时轰轰烈烈地搞一场体育赛事，没有特殊日子的话就偃旗息鼓。调查组成员在访谈非正式结构体育社团成员时了解到，他们认为"健身领袖""健身精英"才是他们急需的靠山，这些领袖或精英可以以一种细水长流的形式组织健身，比政府节庆期间的一时轰动更长效。另外，也有一些地方政府对划拨资金去帮扶一些自发性的非正式结构体育社团，让它们来承担本地的体育组织健身、管理功能这件事信心不足。就非正式结构体育社团自身而言，由于宣传、引导的力度不够，对发展前景没有达成共识。正像访谈中所说的："这样的群体不是正式的，说散就散，大家在一起就是闹着玩，几个人关系不错，玩一会儿，锻炼一下就行了"；"我是在民政部门工作的，但我们的篮球队没有部门支持，没有资金，没有固定场地，经常打游击，我也知道还有很多的队，正式协会组织都管不过来，政府也就没有时间关注我们这样的群体了，靠我个人的关系去联系场地只能够维持一段时间，找个赞助也不容易"。从国家到地方的政策趋势是鼓励发展非正式结构体育社团，但无论是政府部门还是学术界，都对正式体育协会非常重视，而对自发性的体育锻炼组织缺乏研究与关注的热情。另外，自发性非正式结构体育社团的负责人多数没有正规体育健身理论的学习经历（见第三章调研结果，有人指导占比 55.71%），影响了政府和居民对他们的专业信任和依赖度；非正式结构体育社团的生存多处于自生自灭状态，发展数量与规模飘忽不定，整个社会的普遍认识制约使非正式结构体育社团发展滞缓。

二、传统习俗制约

在日常生产生活中，居民已经形成当地独有的生产生活习惯，这些习惯是在祖祖辈辈长期的生产生活实践中形成并流传至今的，具有相当强的约束力。在这些习惯中，有的是普遍存在和共同遵守的族规或村规民约，有的是祖祖辈辈传承下来的族规家规，也有随着社会的发展自然形成的惯习。在这样的环境下，非正式结构体育社团也同样依附于各族群风俗习惯进行自我约束、自我提升、自我发展。即使到了法制相对完备的今天，政府也无法为这些地区的非正式结构体育社团提供足够的合法性保障，尤其是人们对本地习惯的熟悉，使得传统习俗在非正式结构体育社团管理方式上仍然起着相当大的作用。例如，巴东县野三关镇的"撒叶儿嗬"民间表演艺术队，下辖 27 支"撒叶儿嗬"小分队。由于政府没有足够的人力和财力进行保护与传承，"撒叶儿嗬"作为非物质文化遗产的杰出代表，主要依靠这些民间组织自生自灭式的表演方式予以传承，不利于当地非物质文化遗产的进一步传承与保护。这种主要依靠传统习俗来调节非正式结构体育社团的运行和发展方式造成政府不便于扶持与监督管理，或者根本无从插手。正像恩施州来凤县的一位摆手舞表演队员所说的："我们的表演队是祖辈传下来的，基本不用政府管，知道我们就行了。我们都听从队长的安排，这样蛮好的。"可以看出，一个群体在一个相对稳定的生存环境下，会普遍受本地流行的价值观念的支配，其心理积淀和行为方式影响到生活中的各个领域，并在各种实践活动中传承下来。依靠传统习俗的自我管理方式延缓了非正式结构体育社团的发展。

第二节 制度制约：非正式结构体育社团合法性发展受限

一、法律困境

非正式结构体育社团要获得合法生存的空间，必然离不开国家针对这些地区相关政策、法规的支持与帮扶，对于其组织地位与活动范围，迄今为止还是缺少来自法律法规的界定。虽然备案制的试行已经覆盖了大部分自发性的非正式结构体育社团，但其属性、功能、组织形式、活动方式等缺乏法律依据，也无法确定其法律地位，对政府部门给予的优惠政策无法以立法形式加以保护。无法进行登记注册或备案的非正式结构体育社团还大量存在，分布于城镇社区的各个角落、偏远山区和农村，法制建设的滞后极大地限制了非正式结构体育社团的发展。从根本上说，非正式结构体育社团面临的政策法规障碍，在于政府权力没有全部向社会下放，由于地域广阔，人员分布较散，相应的配套措施没有落地或者不完善，导致广大的非正式结构体育社团的发展空间没有得到充分保证[1]。正如湖北省恩施州恩施市某文体干事所说："国家支持体育锻炼组织发展，可以直接登记，但需要交登记审核表，或者干脆就在社区备案都可以，问题是成立之后谁去管理？谁去监督？谁去评估？不登记备案的怎么管理？这样的锻炼群体太多了，这些需要政府、社区、居民之间进行联动式发展，权力应向社会基层开放。"目前还没有从法律的层面建立起科学合理的评价和评估机制，对非正式结构体育社团的培育与发展起监督管理的机构还不存在。现有的评价标准就是非正式结构体育社团是否已经登记注册、是否有规章制度约束、是否有挂靠单位等，很少涉及组织管理方式合不合社团的"胃口"。由于无法直接套用正式体育社团的评估标准，所以非正式结构体育社团处于法律的灰色地带。即使业已成立（登记制、备案制）的非正式结构体育社团，在现行条件下也难以确保能够得到有效管理和监督。

二、地位困境

无法获得法律的保护，也就"失去"了社会地位，各级政府有关部门是体育社团的业务主管单位，这种管理体制制约了非正式结构体育社团的发展。一般而言，非正式结构体育社团多是以广场、公园、社区的空地、村委会、宗祠或者庙堂等为活动地域，资金、场所和成员数量随时会变化，自生自灭、重新整合现象频繁发生。大多数非正式结构体育社团不具备国家规定的社团注册条件，在无法注册的情况下，只能选择体制（备案制）外生存的方式。无法登记成为"合法"组织，就没有获得当地政府部门的认可，这不利于非正式结构体育社团以独立资格服务社区、村镇的全民健身活动，束缚了非正式结构体育社团向更广阔的外界发展的手脚。正如湖北省恩施州恩施市金三角广场的一名舞蹈队成员所说："如果没有备案，市里举行活动就没有人通知你，做得再好也不让你参加。因为我们舞蹈队不属于州城促进会（指恩施州城群众文体活动促进会）的成员，金三角是航空路街道办的活动场所，我们舞蹈队没有名分，所以随时可能被轰走，唉！"由于没有合法地位，非正式结构体育社团处于随时被取消的境地，游击式生存方式严重影响了其长远发展，因此非正式结构体育社团无法快速壮大发展规模，无法科学提升健身成效，无法切实发挥其在全民健身组织网络发展中的节点作用。

三、扶持困境

非正式结构体育社团基本上都是自发建立起来的，其生存与发展同样需要寻求当地政府的支持，以便获得更多的社会资源，但两者的结合却出现了困难。近些年来，社会和经济条件的改善以及居民健康意识的提升，直接催生出数量庞大的非正式结构体育社团，管理人员即使想给予资金支持，也是杯水车薪。另外，大量的非正式结构体育社团没有合法的社会地位，游离于注册、备案之外，当地政府关于全民健身组织发展的相关配套措施就无法找到落脚点，导致非正式结构体育社团面临扶持方面的困境。一是大量当地的非正式结构体育社团没有活动经费，也缺乏融资渠道。由于缺乏必要的法律支持，作为非营利性的非正式结构体育社团不被允许或不可能进行有效的社会融资。二是缺乏专业指导人员，非正式结构体育社团的主体成员主要是本地的健身爱好者，缺乏既有管理经验又懂得现代健身指导的领头人。非正式结构体育社团的生存往往与健身带头人有直接联系，健身领袖的奉献精神、地位与社会关系决定了社团的生存与发展状态，社团可随时解散，也可随时重新组合。正如在湖北省恩施州恩施市土桥坝广场访谈时一位领导所说："很多没有备案的锻炼群体做得很好，想在资金上扶持一下。可是这样的群体没有名分，国家的钱不能乱花，弄不好会出事的，所以政府建了大量广场、公园和健身走廊，尽量提供锻炼场所，也就算是都扶持了。"扶持与监管找不到落脚点，加上配套的社会保障制度没有建立起来，造成绝大部分非正式结构体育社团无法得到政府部门的扶持。

第三节　能力制约：非正式结构体育社团公共体育服务能力受限

一、自治能力的缺乏

非正式结构体育社团具有提供公共体育服务、规范群体行为的积极作用，其自治能力的提高有利于降低政府管理的成本。但非正式结构体育社团的合法性困境导致其自治能力缺乏，自治能力缺乏导致其运行不畅。目前，非正式结构体育社团的管理主要靠一个或几个健身精英的奉献来维系，管理方式基本上是自己管理自己，以情感维系的群体规范缺乏来自法律的约束，自我治理能力缺失，经常会出现锻炼群体内部意见不统一，甚至有成员带领一帮人离开重新组建体育社团等现象。虽然有的非正式结构体育社团制定了章程或议事规则，但很少按照章程和议事规则办事，主要是口头式约定，决策权掌握在牵头人手中。有的非正式结构体育社团在创立初期是凭借发起人的个人魅力使成员凝聚在一起的，随着组织规模的逐步发展壮大，这些社团的健身领袖依然采用家长制的管理方式，管理呈现不规范化、不公平和随意化。自治管理能力的缺乏使非正式结构体育社团丧失了多群体共处的群众基础，也丧失了获取当地政府和社会认可的优势。正如贵州省铜仁市印江土家族苗族自治县的一名篮球队长所说的那样："有的球队是围着老板转的，虽然也集聚了一大帮人，但组成人员太杂，主要靠老板的威信顶着，老板不满意了，球队很快就解散了，原因是谁也不服谁，反正都没有什么法律约束。"可以认为，非正式结构体育社团自主管理能力的缺乏是群体走向消亡的一个重要原因。因此，只有增强群体认同感，才能够促使非正式结构体育社团为公共体育服务建设与社会稳定做出更大的贡献。

二、独立能力的缺乏

非正式结构体育社团的地位困境导致其独立能力的丧失。没有任何事物是孤立存在的，万事万物都与其他事物有着千丝万缕的联系，所以，非正式结构体育社团对外界环境同样具有依赖性，需要外部的人、财、物等方面的资源投入，没有这些外部资源支持，其独立发展能力只能在低水平上徘徊。在文化大繁荣大发展背景下，在国家政策倾斜的前提下，非正式结构体育社团数量不断增多，但还不是真正意义上的体育协会与市场、政府交流的中介，许多非正式结构体育社团过分依赖群体领袖、组织者，或热衷于向政府要政策，以寻求合法性和独立性，而不是在全民健身组织网络服务上多下功夫。同样，政府也习惯以包办和命令的传统方式对非正式结构体育社团活动进行干预，正如湖北省恩施州恩施市土桥坝广场的一名健身带头人所说："组建摆手舞队初期蛮好的，加入社区管理后什么事情都得听它指挥，否则就不能够在这个地方锻炼了，说是扰民。我们也没有办法，只能解散了。"对社会综合治理加以行政式管理，使得非正式结构体育社团失去自主性，不利于公共体育服务网络体系的构建。

三、服务能力的缺乏

非正式结构体育社团的社会服务能力在其续存期间是十分重要的问题，是能不能得到社会认可、政府认可并提供资源的问题。正确处理好非正式结构体育社团与政府的关系，在街道办、村委会（居委会）的大力支持和帮助下，承担部分体育服务的公益功能，做好政府与民间的桥梁是目前的正确选择。非正式结构体育社团的扶持困境，导致其服务能力的拓展受限；更由于缺乏专业指导人员，难以取得较好的服务效果，导致非正式结构体育社团的公信度不足。正如贵州省铜仁市碧江区的一名文体干事所说："这些健身队确实很重要，但太散了，技术水平达不到要求，区里也重点培养一些健身队伍，但如果不扶持就上不了台面，社区服务影响力达不到预想的效果。"从访谈中可以看出，相对松散的非正式结构体育社团对公共体育服务的发展成效并不明显。虽然锻炼成员对群体组织的认同度很高，但缺乏激励措施，服务作用发挥不充分，有的非正式结构体育社团积极服务于全民健身组织网络建设，但规模较小，覆盖面较窄，有时甚至受行政干预，服务方式、服务内容、服务范围等往往未能如愿。由于非正式结构体育社团是当地居民自发组成的，且数量多、形式多样、项目繁杂、结构松散，作用发挥也不突出，有的严重影响了群体组织整体服务能力的发挥，服务的范围和履行义务的界限也受到限制。服务能力的缺乏与政府的引导缺乏和管理不规范有关。

第四节　人才制约：非正式结构体育社团的专业化发展不畅

一、管理人才缺乏

管理人才缺乏使非正式结构体育社团运转始终处于无序状态。原因是非正式结构体育社团的群体动力来源于健身、娱乐、社交、休闲等需求，在这些因素引发下自愿组合起来的健身群体是松散性组织，往往是依靠召集人或体育健身技术能人的响应进行自我管理、自我约束。随着市场经济和社会的快速发展，自发成立的非正式结构体育社团的规模具有较大的波动性，以自我为中心的管理方式不足以应对各种各样的人际关系。自我治理不足表现在管理人才上的缺乏。由调查结果可知，非正式结构体育社团由个别人发起成立的占 54.3%（见图 3-5），并且 58.08%的成员是和朋友一起锻炼的（见表 3-6），与朋友一起锻炼的原因无外乎彼此间谈得来，脾气、兴趣相同或相近。非正式结构体育社团的决策和管理的主体是非正式结构体育社团自身，活动如何开展、如何缴费、如何指导、如何对外交流等问题，都是由发起人自行决定和处理的，这样容易引起争议，导致群体解散或重组。正如恩施州巴东县的一位篮球爱好者所说："这个篮球队原来确实很厉害，招呼了一大群篮球水平高的人，但人越多越散，原来的队长也管理不了。有的篮球技术水平高点儿，经常不服从安排，队长根本镇不住，分出去好几拨了，走马灯似的换人。主要是缺少有能力的管理人才，与篮球水平高低没有关系。"从访谈中可以看出，对于一个初始的非正式结构体育社团而言，依靠朋友式的亲密关系进行自我管理还可以，但随着人数规模的扩大与社团影响力的增强，靠技能维系群体的自治发展已经力不从心，需要专门的管理人才。管理人才的缺乏导致非正式结构体育社团发展不畅，应当引起重视。

二、技术人才缺乏

技术人才缺乏使非正式结构体育社团专业技术提高路径受阻。非正式结构体育社团的成员来源于各个行业，专业技术指导能力低下问题非常普遍，健身效果不佳，影响了体育组织网络节点的建设。由实证调查得知，非正式结构体育社团成员在体育锻炼时有44.29%的人无人指导（见图3-6），即使有人指导也是健身领袖或积极分子依据个人经验进行指点。正如恩施州民族体育馆的一名羽毛球俱乐部队员所说："我们自己之间互相打还觉得不错，与别的羽毛球队一比就差多了，主要是没有人指导，技术水平达不到要求，想入羽毛球协会都不够格。由于没有教练，还跑掉了好几个水平高点儿的，水平变得越来越低了。"从对话中可以看出，专业技术人才的缺乏使非正式结构体育社团发展不稳固，依据"人的需求是不断递进的动力"，政府部门可以根据需要联系体育院系的大学生，建立实习辅导基地，定期指导非正式结构体育社团的体育健身活动。以精准帮扶的方式协助非正式结构体育社团发展值得思考和实践。

三、治理人才缺乏

虽然非正式结构体育社团的形成是基于共同的兴趣爱好，但构成人员身份复杂，需求层次多元化，除了对管理人才、技术人才的要求外，还需要有较高水平的治理人才进行有效的规划管理。目前，国家在对非正式结构体育社团的支持和帮扶中，考虑较多的是建一块篮球场、送两个乒乓球台等，对非正式结构体育社团组织人才培养考虑较少，如在健身广场、风雨桥长廊、河（湖）边步道、公园、环山公路、健身步梯等健身场所投入了较多的人力、财力、物力，而在人才培养上缺乏长期规划。非正式结构体育社团不是封闭性的，需要与外界环境合作才能够更好地提供公共体育服务，服务能力不足的突出表现是治理人才缺乏。从发展主体来看，在非正式结构体育社团的组织发展上应该以健身精英（个人）为主导，以网络建设主体的"高站位"来规划和实施社会治理人才的培养计划，但文体部门每年培训的社会体育指导员，相当一部分是体育教师或者体育工作者，他们较少到社会上去指导非正式结构体育社团的健身，而真正在非正式结构体育社团中起领袖作用的精英却极少有这样培训的机会，导致大量的非正式结构体育社团的精英没有经过正规的培训（见第三章调研数据，55.71%有人指导的成员里，主要是传统经验传授），专业知识欠缺，不能更好地领导体育社团向更加专业化的方向发展，甚至由于不知道如何进行科学锻炼才能获得最佳的锻炼效果，致使锻炼频次、强度、持续时间等控制不到位，出现较多运动损伤（访谈恩施篮球俱乐部、湘西州羽毛球俱乐部），这就会在一定程度上影响社团成员的体育价值观，进而影响社团成员对社团的归属感、成就感，影响社团凝聚力以及后期发展……正如一位文体局领导所说："在国家利好政策推动下，各种类型的全民健身组织很快发展起来了，但数量太多了，监控与管理是个大问题，不是锻炼群体内部的管理问题，是群体组织如何治理的问题。社区、街道与群体三位一体的治理方式是暂时的对策，需要国家层面出台社会组织治理体系的细则。"从访谈中可以看出，对于发展中的非正式结构体育社团而言，还需要从管理制度层面进行改革，吸引大量高素质的技术指导和管理人员参与其中，同时培育正式体育社团内部的成员成为志愿者，调动高校体育专业的实习生、学校的体育教师以及社会上专业化人才资源为其服务，这样才能够使更多的非正式结构体育社团走上专业化发展道路。

参 考 文 献

[1] 汪锦军. 浙江政府与民间组织的互动机制：资源依赖理论的分析[J]. 浙江社会科学，2008（9）：31-38.

第八章　非正式结构体育社团发展的引导策略

市场经济的快速发展，引起整个传统社会的急剧变迁。在人口频繁流动的情况下，我国传统体育的生存方式与现代体育管理方式经过了碰撞期、磨合期与共荣期，本研究为考察我国传统体育传承与管理提供了一种新的视角，同时也为非正式结构体育社团变迁提供了典型研究案例。不少地区政府开始考虑依靠本地区的某一"品牌"作为全民健身发展的支点，如摆手舞、撒叶儿嗬、巴山舞、苗鼓、龙舟竞渡、花灯等。当前非正式结构体育社团的生存与政府方面存在诸多资源依赖关系，如何选择国家特殊政策、如何适度规制、如何鼓励并支持非正式结构体育社团发展是当前全民健身组织网络建设中必须面对的一个现实问题。因此，合理的引导方式可以促使非正式结构体育社团快速、高质量地发展。本研究通过对非正式结构体育社团发展过程中的组织现状、运行机制、生存困境进行分析，提出了非正式结构体育社团发展要以国家政策法规为导向，广泛吸纳各类健身成员，重点培养具有影响力的健身领袖，在对健身领袖监管兼备的条件下引导健身群体向正式结构体育社团（体育协会、促进会、俱乐部等）演进，逐渐形成引导—吸纳—培养—演进的良性发展道路，并对四个方面的引导策略提出不同发展阶段的管理模式。

第一节　非正式结构体育社团发展策略

一、政策法规引导策略

通过政策法规的引导促进非正式结构体育社团的快速发展，得益于国家层面的重视与支持。1995 年国家颁布的《体育法》与《全民健身计划纲要》开启了全民健身的热潮，2009 年《全民健身条例》的实施使非正式结构体育社团呈现出前所未有的发展势头，全民健身活动开展得轰轰烈烈。接下来系列政策法规的基本导向更是大力推进了群众体育组织的健康发展，如《国家基本公共服务体系"十二五"规划》《国务院关于促进健康服务业发展的若干意见》《关于支持和规范社会组织承接政府购买服务的通知》《"十四五"城乡社区服务体系建设规划》以及 2016 年的《"健康中国 2030"规划纲要》和 2019 年的《体育强国建设纲要》等，湘、鄂、渝、黔也创新性地出台了系列法规文件引导非正式结构体育社团健康发展。从系列法规政策的出台与党的二十大报告提出的"健全共建共治共享的社会治理制度，提升社会治理效能"可以看出，非正式结构体育社团的发生与发展，无不与党和国家的重视程度及法律法规的适度引导密切相关，预示着非正式结构体育社团在现代社会中的作用已经得到政府的认可，预示着对非正式结构体育社团的管理正在从管制、防范走向引导、培育和扶持，从法律上确保非正式结构体育社团在全民健身中的重要地位。例如，来凤县政府每年组织摆手舞比赛，通过行政手段把散布在各地的摆手舞队纳入全民健身组织建设与管理的视域，而摆手舞队通常会把参与组织活动的照片、锦旗、证书等凭证默认为得到了政府的认可，作为公开进行活动的一种事实依据，这是一种模糊的行政合法性（或行政合法性的印象），让一些只能在街道、乡村活动的非正式结构体育社团，在政府引导下走上了更大的舞台。国家政策法规的导向不仅影响了摆手舞队的迅速发展，而且使摆手舞成为地方经济发展的一张名片。国家通过非主流意识形态的灌输为非正式结构体育社团的发展开辟道路，政策法规扮演着重要的导向角色，从而使非正式结构体育社团的集体行为上升到政府层面的行为。支持和引导非正式结构体育社团健康有序发展，各地要根据本地区经济社会发展情况需要，给予政策支持和引导，提升非正式结构体育社团自主发展、自我管理、筹资和社会服务等能力。来凤县政府在进一步认识到"非正式结构体育社团只有是民间的才是有生命力的"之后，慢慢从群体活动中退出，放手交给体育协会和群体精英去组织和管理，每年从政府办公经费里拿出一部分资金作为非正式结构体育社团的活动经费，政府对非正式结构体育社团成功地运用了"只帮忙"的引导策略。

二、人员吸纳策略

通过宽松的政策进行人员吸纳，进而影响非正式结构体育社团成员的自觉选择。在一定条件下，人员吸纳可以决定非正式结构体育社团变迁的路径和方向。在血缘、地缘、业缘、趣缘基础上形成的非正式结构体育社团需要吸纳社会各类人才来保障群体发展壮大，充分利用宗族、亲戚、职业、地缘等社会网络吸纳人员来壮大非正式结构体育社团，并形成密集的健身组织网络。因为居民聚集区在日常生产生活中形成了当地居民独有的民俗民风和习惯法，具有广泛的群众基础，非正式结构体育社团依据当地居民的风俗习惯进行自我约束、自我提升、自我发展，可以充分发挥习惯性管理方法，吸纳具有影响力的人员来维持、引导非正式结构体育社团的发展，尤其是人们对本地区习惯法的熟悉、信仰和可预期性，使传统模式在非正式结构体育社团管理上仍然起着巨大作用。可以充分挖掘当地社会地位较高的人（领导、宗族领袖）、人际交往中占有优势的人（组织精英）、健身技能水平高的人（健身精英）的巨大潜能，并利用这些能人拥有的巨大社会资源网，来大大促进非正式结构体育社团的对外协调和交流、提高其声誉和社会影响力，也为非正式结构体育社团的资源困境提供解决途径。这些能人的融入使非正式结构体育社团的群体威信大增，同时为全民参与体育锻炼树立了榜样，因为人的从众行为已经深深根植于人们的脑海中。例如，贵州铜仁市印江篮球俱乐部吸纳县级领导参与篮球健身活动，吸引了大批爱好者，对这些人员的吸纳产生了强烈的辐射和集聚效应，效应是无形的，但通过典范效应满足了居民的权威服从和从众心理，并将人们潜意识中的下级服从上级、学员服从教师的心理服从激发到极致，逐渐在动员—从众—参与—坚持—稳定的发展过程中融入非正式结构体育社团之中，从而引导、吸纳社会人员踊跃参与到全民健身组织活动中来。有选择地进行人员吸纳可以起到事半功倍的效果。

三、健身领袖培养策略

通过定期系统地培训健身领袖，增强非正式结构体育社团的生存力。健身领袖的社会资本和奉献精神是非正式结构体育社团资源获取的源头，可充分利用健身领袖依附力强的特点，促进非正式结构体育社团稳步发展。非正式结构体育社团健身领袖的行为往往会决定或改变社团的基本走向。正如北京大学王铭铭教授所说："对于地方上'杰出人物'的认识，是理解地方上由各种社会力量交织起来的整体的关键。"任何组织长期存在的活动行为背后都必然有一个群体领袖——动员者、领导者的角色。可以认为，充分利用小群体具有群体顺从、群体领导、群体凝聚力的特点，以培养健身领袖为目标，促进非正式结构体育社团健身行为的持续性发展是一个现实选择，并且能够控制社团的发展动向。另外，通过群体领袖的社会关系网还可以获得政府或其他社会组织带来的外部援助，更加有助于非正式结构体育社团的自身发展。例如，贵州铜仁市碧江区对分布在各个社区的健身站、辅导站、文艺团、活动点、俱乐部、舞蹈队的健身领袖进行免费培训，分别获得二级、三级社会体育指导员指导证书；广场舞等大型的非正式结构体育社团往往拥有多个健身领袖，政府也考虑到充分利用群体领袖在社会关系网中心位置的引导作用，对他们分期分批地进行培训。政府管理机构定期举办培训班不仅可提高健身领袖的政治觉悟和专业素养，同时可防止社团走向歧途。实际上群体健身领袖的习性促使非正式结构体育社团呈现波浪式发展，与自然群体组织演进类似，处于一种循环往复过程中，与群体环境、民俗民风发展相适应地生存下来，然后生存下来的非正式结构体育社团领袖的管理形式被"保存、复制"，起到孵化中心的作用，通过对健身领袖的培养使全民健身运动开展得轰轰烈烈。从现实角度来看，非正式结构体育社团所呈现的健身领袖依附式自主发展还将在较长时期内存续，而其未来发展的方向取决于国家政策法规的引导，即向正式体育社团发展是其合法性的路径选择。

四、正式体育社团演进策略

通过健身领袖培养引导健身群体向正式体育社团（体育协会、促进会、俱乐部等）发展，形成引导—吸纳—培养—演进的良性发展道路。目前政府也是通过各种方式吸纳非正式结构体育社团，而非正式结构体育社团最终会被纳入国家的统筹之中，以获得其所需的社会合法性或身份合法性，并形成以协会名义扮演政府"代理人"的管理模式。非正式结构体育社团的核心成员占据领导地位，拥有领导和控制群体活动的权力，其他成员则处于从属地位，按各自扮演角色的行为模式进行交往与活动。例如，湖北省恩施州恩施市对在社区层面上自发产生的、不具备登记注册条件的非正式结构体育社团进行摸底考察，口碑好且影响力大的群体在居委会或街道办备案，备案的健身队、文艺团、表演队再进一步整合成立恩施州城群众文体活动促进会，对于非正式结构体育社团来讲有了来自政府的依靠，对于政府来讲起到了群体—社区—协会三级网络化模式管理的作用。这样，政府可以放手交给健身领袖去组织管理非正式结构体育社团，在得到了政府的关注后，健身领袖的积极性也越来越高，表面上似乎政府已经离场，但他们始终觉得政府在暗中扶持非正式结构体育社团的发展。加强非正式结构体育社团与正式体育社团的互动，弥补全民健身短板，达到功能互补，促使其逐渐发展为正式体育社团，真正成为社会组织文化发展的活态载体，散落型—备案型—协会型的导向策略不失为现实选择。

第二节　非正式结构体育社团不同发展阶段的引导策略

运用引导—吸纳—培养—演进引导策略使非正式结构体育社团迅速发育成长，并逐渐从散落型过渡到备案型，再逐渐成熟发展成促进会、协会式的管理方式。但在各种复杂的社会结构与组织运行中，存在着不同类型、不同发展阶段的非正式结构体育社团。随着非正式结构体育社团的不断发展，各种自发的非正式结构体育社团逐步壮大成熟，政府调控的管理力量将日渐减弱，协会组织的管理力量将逐渐增强，成为主要的管理力量。与此相对应，非正式结构体育社团在不同的发展阶段上，管理目标、管理方式等也应该做出动态化调整。本研究针对非正式结构体育社团不同的发展阶段，提出采用动员引导式、互动参与式、掌舵调控式的引导策略。

一、初始阶段的引导策略——动员引导式

从调查数据看，新成立的非正式结构体育社团较多，约占 20%，这些非正式结构体育社团正处于发展的初始阶段，是散落型向备案型过渡的关键时期，重新散落、重新整合、重新优化的现象随时发生。因此，应加大各级政府、街道办、村委会、居委会等的介入力度，对其进行有效的动员、引领与疏导，广泛调动其积极性，充分发挥这部分社会力量的作用，充分利用依附、挂靠、备案的制度安排，减少社会管理力量的束缚（如登记、注册问题）。因此，初始阶段管理的主要

目标是建立合理的、符合非正式结构体育社团发展需求的引导策略，即采用动员引导式策略。

（一）初始阶段的管理目标

第一，加强宏观管理，细化直接管理，以乡镇政府（街道办）、村委会（居委会）为抓手，加强非正式结构体育社团数量、分类、备案等细化统计工作，为各级政府、体育部门的宏观管理提供决策服务。第二，进行有效的社会动员，农村与城市在引导方式上区别对待。对于农村而言，可以逐步以"县聘、乡管、村用"的方式开展农村非正式结构体育社团活动。例如，采用村级文化协管员方式，改变农村体育在人员配置、政策支持、资金投入方面的被动局面，将"送"体育下乡转变为"种"体育文化和"育"体育文化的常态化发展模式；对于城市而言，逐步建立"市聘（城市选拔聘用）、区管（分配到各个辖区管理）、民用（社区居民体育组织使用）"的方式开展城市社区的非正式结构体育社团活动。第三，改革注册管理制度，鼓励"协会"式的城乡非正式结构体育社团获取"体育社团责任人"资格，加强体育协会组织建设，形成系统的、清晰的协会体系，积极壮大体育协会组织，提高体育协会的覆盖率，如湖北省恩施州咸丰县、贵州省铜仁市印江土家族苗族自治县备案制的全面推广。第四，推进有代表性的非正式结构体育社团挂靠实体店，试行资源的实体化策略，引导其他非正式结构体育社团的快速发展，增强非正式结构体育社团的自组织能力，培养其健身指导与管理的专门人才，如印江土家族苗族自治县自行车俱乐部、张家界户外运动俱乐部等。

（二）初始阶段的管理方式

第一，各级政府管理部门要创新性地完善本地区的政策法规，调整宏观管理职能定位，形成乡镇政府与村委会、街道办与居委会承担体育微观管理和承办具体体育事务的良好局面。第二，让非正式结构体育社团取得与各级体育协会平等的地位。采取"政府搭台、群体唱戏、以动员的方式加以引导"的模式，积极创造城乡非正式结构体育社团发展的契机，为非正式结构体育社团提供自我展示的平台，宣传非正式结构体育社团在和谐社会建设中的重要作用，争取相关部门的认同与支持。例如，恩施州咸丰县为了大力发展全民健身，把居民"拉"到健身场上去，培训了大量的社会体育指导员，采取投资与引资相结合的方式来调动人们参加体育群体活动的积极性。领导带头组织健身操、健身步道、球赛、棋会等赛事，达到了动员型、引导式管理的有效方式。第三，建立对各级非正式结构体育社团考核的评估机制，实现扶持资助的制度化、经常化，制定和谐体育社团的评价方案，把社区范围内的非正式结构体育社团登记备案率、健身领袖号召力、社团成员健身度、参与公共体育服务效果等作为非正式结构体育社团的评价指标。

例如，恩施市开展"五好"社团的评比活动，积极动员社团参与保护母亲河宣传活动，运用以奖代补的形式引导锻炼群体。有了这些措施，就能够较好地解决以往非正式结构体育社团的评价、监督与管理的缺位，同时缓解活动经费不足、缺乏活动场地等问题，使其正常运转成为可能。

二、巩固阶段的引导策略——互动参与式

随着非正式结构体育社团的发展，其管理方式逐渐稳固，人员相对固定，关系相对融洽，处于发展的巩固阶段。在巩固阶段，非正式结构体育社团成员的基本条件（参与度、认同度等）相对成熟，但对体育活动场地、器材和服务的现实需求开始大量增加，同时还需要一定数量的专业技能人才来有效缓解体育健身指导不足的局面。巩固阶段最大的变化是政府与非正式结构体育社团从初期的动员引导过渡到了互动参与式管理，政府的行政化管理介入度减弱，在组织保障上，非正式结构体育社团与正式结构体育社团并存。

（一）巩固阶段的管理目标

第一，实现非正式结构体育社团发展规模、发展数量的供需平衡，需要通过各级政府、街道办与村委会（居委会）协同管理来实现。第二，在运作中，积极完善各政府机构的购买服务，乡镇政府（街道办）对体育社团进行专门培育，村委会（居委会）牵头组织体育活动，注重整合政府、组织领袖、相关企事业单位以及社团成员的资源，发挥各方面的力量，运用多方参与推进城乡非正式结构体育社团的发展。例如，湖北省恩施州巴东县各街道、各乡镇在全民健身方面的发展很快，目前基本达到了"天天健身、月月联动、季季比赛、年年表演"的全民健身氛围，锻炼群体已经从最初的动员引导参与锻炼转变为自觉锻炼，管理模式也从动员引导发展到互动式参与。第三，政府部门要成立相对应的非正式结构体育社团备案制管理机构，创新体育组织治理新模式，积极参与非正式结构体育社团的组织活动，巩固非正式结构体育社团发展与培育的新机制。

（二）巩固阶段的管理方式

第一，巩固阶段政府的主要管理方式是协调、监督，对非正式结构体育社团进行有效的引导和管理。第二，正式结构的体育协会就是互动式参与管理，要充分发挥协会的纽带作用和信息传递功能，充分了解非正式结构体育社团的数量、人员结构、需求层次、体育消费水平等。第三，管理方式注重各种相关资源的整合，发挥非正式结构体育社团自我约束、自我提升、自我发展的作用，与正式结构的体育协会一起走"合力推进、双向参与、互动合作"的全民健身发展道路。

三、稳定阶段的引导策略——掌舵调控式

在非正式结构体育社团发展的稳定阶段，体育组织网络化格局已经成型，参与有组织的体育健身已经成为人们日常生活的一部分，健身需求也呈现出多样化和个性化态势，商业性供给不断增加，社会体育指导员不断增多，非正式结构体育社团的各种条件保障（合法性、资金、场地、指导）达到稳定状态，在相对稳定的时期，政府应采用掌舵调控式的引导策略。

（一）稳定阶段的管理目标

第一，稳定阶段的管理通过政府的强大功能为非正式结构体育社团组织补位。例如，恩施市文化体育局通过制定体育五年发展规划进行宏观调控，定期召开联席会议，依据不同发展阶段研究调整全民健身活动计划，在管理非正式结构体育社团方面采取的措施是掌舵，而不是划桨。第二，加强非正式结构体育社团调研工作，协助科研部门研究和分析体育消费的特点，为非正式结构体育社团体育消费需求提供服务，发展体育产业。第三，建立非正式结构体育社团监督评价标准，抵制非法行为倾向，对不符合备案制、协会制的非正式结构体育社团进行督促整顿。

（二）稳定阶段的管理方式

第一，进入稳定期后，非正式结构体育社团的组织结构得到优化，从备案状态过渡到正式协会式发展状态。随着管理与供求问题的解决，非正式结构体育社团可能会出现管理多元化、服务个性化等现象，政府与体育协会需要进一步进行补充管理。第二，稳定阶段的管理模式应该做到"退出—补位""决策—参与""掌舵—划桨"相结合，在保留体育管理决策权问题上，采用动态型的退出和补位相结合的方式，这是对非正式结构体育社团管理方式的有效补充。第三，管理上尽可能地倾听各类非正式结构体育社团成员的不同意见，使最后达成的公共体育服务方案能够最优化，同时提高公共体育服务供给的针对性。采用"决策—参与"的合作方式也是公共绩效管理理论中的一种新方式，在实际执行过程中，政府进行常规的宏观协调和指导，并不直接干涉非正式结构体育社团的事务，只需要"掌舵"，把"划桨"交给稳定发展的非正式结构体育社团。

非正式结构体育社团组织运行与管理体系结构如图8-1所示。这种运行模式、管理模式、引导模式是否能为其他的非正式结构体育社团发展所借用呢？这也是本书研究的意义所在。就运行与管理来讲，这是一种可以复制的模式。

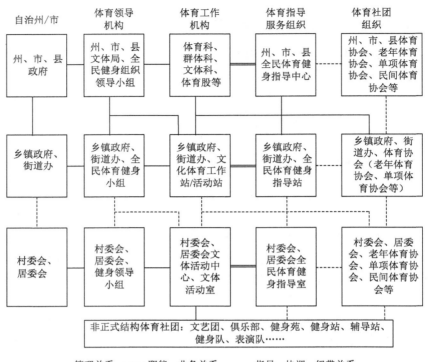

图 8-1　非正式结构体育社团组织运行与管理体系结构

第三节　非正式结构体育社团的发展趋势

　　形形色色的非正式结构体育社团是在自愿基础上根据社会环境自行盈缩、自行分合、自行废立发展起来的，一旦成长起来，它将成为相似地区群众体育组织的"基石"，是未来体育组织的土壤，有时甚至是体育组织的基本单位。对政府来说，非正式结构体育社团是其开展体育组织管理的重要"抓手"，但对非正式结构体育社团成员来说却是其保障自身体育健身的组织"靠山"。可以认为，在全民健身发展与和谐社会建设背景下，政府将从宏观管理的角度提供服务，资源配置权将不再为政府垄断，而是与非正式结构体育社团共享，且重心会随着时间的推移逐渐向正式结构体育社团一边平滑，在非正式结构体育社团的内驱力和政府鼓励的外推力的双重作用下呈现新的发展态势。

一、非正式结构体育社团数量不断增加并逐渐趋向成熟

　　从 1995 年《全民健身计划纲要》的颁布到 2009 年《全民健身条例》的实施，非正式结构体育社团迎来了发展的春天。《全发健身条例》指出基层文化体育组织、

居民委员会和村民委员会应当组织居民开展全民健身活动，协助政府做好相关工作。同一历史发展时期国家层面的意见、计划、纲要、决定、通知等法规要求重点培育和优先发展城乡社区服务类社会组织，无疑使非正式结构体育社团发展有了来自法律的依靠。2011 年《武陵山片区区域发展与扶贫攻坚规划（2011—2020 年）》提出创办体育节，增加群众性体育活动。同一时期，湖北、湖南颁布了全民健身条例，贵州、重庆分别实施了全民健身计划（2011—2015 年）。法规条例的进一步实施，不仅发挥了非正式结构体育社团在构建和谐社区中的积极作用，同时通过孵化、培育、引导的方式使非正式结构体育社团如雨后春笋般迅速发展起来，非正式结构体育社团数量呈现爆炸式增长态势。同时，四省（市）依据《国务院办公厅关于政府向社会力量购买服务的指导意见》《关于做好政府向社会力量购买公共文化服务工作的意见》《全民健身条例》进行"创新"式社会团体登记管理，对达不到注册登记条件，且符合社会需要的非正式结构体育社团，通过降低门槛，在乡镇政府（街道办）统一进行备案制管理，使非正式结构体育社团比以往有了更加合适的发展空间。种种迹象表明，政府对组织的管理不断规范，在培育、引导与管理上逐渐使非正式结构体育社团走向成熟、规范。

二、非正式结构体育社团呈现实体化方向发展态势

2002 年发布的《中共中央　国务院关于进一步加强和改进新时期体育工作的意见》明确提出，"政府重点支持公益性体育设施建设，群众性体育组织和体育活动以社会兴办为主，鼓励、支持企事业单位和个人兴办面向大众的体育服务经营实体"。《社会团体登记管理条例》规定社会团体是非营利性社会组织。非正式结构体育社团虽然是典型的非营利性体育健身群体组织，但在社会转型期，国家完全承担公共体育服务的负担过重，通过税改政策允许部分民间体育社团兴办经济实体是大势所趋，也是与国际接轨的，大多数西方发达国家允许体育社团进行品牌经营。从目前的发展来看，让具有一定实力的非正式结构体育社团循序渐进地兴办实体可以为国家减负，提高公共体育服务质量，并能够对整个体育组织管理体系产生积极的影响。例如，贵州省铜仁市印江土家族苗族自治县自行车俱乐部（2013 年 8 月注册为正式体育社团）就依附实体店面，它也是网络会员沟通的总部和实地落脚点，为会员提供物美价廉的自行车配件，对外经营是为了维持房租、对外联络等，人数规模达到上千人，分布于各个年龄段。又如，湖南张家界户外运动俱乐部的实体店是户外用品专卖店，除为会员提供道具外，还免费提供技术支持。在访谈中了解到，户外爱好者就是通过朋友介绍集聚在一起逐渐爱好户外活动的，成员之间的互助使群体活动成本很低，实行 AA 制，有困难时实体店会号召全体成员中经验丰富的人帮助解决，人际关系是扁平化的。种种迹象表明，部分非正式结构体育社团在政府部门关怀下，呈现出了由松散型发展向实体化发展的态势。

三、非正式结构体育社团资源吸纳呈现多元化发展趋势

非正式结构体育社团的资源优势就是发挥群体的优势，同时也显示出它在解决全民健身资源上的优势，呈现出多元化（会员会费、演出费、赞助费等）的资金筹措渠道，社团的经费不再完全来源于政府，社团自我组织、自我管理的意识不断加强。《关于支持和规范社会组织承接政府购买服务的通知》提出提升社会组织自主发展、自我管理、筹资和社会服务等能力，更是给非正式结构体育社团的发展带来了生机。当前，非正式结构体育社团的资源吸纳出现了社会营销和整体营销两个阶段。社会营销是指试图改善企业形象而进行必要的经济投入，使非正式结构体育社团特有的社会人文价值得到社会和企业的认可，非正式结构体育社团为门市开业、生日祝贺、企业庆典、街区会演等多方面筹措资金，如湖北省恩施金三角表演队、小渡船健身队的资金筹措均来源于所属社区。同时，非正式结构体育社团也采用整体营销的方式使其整体联合起来，以营销自己"品牌"的方式从政府购买公共服务并成功获取收益，再将收益分配到各分支非正式结构体育社团内，以提高非正式结构体育社团的规范性和整体性，这对非正式结构体育社团的市场开发至关重要。例如，恩施州城群众文体活动促进会联合各个社区的健身队参与"保护母亲河，珍爱清江水"活动获得 5 万元的政府资助；恩施州文体局通过街道、公园、广场的非正式结构体育社团进行宣传活动取得了很好的成效，并得到恩施州政府部门的批示与表扬。种种迹象表明，在国家政策法规的培育下，非正式结构体育社团的资源吸纳方式呈现多元化发展趋势。

四、非正式结构体育社团呈现网络化发展态势

国家层面要求重点培育和优先发展城乡社区服务类社会体育组织，支持社会体育组织积极参与公共体育服务活动。经济快速发展与政府职能的转变，使政府职能由过去的"一统天下"向"调控"管理方式转变，管理格局发生了巨大变化。各种政策推动了非正式结构体育社团的发展。国家对于非正式结构体育社团的管理在指导思想上已经完成了双重管理体制的整体突破，直接突破了非正式结构体育社团的登记管理限制。在时代背景的关怀下，非正式结构体育社团的发展已经呈现了点面结合、上下互动的萌芽态势。例如，贵州省铜仁市印江土家族苗族自治县依据国家政策大胆创新，体育局体育科室的工作人员全面撒网来健全全民健身组织网络，积极筹划各种组织健身活动，充分挖掘各级体育总会、单项体育协会、体育俱乐部组织管理方面的潜能，健全社区（乡村）、企事业单位（机关工委、企业工会）的体育健身组织网络，并把活动的秩序册、活动的场景图片以及活动的收获等组装成册，以供参考学习和展览；逐步建立起政府主导、社会参与、条块结合的健身组织网络，铜仁体育协会作为一个点，连接各个公园、俱乐部、广场，形成一个面，而这一层面的三江公园又作为一个向下互动连接的点，统筹协

调多个健身站、健身苑、活动点，基本上形成了以点带面、点面结合、上下互动、协调发展的网络化发展态势。类似的组织还有鄂西的恩施州与湘西的篮球俱乐部联盟、恩施徒步走俱乐部、吉首羽毛球俱乐部、来凤摆手舞表演队等。种种迹象表明，部分非正式结构体育社团呈现出横向与纵向交织的网络化发展态势。

五、非正式结构体育社团的组织精英大量涌现

非正式结构体育社团组织精英的主要作用是动员社会力量开展全民健身活动。多项政策法规提出要推进各类体育组织和体育活动站（点）的建设，培养和建立以组织精英为主体的社会体育指导员队伍，发挥组织精英的协调、带动和指导作用，并形成制度。国家对不以收取报酬为目的向公众提供传授健身技能、组织健身活动、宣传科学健身知识等服务的社会体育指导员实行技术等级制度，政府部门（文化、体育、卫生、广播等）免费为其提供体育健身知识和体育技能培训，并建立管理档案，有不少组织精英的发展事例为政府决策提供了切实可行的方案。例如，铜仁市碧江区、印江土家族苗族自治县与恩施州咸丰县完成了社区体育健身领袖的培训工作，分期分批对健身团队的领头人进行社会体育指导员培训，这些组织精英分布在城乡的每一个角落，发挥着体育组织志愿者的功效。非正式结构体育社团的健身精英基本做到了活动到位、组织到位、管理到位，引导更多的居民加入体育健身活动中来，积极发挥了组织精英在全民健身组织网络建设中的连接作用。同时，非正式结构体育社团的组织精英一般通过非正式结构体育社团的活动过程实现其自身价值，把社会需要的公共体育服务转变成非正式结构体育社团的具体活动内容。尽管非正式结构体育社团组织精英的成长要比其他领域精英（如经济精英和政治精英）的成长更加艰难，但是在国家政策的庇护以及百姓的大力拥护下，必将陆续有非正式结构体育社团的组织精英如春蚕破茧般成功蜕变。种种迹象表明，在政府部门与利好政策的关怀与培育下，非正式结构体育社团的组织精英将大量涌现。

六、非正式结构体育社团呈现分类推进、整体变革的发展态势

采用点面结合、上下互动的管理方式对非正式结构体育社团进行分类推进、整体变革也是适应经济社会发展的创新举措。2019年《体育强国建设纲要》要求"优化全民健身组织网络。发挥全国性体育社会组织示范作用，推进各级体育总会建设，完善覆盖城乡、规范有序、富有活力的全民健身组织网络，带动各级各类单项、行业和人群体育组织开展全民健身活动。组织社会体育指导员广泛开展全民健身指导服务，建立全民健身志愿服务长效机制"。党的二十大报告提出广泛开展全民健身活动，加快建设体育强国。地方政府依据国家法规与地方民族政策，各州、市、县均提出建立各类人群体育协会，如老年人体育协会、青少年体育俱乐部、妇女健身站（点），或者成立各类项目的体育协会，如篮球协会、羽毛球协

会、游泳协会等，以便重点分类推进，使乡镇、街道体育组织覆盖率提高。现存的各晨、晚练站（点）形成遍布城乡、规范有序、富有活力的社会化全民健身组织网络，呈现出了由点到面、分类推进、整体变革的发展态势。例如，湖北省恩施州咸丰县在非正式结构体育社团管理上取得了很好的业绩，咸丰县以备案为主，把业务范围相同或相近的非正式结构体育社团予以整合，使其具有一定规模和实力，同一类组织可以将辖区内业务活动相同或相近的尚达不到登记条件的锻炼群体统一整合，成立1~2个联合会或体育协会，其下组建若干队、组、站、苑、点等，将社区同类组织纳入其组织体系，统一管理，发挥各级"体育总会"的积极作用，按照优先发展原则进行分类推进，以建立政府主导、社会广泛参与、区域整合、上下互动的全民健身组织网络发展新格局。种种迹象表明，国家层面备案制的执行使非正式结构体育社团在政府部门关怀下呈现出分类推进、整体变革的发展态势。

附录 1　调 查 问 卷

民间体育组织成员参与体育健身活动的调查问卷

尊敬的朋友：

　　您好！我们是全国哲学社会科学基金课题组的调查人员，为了了解民间体育组织（如锻炼小组、体育社团或俱乐部）参与体育健身活动的现状及发展趋势，为政府部门制定政策提供参考，进一步开展好社区体育活动，课题组在湘、鄂、渝、黔开展了这项调查。为了使调查结果具有代表性，课题组从每个地区随机抽取了部分民间体育组织的代表参与问卷调查，您是其中的一位，希望您在百忙之中抽出时间认真填答。问卷不记名，填答不要有顾虑，不要与别人商量，怎么想就怎么答，您的答案将成为本课题研究的重要依据，对您的真诚合作表示最衷心的感谢。

　　　　　　　"非正式结构体育社团的运行机制与引导策略研究"课题组
　　　　　　　联系人：张铁明教授　　　联系电话：1×××××××××

　　填答说明：本问卷有四部分，第一部分是个人的基本情况，第二部分是群体锻炼的基本情况，第三部分是群体心理与凝聚力，第四部分是主观幸福感。请在所选项目的序号下打"√"，若选"其他_____"选项，请在"_____"处填上适当的文字内容。

第一部分：个人的基本情况

1. 我所在区域为：
　　①城镇　②农村
2. 我的性别：
　　①男　②女
3. 我的年龄：_____岁。
4. 我的文化程度：
　　①小学及以下　②初中　③高中或中专　④大专　⑤本科
　　⑥研究生及以上
5. 我的月收入水平：
　　①无收入　②1000 元以下　③1000～3000 元　④3000～6000 元

⑤6000～10000 元　⑥10000 元及以上

6. 我的职业：
①农民　②工人　③教科文卫人员　④管理人员　⑤服务人员　⑥个体户
⑦离退休人员　⑧其他（请写明）＿＿＿＿＿＿＿

7. 我每天的空闲时间大约是：
①1 小时以下　②1～3 小时　③3～5 小时　④5 小时及以上

8. 在空闲时间我经常（可多选）：
①看电视　②听音乐　③辅导孩子　④学习文化　⑤参加体育锻炼
⑥聚友聊天　⑦逛街购物　⑧上网　⑨干家务　⑩下棋　⑪打牌
⑫现场观赏文体活动　⑬其他（请写明）＿＿＿＿＿＿＿＿＿＿

9. 我对《全民健身计划纲要》的了解程度：
①不知道　②听说过　③部分了解　④全部了解

10. 我对《中华人民共和国体育法》的了解程度：
①不知道　②听说过　③部分了解　④全部了解

第二部分：群体锻炼的基本情况

1. 我的锻炼同伴有（可多选）：
①家人　②朋友　③邻居　④亲戚　⑤同学　⑥同事　⑦其他

2. 我所在锻炼群体的人数大约有：
①3～5 人　②6～10 人　③11～20 人　④21～40 人　⑤大于 40 人

3. 我所在锻炼群体成立的时间大约是：
①1 年前　②2 年前　③3 年前　④4 年前　⑤5 年前

4. 我加入锻炼群体的时间大约是：
①半年　②1 年　③ 2 年　④3 年　⑤4 年及以上

5. 我所在锻炼群体的组织情况是：
①锻炼成员商定　②个别人发起组织　③体育协会组织
④公园管理处组织　⑤街道管理处组织　⑥其他（请写明）＿＿＿＿＿＿

6. 我所在锻炼群体的指导情况是：
①有人指导　②无人指导

7. 我每周参加群体锻炼的次数是：
①不固定　②1～2 次　③3～4 次　④5 次及以上

8. 我每次参加群体锻炼的时间大约是：
①30 分钟以下　②30～45 分钟　③46～59 分钟　④1～2 小时　⑤2 小时以上

9. 家距离群体锻炼的场所大约有：
①1 千米以内　②1～2 千米　③2～4 千米　④4～5 千米　⑤5 千米及以上

10. 我参加群体锻炼的场所在（可多选）：

①路边　②广场　③公园　④居住小区内　⑤学校　⑥健身俱乐部
⑦其他（请写明）＿＿＿＿＿＿＿＿

11. 我对中华民族传统体育项目（如武术、秧歌、舞龙舞狮等）的认同程度：
①非常认同　②认同　③一般　④不认同　⑤非常不认同

12. 我对现代体育项目（如足球、篮球、排球、高尔夫球、羽毛球等）的认同程度：
①非常认同　②认同　③一般　④不认同　⑤非常不认同

第三部分：群体心理与凝聚力

1. 在锻炼群体遇到困难时，我会设法解决。
①非常不同意　②不同意　③一般　④同意　⑤非常同意
2. 我希望承担有挑战性的任务。
①非常不同意　②不同意　③一般　④同意　⑤非常同意
3. 我会尽自己最大努力有计划地提高自己的锻炼能力。
①非常不同意　②不同意　③一般　④同意　⑤非常同意
4. 我如果不来这个群体锻炼的话就会很难受。
①非常不同意　②不同意　③一般　④同意　⑤非常同意
5. 我相信自己的锻炼能力会越来越强。
①非常不同意　②不同意　③一般　④同意　⑤非常同意
6. 我对自己的锻炼群体充满信心。
①非常不同意　②不同意　③一般　④同意　⑤非常同意
7. 当锻炼群体遇到问题时，我勇于提出自己的见解。
①非常不同意　②不同意　③一般　④同意　⑤非常同意
8. 我对目前的锻炼群体相当满意。
①非常不同意　②不同意　③一般　④同意　⑤非常同意
9. 我能对目前的群体锻炼保持热情。
①非常不同意　②不同意　③一般　④同意　⑤非常同意
10. 和同伴相比，我感觉自己比较优秀。
①非常不同意　②不同意　③一般　④同意　⑤非常同意
11. 同伴对我在群体锻炼中的评价比较高。
①非常不同意　②不同意　③一般　④同意　⑤非常同意
12. 我的锻炼群体经常受到表扬。
①非常不同意　②不同意　③一般　④同意　⑤非常同意
13. 我希望熟人也能与我一起参加群体锻炼。
①非常不同意　②不同意　③一般　④同意　⑤非常同意
14. 我觉得自己的锻炼群体很有前途。

　　　　　　　　　　①非常不同意　②不同意　③一般　④同意　⑤非常同意

15. 通过群体锻炼我变得很乐观。

　　　　　　　　　　①非常不同意　②不同意　③一般　④同意　⑤非常同意

16. 我能想方设法实现自己的锻炼目标。

　　　　　　　　　　①非常不同意　②不同意　③一般　④同意　⑤非常同意

17. 我非常喜欢和他们一起锻炼。

　　　　　　　　　　①非常不同意　②不同意　③一般　④同意　⑤非常同意

18. 我是一个不达目标决不放弃的人。

　　　　　　　　　　①非常不同意　②不同意　③一般　④同意　⑤非常同意

19. 我是一个吃苦耐劳的人。

　　　　　　　　　　①非常不同意　②不同意　③一般　④同意　⑤非常同意

20. 我认为我所在的锻炼群体是相当成功的。

　　　　　　　　　　①非常不同意　②不同意　③一般　④同意　⑤非常同意

21. 我会时常想起在锻炼群体中帮助过自己的人。

　　　　　　　　　　①非常不同意　②不同意　③一般　④同意　⑤非常同意

22. 我觉得自己要为群体组织排忧解难。

　　　　　　　　　　①非常不同意　②不同意　③一般　④同意　⑤非常同意

23. 我很感激现在的锻炼群体给予我的帮助。

　　　　　　　　　　①非常不同意　②不同意　③一般　④同意　⑤非常同意

24. 我很乐意把自己的朋友介绍到锻炼群体中来。

　　　　　　　　　　①非常不同意　②不同意　③一般　④同意　⑤非常同意

25. 我很乐意帮助在锻炼中遇到困难的同伴。

　　　　　　　　　　①非常不同意　②不同意　③一般　④同意　⑤非常同意

26. 向别人求助，我觉得丢面子。

　　　　　　　　　　①非常不同意　②不同意　③一般　④同意　⑤非常同意

27. 我对待我所在锻炼群体中的朋友慷慨大方。

　　　　　　　　　　①非常不同意　②不同意　③一般　④同意　⑤非常同意

28. 群体锻炼中充满了有趣的事情。

　　　　　　　　　　①非常不同意　②不同意　③一般　④同意　⑤非常同意

29. 与自己性格反差很大的人，我也能合得来。

　　　　　　　　　　①非常不同意　②不同意　③一般　④同意　⑤非常同意

30. 我与不同性格的人都能成为好朋友。

　　　　　　　　　　①非常不同意　②不同意　③一般　④同意　⑤非常同意

31. 当别人说我的闲话时，我会一笑而过。

　　　　　　　　　　①非常不同意　②不同意　③一般　④同意　⑤非常同意

32. 我在锻炼群体中锻炼能感到心情舒畅。

①非常不同意　②不同意　③一般　④同意　⑤非常同意

33. 我认为锻炼群体能够满足社会交往的需求。
　　　　　①非常不同意　②不同意　③一般　④同意　⑤非常同意
34. 我所在的锻炼群体成员间能够互相合作。
　　　　　①非常不同意　②不同意　③一般　④同意　⑤非常同意
35. 群体锻炼能够让我获得一种成就感。
　　　　　①非常不同意　②不同意　③一般　④同意　⑤非常同意
36. 锻炼群体成员间的沟通渠道比较畅通，信息交流频繁。
　　　　　①非常不同意　②不同意　③一般　④同意　⑤非常同意
37. 锻炼群体成员有强烈的归属感，人员流失比较少。
　　　　　①非常不同意　②不同意　③一般　④同意　⑤非常同意
38. 锻炼群体成员的参与意识强，人际关系和谐。
　　　　　①非常不同意　②不同意　③一般　④同意　⑤非常同意
39. 锻炼群体成员间会彼此关心，相互尊重。
　　　　　①非常不同意　②不同意　③一般　④同意　⑤非常同意
40. 锻炼群体成员责任感强，愿意承担群体的任务。
　　　　　①非常不同意　②不同意　③一般　④同意　⑤非常同意

第四部分：主观幸福感

1. 通常我认为自己：
　　①很不快乐　②不快乐　③一般　④快乐　⑤很快乐
2. 与同龄人相比，我：
　　①很不快乐　②不快乐　③一般　④快乐　⑤很快乐
3. 有些人是非常快乐的，不管发生什么，他们都热爱生活。这句话和我的符合程度：
　　①一点也不　②有一点　③一般　④差不多　⑤很大程度上
4. 有些人总是不开心，但他们并不沮丧。这句话和我的符合程度：
　　①一点也不　②有一点　③一般　④差不多　⑤很大程度上

再次感谢您的合作与支持！祝您健康、快乐！

附录 2 调查省（市）、县（区）明细

省（市）	地（市、州）	县（市、区）
湖北省	宜昌市	秭归县、长阳土家族自治县、五峰土家族自治县
	恩施土家族苗族自治州	恩施市、利川市、建始县、巴东县、宣恩县、咸丰县、来凤县、鹤峰县
湖南省	邵阳市	新邵县、邵阳县
	常德市	石门县
	张家界市	慈利县、桑植县、武陵源区、永定区
	益阳市	安化县
	怀化市	会同县、麻阳苗族自治县、芷江侗族自治县、靖州苗族侗族自治县、鹤城区
	湘西土家族苗族自治州	凤凰县、保靖县、古丈县、永顺县、龙山县、花垣县、吉首市
重庆市		丰都县、石柱土家族自治县、秀山土家族苗族自治县、酉阳土家族苗族自治县、彭水苗族土家族自治县、黔江区、武隆县
贵州省	遵义市	务川仡佬族苗族自治县、湄潭县
	铜仁地区	铜仁市、江口县、玉屏侗族自治县、印江土家族苗族自治县、松桃苗族自治县、万山特区

致　　谢

本书是在国家社会科学基金资助的一般项目成果基础上修改完成的，在课题申报和进行过程中，得到了中南民族大学科学研究发展院和中南民族大学体育学院的大力支持，在此表示衷心的感谢！

本书在问卷设计与调查过程中，得到了湖北民族学院体育学院倪东业教授、中南民族大学陶喜红教授的帮助和指点，在此表示衷心的感谢！

本书在课题对策论证方面，得到了北京体育大学任海教授、华南师范大学体育学院周爱光教授、山西师范大学郑旗教授的指点与帮助，在此表示衷心的感谢！

本书在访谈调查、问卷调查过程中，得到了恩施州与恩施市、印江土家族苗族自治县、吉首市、怀化市、咸丰县、建始县、来凤县、江口县、巴东县等地文体单位和相关部门的引荐，在此表示衷心的感谢！

本书在访谈调查、问卷调查过程中，还得到了恩施市土桥坝摆手舞队与国标舞健身队、恩施市清江健身长廊各类健身队、铜仁市碧江区太极站与舞蹈站、张家界吉大篮球队、恩施市徒步队、来凤县原生态摆手舞队、印江文昌公园太极舞蹈队与篮球俱乐部、建始船儿岛健身队与羽毛球俱乐部、来凤政府广场健身队，以及巴东各个篮球队、羽毛球协会、门球协会等50个健身群体领袖、300余名健身队员的配合与支持，在此表示衷心的感谢！

本书在问卷调查过程中，得到了中南民族大学体育学院、文学与新闻传播学院、马克思主义学院、公共管理学院、经济学院、民族学与社会学学院等50余名同学的帮助，在此表示衷心的感谢！

本书在问卷筛选、剔除和输入过程中，得到了中南民族大学体育学院研究生刘慧、董春等的帮助，在此表示衷心的感谢！